SEGUNDA GUERRA MUNDIAL
A BATALHA DO
BULGE

SEGUNDA GUERRA MUNDIAL

A BATALHA DO BULGE

A mais importante batalha da Segunda Guerra Mundial

DAVID JORDAN

M.Books do Brasil Editora Ltda.

Rua Jorge Americano, 61 - Alto da Lapa
05083-130 - São Paulo - SP - Telefones: (11) 3645-0409/(11) 3645-0410
Fax: (11) 3832-0335 - e-mail: vendas@mbooks.com.br
www.mbooks.com.br

Dados de Catalogação da Publicação

JORDAN, David
Segunda Guerra Mundial: A Batalha do Bulge/ David Jordan.
2016 – São Paulo – M.Books do Brasil Editora Ltda.

1. História Geral 2. Guerras e Batalhas

ISBN 978-85-7680-268-6

Do original: Batle of the Bulge
Publicado em inglês pela Greenhill Books

©2003 Greenhill Books

Editor: Milton Mira de Assumpção Filho

Tradução: Maria Beatriz Medina

Produção Editorial: Lucimara Leal

Editoração e Capa: Triall

Crédito de Imagens

CAPA: (acima à esquerda) Um caça-tanques M10 americano avança (TRH Pictures Ltd); (à direita) Soldado da guarnição americana olha de um tanque Sherman (TRH Pictures Ltd); (no meio à esquerda) Soldados da Wehrmacht se deslocam pelas Ardenas (TRH Pictures Ltd); (abaixo à esquerda) Infantes americanos avançam pela neve (TRH Pictures Ltd).
CONTRACAPA: Soldados alemães passam por um carro blindado em chamas (TRH Pictures Ltd).

2016
M.Books do Brasil Editora Ltda.
Proibida a reprodução total ou parcial.
Os infratores serão punidos na forma da lei.

Sumário

1. CHEGADA ÀS ARDENAS..**9**
Fortaleza Europa 10
Planejamento da invasão.. 13
O Dia D 15
Rompimento... 16
20 de julho... 18
Situação europeia em dezembro de 1944.................................. 21
Conspiração frustrada.. 22
Operação Cobra 24
Começa a Operação Cobra.. 24
Operação tractable 26
Arnhem 27
De volta ao atrito.. 29
Limpeza do caminho.. 31
Ataque do ar 32
Avanços americanos 32

2. PLANOS E PREPARATIVOS **35**
Von Rundstedt nomeado 36
Providência divina 37
A queda da Luftwaffe... 38
Um golpe fatal 40
Criação dos meios... 41
Nomeação de Dietrich.. 41
As Ardenas 43
Máximo sigilo 46
O Estado-Maior Geral.. 47
O avanço do Décimo Quinto Exército 49
Os generais reagem 51
Teoria *versus* realidade 52
Remendos do plano 56
Últimas providências.. 58
Proteção das locomotivas.. 60

3. ATAQUE CONTRA DEFESA **63**
A imagem do setor de informações... 63
O alto-comando 64
Percepção 67
Desconfiança mútua 68
Achar as pistas 70
Reconhecimento da ameaça 72
Defesa do VIII Corpo... 74
Falhas da inteligência... 74
As posições aliadas... 76

A BATALHA DO BULGE

Blindados adversários..78
Blindados alemães...79
Caça-tanques..82
Poder de fogo das armas pequenas..83
Submetralhadoras...84
Metralhadoras pesadas...88

4. SEXTO EXÉRCITO PANZER 91
O plano...93
A oposição..93
Abertura...95
A defesa de Höfen..96
Monschau...98
Estação de Buchholz..99
Um desjejum bem-vindo...100
Tentativa e erro..100
Travalini avança...102
Lanzerath...104
Algo muitíssimo errado..106
Forçados a recuar...107
Descrença...107
Primeiro ataque..110
Luta para se aguentar..111
Terceira onda...113
Ordem de partir..115
O 394º Regimento...116

5. O SEXTO EXÉRCITO PANZER SE ATRASA 119
Kampfgruppe Peiper...122
Ordens questionadas..123
Avanço..124
Os comandos Greif...126
Problemas...126
Alemães ianques...127
Falta de contingente..128
Falta de equipamento...128
Começo da operação..129
Última defesa na estação de Buchholz...................................130
Situação desesperadora..133
Rendição honrosa...134
Catando pinos...135
Fracasso dos paraquedistas..138
Confusão...140
Einheit Stielau..140
Como obter as respostas certas..141
O primeiro dia do Sexto Exército Panzer...............................142

6. ATAQUE DO QUINTO EXÉRCITO PANZER 145
28ª Divisão..146

106ª Divisão de Infantaria..148
Cavalaria...149
O ataque..150
Retirada da cavalaria..151
Pedido de ajuda...152
O desastre da 106ª Divisão..154
O setor norte..156
Retirada do 422º Regimento..157
Reforços..158
Aumenta a ameaça...159
Skyline Drive..160
Defesa do rio..162
O destino da 106ª Divisão...163
O 110º Regimento de Infantaria em Clervaux........................164
Situação gravíssima..165

7. **SÉTIMO EXÉRCITO** **169**
Vulnerabilidades..172
Primeiro assalto...173
Progresso lento...174
17 de dezembro..176
Tentativa de resgate...177
Luta para se aguentar...178
Avaliação de 16 e 17 de dezembro..179

8. **OS DIAS SEGUINTES** **183**
Massacre...184
Defesa da ala norte..187
Reações aliadas..187
Montgomery no controle...189
A defesa de Saint-Vith...191
Bastogne...192
"*Aw, nuts!*"...192
Poder aéreo..196
O assalto final..197
As fases finais..199
Discordância..200
Nordwind...201
Remoção do saliente..202
Veritable e Grenade...204
O avanço russo...205
Rumo a Berlim...205
Resumo das Ardenas..207

ORDEM DE BATALHA...**210**

BIBLIOGRAFIA...**211**

ÍNDICE REMISSIVO...**212**

CAPÍTULO 1

CHEGADA ÀS ARDENAS

Depois dos sucessos espantosos da Blitzkrieg, o esforço de Hitler para assegurar o domínio da Europa empacou. No início de 1944, a Alemanha fora forçada a se pôr na defensiva, e o pior estava por vir. Uma segunda frente se abrira no início do verão, e o exército alemão foi obrigado a recuar rumo às suas fronteiras. Perto do fim do ano, a questão não era se os aliados venceriam, mas quando.

Em dezembro de 1944, a Segunda Guerra Mundial já se desenrolava havia mais de cinco anos. A aliança antifascista encabeçada pelos "Três Grandes" — Estados Unidos, União Soviética e Grã-Bretanha — se recuperara dos reveses iniciais contra o aparentemente invencível exército alemão e impusera uma série resoluta de derrotas às forças de Adolf Hitler. Na frente oriental, as forças soviéticas começaram a ofensiva de inverno na Ucrânia na véspera de Natal de 1943, o que foi um desastre para os alemães. Em meados de fevereiro, a batalha de Korsun-Shevtchenkovski terminou com a derrota de elementos substanciais das forças alemãs em retirada: milhares de homens se afogaram em pânico quando tentaram atravessar o Gniloi Tikitsch. O Sexto Exército sofreu atrito pavoroso no saliente de Nikopol, e o antes imbatível exército alemão ficou na posição nada invejável de sofrer dois grandes reveses ao mesmo tempo.

Apesar disso, Stalin ainda temia que os alemães iniciassem novas ofensivas no verão de 1944 caso os aliados não abrissem a segunda frente na Europa, enquanto o otimismo aumentava nos quartéis-generais alemães com a redução das ofensivas soviéticas. Embora a melhora do moral fosse notável, isso não significava que

Panzers alemães Mark III e IV, a base da força Panzer nos primeiros anos da guerra, passam pela rua de uma cidade francesa. O uso alemão da tática da Blitzkrieg, importante evolução da estratégia com emprego de todas as armas, varreu a frente na primeira parte da guerra.

GERD VON RUNDSTEDT

Gerd von Rundstedt nasceu em 1873 numa antiga família militar prussiana, e era inevitável que também se tornasse soldado. Tornou-se oficial do exército alemão em 1893, e estava no estado-maior quando irrompeu a Primeira Guerra Mundial. Ele continuou a ocupar postos de estado-maior durante todo o conflito, e terminou como chefe do estado-maior do XV Corpo. Permaneceu no exército depois do acordo de Versalhes e exerceu uma série de comandos até ser reformado em 1938. Foi chamado de volta à ativa em junho de 1939. Von Rundstedt comandou o Grupo de Exércitos Sul na França e depois na Rússia. Pediu a reforma em dezembro de 1941 para se antecipar à demissão por Hitler. Foi uma reforma breve, pois, em março de 1942, voltou a ser convocado para assumir o posto de comandante em chefe do Ocidente e, temporariamente, o de comandante do Grupo de Exércitos B. Foi destituído do comando em julho de 1944 por discordar de Hitler quanto à necessidade de retirada diante dos avanços aliados na Normandia. Depois do atentado de julho contra Hitler, ele supervisionou o tribunal de honra que julgou os oficiais suspeitos de cumplicidade, embora o fizesse mais por senso de dever ao exército do que ao Führer, sobre quem tinha opinião pouco lisonjeira.

Hitler voltou a nomear Von Rundstedt como comandante em chefe do Ocidente, só que mais como figura de proa do que como comandante com real poder de decisão. Depois da Batalha do Bulge, Von Rundstedt comandou suas forças na defesa da Alemanha, mas voltou a ser destituído em março de 1945. Ele foi capturado pelos americanos em maio de 1945 e passou três anos num campo de prisioneiros na Grã-Bretanha antes de lhe permitirem voltar para casa. Ele gozou de uma aposentadoria tranquila até 1953, quando morreu em Hanover.

---

os alemães pensassem que sua vantagem estivesse voltando. Eles tinham a desconfortável consciência de que a invasão da Europa era provável e de que precisavam se planejar para essa ameaça, e preferiram se aguentar no leste enquanto rechaçavam a invasão anglo-americana de volta ao Canal da Mancha. Isso não era apenas um sonho fantasioso, já que os preparativos para defender o litoral francês estavam em andamento desde março de 1942.

FORTALEZA EUROPA

Um dos principais momentos decisivos da guerra na Europa foi dezembro de 1941, quando a Alemanha declarou guerra aos Estados Unidos depois do ataque japonês a Pearl Harbor. Os Estados Unidos, em guerra com o Japão, não tinham certeza de que entrariam na guerra europeia, mas Hitler, por razões ainda não esclarecidas, decidiu a questão e anunciou que a Alemanha estava em guerra com os Estados Unidos três dias depois do ataque japonês. Isso trouxe uma série de dificuldades para o planejamento do Oberkommando der Wehrmacht (OKW, alto-comando alemão), que já cambaleava depois de uma ofensiva soviética totalmente inesperada contra suas forças na Rússia em 5 de dezembro de 1941. O OKW foi forçado a aceitar que o surgimento dos Estados Unidos como inimigo, somado às iniciativas do revigorado Exército Vermelho na frente oriental, impediria uma guerra curta: eles teriam de planejar um conflito que durasse alguns anos.

Os Estados Unidos não representavam uma ameaça imediata à posição alemã na Europa, já que seu exército era relativamente pequeno e precisaria de tempo para ser aumentado. Os alemães previram que 1943 chegaria antes que soldados americanos desembarcassem na Grã-Bretanha, único lugar de onde poderiam iniciar a invasão para abrir uma segunda frente. A conclusão lógica a tirar era que o principal esforço alemão continuaria a ser na frente oriental. Enquanto a luta continuasse por lá, seria necessário estabelecer defesas ao longo do litoral da Europa ocupada para impedir qualquer tentativa de desembarque no Ocidente.

Essa decisão foi formalmente admitida em março de 1942, quando Hitler baixou uma diretiva que ordenava a construção de uma imensa linha de fortificações que ia da fronteira franco-espanhola até o Cabo Norte, na Noruega. Na época, Hitler estava convencido de que os britânicos tentariam desembarcar na Noruega, para terem condições de proteger do ataque dos submarinos seus comboios árticos. Ele deu instruções para que o litoral norueguês recebesse prioridade na construção de defesas costeiras, obedecidas ao pé da letra: no final de 1943, a Noruega tinha o litoral mais fortificado do mundo. O esforço empenhado na construção das defesas norueguesas fez com que o litoral francês recebesse relativamente pouca atenção. As obras começaram com ritmo comparativamente lento, e as defesas de Dieppe estavam apenas parcialmente prontas quando soldados britânicos e canadenses tentaram desembarcar ali em 18 de agosto de 1942.

O ataque a Dieppe não foi um sucesso, e os britânicos aprenderam várias lições valiosíssimas. Hitler baixou outra diretiva exigindo a construção de fortificações disseminadas ao longo do litoral francês, mas, embora decretasse que a obra deveria ser realizada com grande vigor, os responsáveis pelo cumprimento da ordem estavam convencidos de que a preocupação era demasiada; afinal de contas, raciocinavam, um grande ataque fora rechaçado com fortificações semiprontas guarnecidas por reservistas inexperientes e acima da idade recomendada, o que indicava que o ritmo da obra não precisava ser frenético. Essa atitude complacente mudou no outono de 1943, depois que os aliados realizaram desembarques bem-sucedidos na Tunísia, na Sicília e em Salerno no final de setembro. Hitler reagiu com mais uma diretiva que ordenava a criação de uma série de fortificações para assegurar que qualquer invasão fosse derrotada "antes, se possível, mas no máximo durante o desembarque propriamente dito". Em 1º de janeiro de 1944, sua preocupação

Hitler e Von Rundstedt estudam a situação da frente de batalha. Em meados de 1944, Hitler dava pouca atenção à opinião dos generais e insistia que suas ordens fossem seguidas à risca. Assim, as objeções válidas dos militares aos planos cada vez mais grandiosos foram ignoradas, com consequências desastrosas.

com o estado das defesas o fez despachar o marechal de campo Erwin Rommel para inspecionar a chamada Muralha Atlântica e, ao mesmo tempo, nomeá-lo comandante do Grupo de Exércitos B, com comando operacional das tropas alemãs no norte da França. Naquele momento, era claro que os aliados estariam em condições de iniciar uma invasão em futuro próximo, embora ninguém soubesse exatamente quando nem, o que no caso era até mais importante, onde seria.

Rommel se viu numa disputa quase imediata com o comandante em chefe do Ocidente, marechal de campo Gerd von Rundstedt, a respeito da defesa da costa no caso de uma invasão aliada. Von Rundstedt queria permitir o desembarque aliado antes de atacá-lo com seis divisões Panzer enquanto se estabelecesse a cabeça de praia. Rommel não se convenceu com essa ideia: desde quando comandara o Afrika Korps, ele conhecia muito bem o efeito dos ataques aéreos a colunas blindadas, e afirmava que os Panzers seriam destruídos pelo bombardeio aéreo e naval a caminho da cabeça de praia. A única maneira de derrotar uma invasão, argumentava Rommel, era destruir as forças inimigas enquanto desembarcassem.

A dura disputa entre Von Rundstedt e Rommel levou à intervenção direta de Hitler, que sugeriu uma terceira opção: os Panzers

TANQUE MÉDIO M4 "SHERMAN"

O Sherman foi a base da força blindada aliada nos dois últimos anos da guerra, embora tivesse surgido em setembro de 1941. Depois do ataque a Pearl Harbor, foi posto às pressas a serviço no início de 1942. Em outubro do mesmo ano, entrou em combate pela primeira vez com os britânicos em El Alamein e causou dificuldade considerável para os alemães, pois seu canhão de 75 milímetros era capaz de derrotar todos os tanques alemães então em serviço. A chegada do tanque Tiger e depois do Panther fez com que esse período de vantagem fosse breve. Em junho de 1944, quando começou a campanha europeia, o Sherman foi superado por vários tanques alemães, mas os aliados tinham tantos deles que o peso dos números contou. Embora o M4 tivesse desvantagens como blindagem insuficiente e armamento principal que não podia competir com os tanques alemães, o número imenso disponível nas forças americanas e britânicas permitia que estas fizessem uso generalizado de seus blindados, muitas vezes com resultado decisivo, enquanto avançavam rumo à Alemanha propriamente dita.

ficariam sob seu controle direto e ele daria a ordem de deslocá-los. Isso foi aceito, mas fez com que o controle operacional, no caso de um desembarque aliado, corresse o risco de ser confuso e menos eficaz do que poderia ser. Mas a opinião de Rommel sobre a necessidade de boas fortificações prevaleceu, e no início da primavera de 1944 as

Um tanque médio M4 Sherman. A partir de 1942, o Sherman compôs o grosso das formações blindadas britânicas e americanas. Em três anos, construíram-se 53.362 deles, com projetos atualizados.

defesas começaram a surgir. Mas o problema permanecia: quando e onde ocorreriam os desembarques? A resposta geral à primeira pergunta podia ser dada: "logo". Mas, infelizmente, para o planejamento defensivo alemão, os aliados não revelariam seus planos.

PLANEJAMENTO DA INVASÃO

Os planos da invasão anglo-americana começaram a ser elaborados depois do encontro, em janeiro de 1943, entre o primeiro-ministro Churchill, o presidente Roosevelt e os chefes do estado-maior conjunto na Casablanca. Dois meses depois, a conferência "Trident", em Washington, estabeleceu que os desembarques ocorreriam em 1º de maio de 1944 com o codinome Overlord. A responsabilidade do planejamento foi passada ao general Sir Frederick Morgan, chefe do estado-maior britânico do comandante supremo aliado (COSSAC, na sigla em inglês). O título de Morgan era um tanto enganoso, já que nenhum comandante supremo fora nomeado até então. Sem se incomodar, Morgan e seu estado-maior anglo-americano se puseram a trabalhar nos detalhes da invasão.

A primeira tarefa do COSSAC era decidir onde ocorreria a invasão. Três locais na

Soldados alemães guarnecem a posição de uma metralhadora na costa francesa, depois da capitulação da França. A arma é uma MG34, a primeira metralhadora de "uso geral", que podia disparar num bipé, no papel de metralhadora leve, ou num tripé, em caso de fogo sustentado.

> Uma de nossas divisões de infantaria mais bem equipadas foi mandada para as ilhas do Canal no final de 1941 e nunca me foi devolvida durante toda a duração da campanha ocidental. Essa formação levou tanto tempo estacionada em Jersey, Guernsey e Alderney que correu o boato que logo receberia braçadeiras com as palavras "Granadeiros Alemães do Rei".
>
> Marechal de campo Gerd von Rundstedt, sobre o controle de Hitler sobre a disposição das tropas antes do Dia D.

14   A BATALHA DO BULGE

França se apresentaram: o Passo de Calais, a Bretanha e a Normandia. Embora permitisse a rota mais curta pelo canal (com o benefício secundário de cobertura aérea constante e logística para apoiar a força invasora depois do desembarque), o Passo de Calais foi rejeitado. A topografia da área estava longe do ideal, e era um trecho tão óbvio para o ataque que os alemães tinham começado a fortificar a região com algum vigor. A Bretanha gozou por breve período do favor de alguns planejadores americanos devido às boas praias, mas acabou rejeitada por conta das dificuldades logísticas apresentadas pela posição muito a oeste dos Países Baixos, o que estenderia as linhas de suprimento quando os aliados rompessem as linhas inimigas. A Marinha Real também fez alguns comentários específicos sobre o clima pavoroso e a natureza arriscada das águas circundantes. Assim, a Bretanha perdeu o favor e a Normandia foi escolhida.

Depois de decidido o local, começaram os preparativos. O número de soldados que chegavam à Inglaterra aumentou, e seu treinamento ficou mais intenso. Construíram-se lancha de desembarque, prepararam-se mapas e tanques especializados capazes de se deslocar dentro d'água, montaram-se cargas de demolição pesadas para limpar ou disparar minas. Em maio de 1944, mais de três milhões de soldados, marinheiros e aeronautas da Grã-Bretanha, dos Estados Unidos, do Canadá, da Nova Zelândia, da Austrália, da Polônia, da França, da Bélgica, da Noruega, dos Países Baixos e da Tchecoslováquia aguardavam na Inglaterra a ordem de começar a invasão.

O COSSAC também tinha um comandante supremo com quem trabalhar. Depois de alguma indecisão, em 7 de dezembro de 1943 o general Dwight D.

GENERAL GEORGE S. PATTON

Talvez o general americano mais extravagante da guerra, George S. Patton se destacou na Primeira Guerra Mundial como oficial do corpo americano de blindados. Seu primeiro combate na Segunda Guerra Mundial aconteceu no norte da África, onde comandou o II Corpo. Em seguida, assumiu o comando do Sétimo Exército dos Estados Unidos na invasão da Sicília. Embora fosse um sucesso, Patton foi destituído depois da visita a um hospital militar em que bateu num soldado internado por fadiga de combate. Patton o acusou de covardia, e o furor da imprensa levou à sua destituição do comando. Quando reengajado como comandante do Terceiro Exército, ele se viu servindo sob o comando de Omar Bradley, seu ex-subordinado, mas o relacionamento funcionou bem. No decorrer da campanha da Normandia, Patton manteve a fama de avançar rapidamente. O Terceiro Exército lutou em toda a Europa e, finalmente, teve papel decisivo na Batalha do Bulge. No segundo trimestre de 1945, as forças de Patton atravessaram o Reno e avançaram rumo à Tchecoslováquia. A pressão política o forçou a recuar, e ele achou extremamente maçante o cargo de governador militar no pós-guerra. Morreu num acidente de trânsito em dezembro de 1945.

Eisenhower foi finalmente nomeado supremo comandante aliado para a invasão; embora tivesse defendido com lealdade a nomeação de um britânico, Winston Churchill sabia que a imensa contribuição dada pelos Estados Unidos fazia com que o homem certo para a tarefa tivesse de ser americano. Eisenhower se pôs a preparar a invasão da Europa. As providências tomadas merecem um livro próprio, mas vale notar alguns elementos principais da preparação da Operação Overlord (como a invasão seria chamada). Uma das primeiras tarefas de Eisenhower foi cuidar do choque de egos entre os comandantes a ele subordinados; entre eles estavam o general Bernard Montgomery e o general George S. Patton, portanto a tarefa não foi fácil.

No início de junho de 1944, tudo estava pronto. Depois de um adiamento de 24 horas devido ao mau tempo, o ataque começou pouco depois da meia-noite de 6 de junho de 1944.

O DIA D

As primeiras ações da invasão não foram executadas no próprio Dia D, mas, na noite anterior, por integrantes da Resistência Francesa alertados para a missão por mensagens codificadas transmitidas pelo serviço em língua francesa da BBC inglesa. Pouco depois da meia-noite, uma armada aérea de planadores e aviões cargueiros seguiu para a França. Embora o lançamento fosse marcado pela confusão e paraquedistas fossem parar a quilômetros das zonas de pouso (e, em geral, a quilômetros de outros elementos de sua unidade), os soldados aerotransportados começaram a atacar os alemães. Os lançamentos aéreos foram seguidos pelo desembarque real da força anfíbia. Os desembarques correram relativamente bem, exceto na praia Omaha, onde, por algum tempo, pareceu que o desembarque teria de ser suspenso, mas o subcomandante da 29ª Divisão, brigadeiro-general Norman Cota (posto inexistente no exército brasileiro, entre o coronel e o general de brigada), conseguiu entender a confusão na praia. Com os homens que ali estavam, uma mistura de *rangers*, soldados de engenharia e infantes, ele reuniu uma força do tamanho de uma companhia e a comandou no avanço da praia até um reces-

Soldados britânicos desembarcam na praia Gold no Dia D, 6 de junho de 1944. O mar está obviamente revolto, e isso provocou problemas graves de enjoo na tripulação das lanchas de desembarque aliadas que se aproximavam da costa francesa.

16   A BATALHA DO BULGE

so nos penhascos, onde ficaram protegidos do fogo de metralhadora. Cota estabeleceu comunicação com as embarcações e depois mandou seus homens atacarem as posições alemãs. Às 11 horas, os ataques conseguiram capturar a saída da praia de Vierville; em meia hora, ataques decididos ocuparam a saída de Saint-Laurent, e os americanos começaram a subir da praia em grande número. Nas outras praias, os britânicos e os canadenses avançaram nas praias Sword, Juno e Gold, enquanto as tropas americanas da praia de Utah suportaram um clima bem menos tórrido que os camaradas de Omaha.

A reação alemã foi confusa. Os primeiros pousos de paraquedistas foram interpretados como lançamento de suprimentos para a Resistência, enquanto o surgimento da frota invasora foi considerado uma operação diversionária ao mesmo tempo que o ataque verdadeiro ocorreria na área do Passo de Calais. Von Rundstedt não pôde ser dissuadido dessa opinião, nem Hitler. O Führer relutou em ordenar a liberação das unidades blindadas, embora o comandante da 21ª Divisão Panzer, por iniciativa própria, já tivesse começado a enfrentar os soldados aerotransportados em torno das pontes do Orne. Ao anoitecer de 6 de junho, a reação alemã estava mais coordenada, mas os aliados já tinham se firmado em terra.

ROMPIMENTO

Estabelecer uma cabeça de praia era apenas a primeira parte da invasão aliada. Em terra, eles teriam de romper até o campo adiante, e essa tarefa se mostrou realmente dificílima. Uma das principais razões foi a natureza do terreno. Entre Carpiquet e a

> Se conseguirmos rechaçar a invasão, essa tentativa não pode e não será repetida a curto prazo. Isso libertará nossas reservas [...] Se não rechaçarmos os invasores, não poderemos vencer uma guerra estática a longo prazo [...] Portanto, o invasor tem de ser rechaçado na primeira tentativa.
>
> *Adolf Hitler, início de 1944*

península de Cotentin fica o *bocage* — caminhos estreitos e profundos, cercados de sebes altas e espessas, que levavam a aldeias pequenas e bem construídas ou a casas de pedra isoladas. Em resumo, o *bocage* era o paraíso do defensor. As primeiras tentativas dos aliados de aproveitar o sucesso do desembarque sofreram dura resistência ao longo da linha. A experiência da 7ª Divisão Blindada britânica demonstra a natureza da luta encarniçada que se seguiu na campanha da Normandia.

Montgomery decidiu que usaria a 7ª Divisão Blindada (os famosos "Ratos do Deserto") para perfurar uma brecha na área de Villers-Bocage. Isso permitiria à divisão fazer a ligação com a 51ª Divisão Highland e cercar Caen. Assim, em 10 de junho a 7ª Divisão saiu de Tilly rumo a Villers-Bocage. A área era defendida pela Divisão Panzer Lehr, que estava abaixo do efetivo mas ainda era um adversário formidável no terreno difícil. A decisão do comandante da 7ª Divisão Blindada de atacar uma frente

Soldado de uma Divisão Panzer SS com fardamento camuflado e uma metralhadora MG42. A qualidade do projeto da MG42 era tão extraordinária que a arma voltou à produção como MG3 (com calibre diferente) no exército da Alemanha ocidental.

CHEGADA ÀS ARDENAS

Um Sherman Firefly britânico se desloca pelo campo francês. O Firefly era equipado com um canhão anti-tanque de 17 libras, que o tornava páreo duro em quase todos os engajamentos; o maior problema do projeto do Firefly era seu número, nunca suficiente.

relativamente estreita ajudou os alemães, que teriam dificuldade de resistir a um ataque em toda a extensão de sua linha demasiado longa. Naquela situação, desenvolveu-se uma batalha selvagem, com combates ferozes. A 7ª Divisão Blindada precisou de três dias para seus elementos de vanguarda penetrarem em Villers-Bocage. Depois de passar pela cidade, essas forças foram emboscadas por um único tanque Tiger comandado por Michael Wittmann, um "ás" dos Panzers da frente oriental. Até 13 de junho de 1944, Wittmann tinha a seu crédito a destruição de 117 tanques inimigos, e essa contagem estava prestes a aumentar. Ele começou destruindo o tanque de vanguarda do 4º Regimento de Cavalaria do Condado de Londres (*Sharpshooters*) e, depois de bloquear a rota de fuga mais fácil da coluna com a destruição dos tanques da vanguarda e da retaguarda, passou a se deslocar ao longo da coluna, alvejando os tanques britânicos pelo caminho. Uma força de resgate, sob a forma de tanques do 8º Regimento de Hussardos, recebeu tratamento semelhante, até que o

> Inquestionavelmente, o campo de batalha de Falaise foi um dos maiores "campos de matança" de todas as áreas da guerra [...] Quarenta e oito horas depois de fechada a brecha, fui levado por ela a pé e encontrei uma cena que só poderia ser descrita por Dante. Era literalmente possível caminhar centenas de metros de uma sentada só pisando apenas em carne morta e apodrecida.
>
> *General Dwight D. Eisenhower*

A BATALHA DO BULGE

tiro de um canhão anti-tanque de 6 libras (para o qual a blindagem principal do Tiger era impenetrável) destruiu uma lagarta do veículo de Wittmann, deixando-o imóvel. Ele foi forçado a fugir a pé (e mais tarde sucumbiu em combate quando um ataque aéreo de caças-bombardeiros da RAF destruiu seu tanque), mas deixou uma carnificina para trás. Naquela mesma tarde, um contra-ataque da Divisão Panzer Lehr empurrou a 7ª Divisão Blindada de volta a Tilly: no combate, os britânicos perderam 25 tanques, 28 outros veículos e grande número de homens. O padrão seria repetido enquanto os alemães lutavam obstinadamente por cada centímetro de solo francês. As forças britânicas enfrentaram uma proporção considerável do exército alemão, tornando seu avanço difícil e custoso, padrão que se repetiria no restante da campanha da Normandia.

No começo de julho, nem o alto-comando aliado nem o alemão estavam satisfeitos: os aliados não avançavam tão depressa quanto esperavam, os alemães enfrentavam um problema grave — sua tentativa de contraofensiva fracassara. Em 3 de julho, Hitler removeu Von Rundstedt do comando e o substituiu pelo marechal de campo Gunther von Kluge, que tinha fama de conciliador e dificilmente discordaria das exigências cada vez menos realistas de Hitler de se aguentar diante da forte pressão aliada. Mas para Hitler o maior perigo imediato não vinha dos aliados nem dos generais que queriam recuar, mas daqueles que buscavam um meio mais direto de retirar as mãos do Führer da estrutura de comando.

20 DE JULHO

Em 20 de julho de 1944, de acordo com o costume, Hitler realizou uma reunião de planejamento em seu centro de comando perto de Rastenburg, na Prússia Oriental (hoje, Ketrzyn, na Polônia). A chamada "Toca do Lobo" (brincadeira com o apelido "Lobo" que Hitler usara nos primeiros dias de atividade no Partido Nazista) ficava enterrada no meio de uma floresta, e a localização sombria parecia uma metáfora para o progresso da guerra na época. Os prédios também estavam em fluxo. A localização normal de Hitler era numa casamata de concreto alguns metros abaixo do piso da floresta, mas a utilização recente pela RAF de bombas de penetração profunda provocou temores de que a casamata ficasse vulnerável a ataques. Em consequência, operários se ocupavam reforçando o teto do *bunker*, e as reuniões eram realizadas numa grande cabana de madeira. A reunião de 20 de julho também foi um pouco diferente porque ocorreu uma hora antes do normal: Hitler tinha um almoço com Benito Mussolini e antecipou os trabalhos.

A reunião começou na hora marcada, mas sem o marechal de campo Wilhelm Keitel, chefe do alto-comando alemão (OKW). A ausência de Keitel foi explicada alguns momentos depois, quando ele chegou com o coronel conde Claus von Stauf-fenberg, representante do Comando de Instrução e Reservas, que apresentaria um relatório sobre a formação de novas divisões. Keitel fez uma apresentação formal de von Stauffenberg, embora Hitler já o conhecesse: havia pouca possibilidade de o Führer esquecer a aparência do recém-chegado, já que ferimentos graves sofridos na frente oriental tinham lhe custado um olho, uma das mãos e alguns dedos da outra mão. Von Stauffenberg ocupou seu lugar à mesa de reuniões e pôs sua pasta inconfundível de couro amarelo embaixo dela. Alguns instantes depois, murmurou desculpas ao vizinho do lado e explicou que precisava sair para dar um telefonema. Ele saiu da cabana assim que Hitler começava a expor a situação na frente oriental. Alguns

Hitler mostra ao ditador italiano deposto Benito Mussolini os danos causados pela bomba que deveria matá-lo em 20 de julho de 1944. O fracasso da conspiração convenceu Hitler de que estava destinado a ser vitorioso na guerra e o inspirou a lançar a ofensiva das Ardenas.

minutos depois, Keitel ficou ansioso com a ausência de Stauffenberg: a discussão sobre a frente oriental estava terminando, e em seguida o oficial que saíra deveria fazer sua apresentação.

Enquanto Keitel começava a ficar nervoso, os pensamentos do Führer sobre a situação na URSS foram interrompidos por uma explosão ensurdecedora. Keitel viu um relâmpago de luz ofuscante perto de Hitler e observou, fascinado, uma luminária cair do teto em cima do ditador. O ruído da explosão fez homens entrarem correndo. O primeiro sobrevivente que viram foi o ajudante de ordens de Keitel, que se levantou e, um pouco instável, se afastou da cabana: ele foi o primeiro a sair porque a explosão o lançara pela janela. Outra figura o seguiu pela janela, depois mais alguns saíram pela porta. Finalmente o próprio Keitel apareceu, apoiando Hitler enquanto os dois deixavam o local. Hitler sangrava de ferimentos no rosto, e as calças estavam rasgadas e fumegantes com a explosão; depois, os médicos removeram de suas pernas centenas de lascas da mesa.

Enquanto os médicos tratavam dele, Hitler analisou a explosão. Sua primeira reação foi achar que a cabana fora atingida por um ataque aéreo, mas logo abandonou essa ideia: não houvera bombardeios na área. Isso fez seus pensamentos se voltarem para uma tentativa de assassinato e para a conclusão de que realmente houvera algum tipo de artefato explosivo na cabana. De acordo com o palpite lógico de que só podia ter sido plantado ali por um dos operários levados para trabalhar no *bunker*, ele mandou um grupo de oficiais procurar os cabos de controle remoto que deviam ter sido usados para detonar a bomba. O grupo de busca nada encontrou e passou a examinar a cabana com mais atenção. Seus integrantes concluíram que a explosão ocorrera dentro da própria cabana, provavelmente

Uma coluna avança perto de Fontainebleau durante a campanha da Normandia. Apenas um homem dá uma olhada no alemão morto: todos já viram corpos suficientes para que um a mais não chame a atenção. Apesar da farda americana, esses homens são da França Livre.

debaixo da mesa de mapas em torno da qual se realizava a reunião.

As investigações da explosão então ganharam ímpeto: a suspeita, corretamente, já recaía sobre Stauffenberg. Ele sumira, aparentemente rumo a um campo de pouso próximo, e encontravam-se pedaços de sua pasta — tinham de ser dela, pois eram de couro amarelo — por toda parte no que sobrara da sala de reuniões. O histórico de von Stauffenberg também o tornava suspeito. Católico e aristocrata, pertencia ao corpo de oficiais pré-nazista. Bastava um desses atributos para levantar desconfiança quanto à sua dedicação a Hitler; as três juntas, ao lado da pasta destruída e de seu desaparecimento, fizeram dele o principal suspeito. Depois de informado, Hitler decidiu primeiro que Stauffenberg, oficial com várias razões para se opor a ele, cometera um atentado contra sua vida e depois fugira para Moscou. Essa conclusão bastante implausível foi superada pela realidade dos fatos.

No meio da tarde, a Toca do Lobo começou a receber cópias de mensagens enviadas de Berlim que afirmavam que um grupo de oficiais e políticos inescrupulosos assassinara o Führer e que o governo declarara estado de emergência. Durante esse período de emergência, a autoridade total seria conferida ao signatário do telegrama, marechal de campo Witzleben (que fora reformado por Hitler em 1942). O nome de Von Stauffenberg como cossignatário da mensagem demonstrava que a bomba fazia mesmo parte de uma tentativa de golpe. Os conspiradores controlavam o prédio do quartel-general na Bendlerstrasse, em Berlim, além de alguns outros pontos-chaves. Durante algumas horas, o golpe parecia dar certo: Hitler estava em local isolado, e todos os comandantes leais a ele, naturalmente, na frente de batalha. O golpe, aparentemente, teria sucesso por falta de oposição.

SITUAÇÃO EUROPEIA EM DEZEMBRO DE 1944

No final de 1944, a Alemanha estava espremida em três frentes, com o Exército Vermelho pressionando a leste e os aliados fazendo um lento progresso na Itália. Na frente ocidental, o avanço aliado sofreu uma parada temporária nas fronteiras francesa e belga. Hitler viu isso como oportunidade de atacar, na esperança de repetir o sucesso de 1940 dividindo ao meio os exércitos aliados e forçando a Grã-Bretanha e os Estados Unidos a pedirem a paz. As forças alemães então estariam livres para derrotar a ameaça soviética.

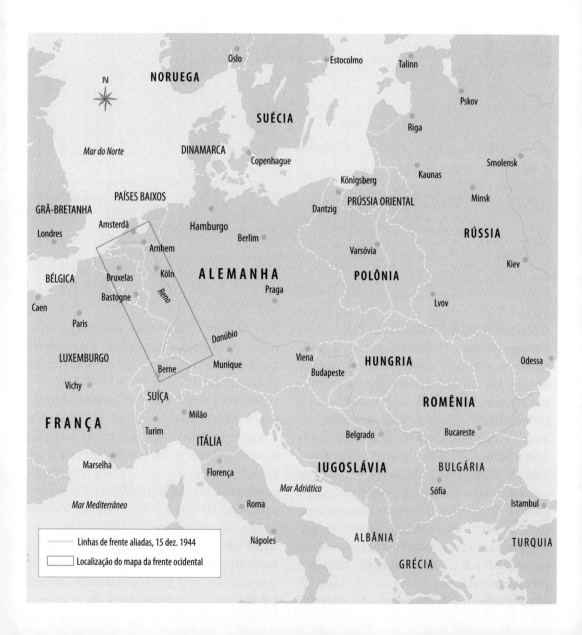

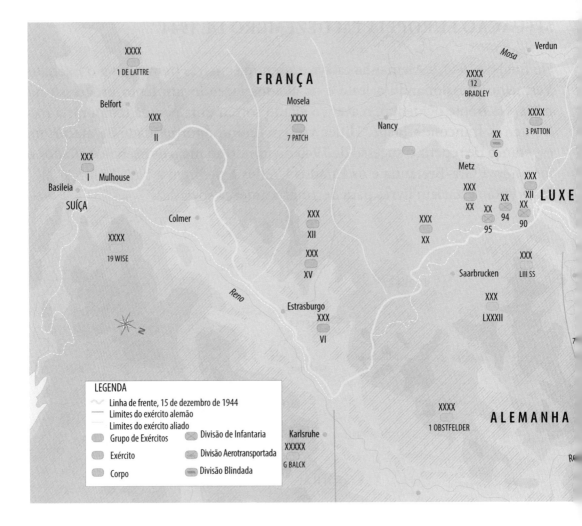

CONSPIRAÇÃO FRUSTRADA

Felizmente para Hitler, sua onda de sorte não terminou com a sobrevivência à explosão. Pouco depois das 18h30, ele recebeu um telefonema de Joseph Goebbels, o ministro da Propaganda. Com certa dificuldade, Goebbels contou a Hitler, ainda ensurdecido, que a seu lado estava o major Renner, comandante da única unidade de combate então em Berlim, um batalhão de guarda. Goebbels explicou que estava confuso: recebera um conjunto de ordens instruindo-o a pôr os integrantes do governo sob prisão domiciliar e outro mandando-o prender Witzleben e Stauffenberg. Goebbels se perguntou se Hitler gostaria de conversar com Renner. Hitler disse que sim, e ordenou a Renner que restaurasse a ordem em Berlim e fuzilasse quem se intrometesse em seu caminho.

Renner cumpriu as ordens com diligência. À meia-noite, Stauffenberg e mais três conspiradores estavam mortos. O marechal de campo Ludwig Beck, envolvido na conspiração, se matou na segunda tentativa, e começou uma onda de prisões. Os suspeitos foram violentamente interrogados e, às vezes, acusaram pessoas com pouco ou nenhum envolvimento na trama. Entre esses nomes, estava o de Erwin Rommel, que recebeu a opção de se suicidar e ter um funeral com honras militares ou se subme-

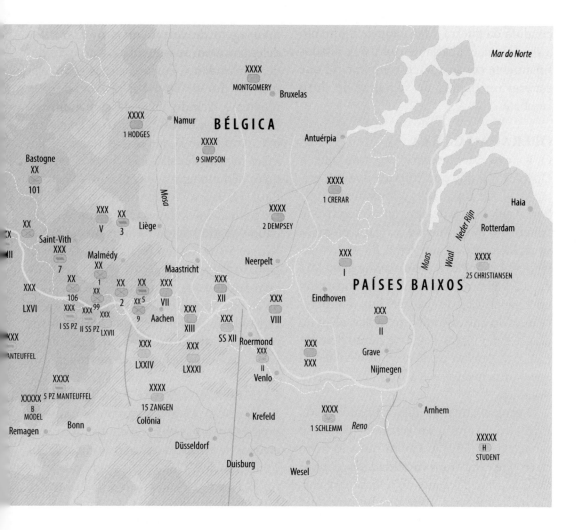

ter a um julgamento que seria muito desagradável para sua família. Rommel escolheu a pílula de veneno. Mais tarde, os defensores de Rommel argumentaram que só ele poderia salvar a Alemanha de uma derrota total e inevitável, mas isso é discutível. O atentado custou à Alemanha um de seus comandantes mais capazes e teve outro efeito importante: revigorou Adolf Hitler.

Cerca de uma hora apenas depois da explosão, Hitler recebia Mussolini para almoçar. Falou com entusiasmo sobre sua sobrevivência, que demonstrava claramente tanto seu verdadeiro destino quanto o da Alemanha. A providência divina, quaisquer que fossem as circunstâncias então desfavoráveis que enfrentasse, queria que o país acabasse vencendo. Testemunhas disseram que, longe de se sentir abalado por ter escapado por pouco, Hitler ficou eufórico, convencido de que triunfaria no fim das contas. Essa confiança renovada também teve outros resultados. Ele não confiava mais em seus comandantes, com uma ou duas exceções extraordinárias, e assumiria um grau de controle ainda maior sobre as operações militares. Começou a aceitar ainda menos conselhos do exército e a demonstrar má vontade a dar ouvidos a quaisquer sugestões que contradissessem o que pensava da situação no campo de batalha. Isso teria repercussões importantes na futura conduta da guerra. Mas naquele momento a situação já era bastante ruim, e os aliados finalmente começaram o rompimento que esperavam depois de semanas de duro combate.

OPERAÇÃO COBRA

O general Montgomery esperava que a Operação Goodwood, iniciada no setor britânico, desse aos aliados o rompimento que buscavam, mas se desapontaria. Goodwood falhou em seu objetivo e, para piorar a situação, cerca de um terço do efetivo de tanques britânicos na Normandia ficou fora de ação com a luta. A ofensiva conseguiu uma penetração de apenas 9 km, mas obteve mais do que esse número indica: além do desgaste das forças alemãs já muito pressionadas, a ofensiva convenceu os alemães de que o principal esforço aliado viria do setor britânico.

O general Omar Bradley, comandante do Primeiro Exército americano, propôs o esboço da Operação Cobra quando ficou claro que faltava profundidade às defesas alemãs, principalmente no setor americano. Cobra começaria com um bombardeio intenso das forças alemãs diante do VII Corpo dos Estados Unidos, comandado pelo general "Lightning Joe" Collins. Então o VII Corpo avançaria rumo à linha principal de resistência alemã e buscaria o rompimento, com a meta de concluir a primeira fase da operação em posição de permitir às unidades americanas avançar para a Bretanha e tomar os portos. Esse rompimento exigiria o uso de mais unidades, que tomariam a forma do Terceiro Exército do general Patton.

A Operação Cobra deveria começar com bombardeio às 13h de 24 de junho, mas o céu muito nublado acima do campo de batalha levou à decisão de cancelar o ataque. Isso não impediu a confusão, pois alguns bombardeiros não receberam a mensagem de voltar; mais de trezentos deles lançaram suas bombas, e uma unidade, por acidente, lançou as suas sobre elementos da 30ª Divisão, provocando 25 mortes e ferindo mais de cem homens. Bradley ficou furioso, não só pelas baixas mas porque temia que isso alertasse os alemães para a ofensiva. Na verdade, os alemães não mudaram seus planos. O general Paul Hausser, comandante do Sétimo Exército alemão, não estava muito preocupado quando relatou os fatos do dia a Von Kluge; Fritz Bayerlein, comandante da Divisão Panzer Lehr, estava convencido de que seus homens tinham repelido um grande ataque americano, sem perceber que os estrondos e explosões a que seus homens reagiram tinham sido causados por bombas caídas e não pelo avanço de tropas.

COMEÇA A OPERAÇÃO COBRA

A Operação Cobra começou novamente pouco depois das 9h30 do dia seguinte, com ataques de metralha de caças-bombardeiros Thunderbolt P-47 seguidos por bombardeiros B-17 e B-24 pouco antes das 15 horas. Eles lançaram mais de 3.000 toneladas de bombas, e foram seguidos, por sua vez, por 380 bombardeiros médios B-26, que acrescentaram à luta mais 1.400 toneladas de alto explosivo. As defesas alemãs se esfacelaram. Mais de mil defensores morreram, e cerca do mesmo número se feriu ou ficou tão estonteado que não pôde resistir. O bombardeio também desorganizou a rede de comunicações, mas não atingiu todos os defensores de maneira homogênea. Muitos soldados alemães mais próximos das posições americanas escaparam ilesos, junto com seus tanques; e mais uma vez as bombas caíram perto demais, matando 111 homens e ferindo 490, inclusive o general de divisão Lesley McNair, chefe das Forças Terrestres do Exército.

O ataque terrestre começou às 11 horas e enfrentou resistência obstinada onde o bombardeio não causou muitos danos. Isso fez com que o primeiro dia fosse desapontador para os americanos, que conquistaram cerca de um quilômetro e meio em vez dos cinco previstos. Collins decidiu que engajaria suas forças blindadas no dia seguinte, em vez de continuar o ataque com a infantaria apenas. Essa decisão rendeu frutos, porque as forças blindadas conseguiram o rompimento, e Collins continuou a pressionar atacando também durante a noite de 26-27 de julho. No fim de 28 de julho, as defesas alemãs estavam em desordem, a esperança de uma retirada ordeira eliminada. Isso levou os americanos a refinar a Operação Cobra: embora um período de consolidação tivesse sido planejado depois do rompimento, decidiu-se explorar o aparente colapso das forças alemãs. A continuação do avanço levou Hitler, que não aceitava que as forças alemãs estavam em péssimo estado, a intervir com planos de uma operação muito improvável de dar certo.

A Operação Lüttich deveria começar numa área perto de Mortain e atacar Avranches. Essa cidade era fundamental para o avanço americano, por ser o centro por onde tinham de passar todos os suprimentos do Terceiro Exército de Patton. Hitler acreditava que um ataque ali deslocaria todo o esforço americano e tinha ideias grandiosas de isolar as divisões americanas de vanguarda. O ataque começou em 7 de agosto e penetrou quase 16 quilômetros nas linhas americanas. Algumas unidades ficaram isoladas, e parecia que o plano de Hitler poderia dar certo. No entanto, a crença de Hitler de que Deus estava a seu lado depois dos acontecimentos de 20 de julho era infundada. Quando veio a aurora, o tempo estava bom, e no meio da manhã o céu ficou apinhado de caças-bombardeiros. O avanço teve de parar quando os alemães buscaram proteção, e nos três dias seguintes eles só atacaram à noite. Um combate acirrado se seguiu, mas os alemães não obtiveram ganhos significativos, o que deixou Hitler furioso.

Em 8 de agosto, os primeiros elementos do Terceiro Exército de Patton chegaram a Le Mans. Eisenhower ordenou que virassem para o norte e seguissem na direção do setor britânico. Ao mesmo tempo, o II Corpo canadense planejava atacar ao sul, rumo a Falaise: se tivessem sucesso, fariam a ligação com os americanos e isolariam os alemães. Pouco depois do anoitecer de 8 de agosto, mais de mil bombardeiros pesados massacraram os flancos do corredor que levava a Falaise com altos explosivos; então os canadenses começaram a avançar pelo corredor, seguindo para Falaise sob os auspícios da Operação Totalise.

Os alemães tentaram deter seu avanço com um contra-ataque, pouco antes do meio-dia de 9 de agosto, que já fora rechaçado até as 14 horas. Mas, quando os canadenses e as forças polonesas que os acompanhavam estavam prestes a recomeçar o avanço, o céu se encheu de quinhentas Fortalezas Voadoras B-17 da Força Aérea americana. O plano era repetir o bombardeio da noite anterior, mas tudo deu desastrosamente errado. Muitas bombas caíram onde não deviam, matando tropas amigas e avariando e destruindo muitos tanques.

No dia seguinte, um grupo tático canadense conseguiu se perder e topou com dois grupos Panzer. Para piorar a situação, os poloneses combatiam os Panzers, e puseram os canadenses sob fogo também. Embora houvesse progresso rumo aos objetivos, a Operação Totalise correu o risco de estacar quando as forças canadenses e polonesas encontraram oposição cada vez mais pesada. No entanto, os americanos tiveram mais sorte, e avançavam rumo a Argentan. A possibilidade de fazer a ligação com os americanos deu novo ímpeto às forças britânicas, e logo se adotou um aperfeiçoamento da Totalise.

OPERAÇÃO TRACTABLE

O novo plano, chamado Tractable, pretendia ser um ataque em massa contra os alemães, precedido por um bombardeio de artilharia devastador. Enquanto o bombardeio avançava, mais de trezentos tanques e quatro brigadas de infantaria iam atrás. No entanto, nesse momento houve um desastre, pois muitos dos oitocentos bombardeiros pesados que davam apoio aéreo começaram a lançar bombas sobre as forças aliadas, longe dos alemães. Embora os soldados continuassem avançando, o pó e a fumaça provocados pelo bombardeio e pela artilharia eram tão densos que ficou quase impossível ver para onde andavam. Tanques e blindados de transporte de pessoal começaram a colidir, e o avanço se desorganizou. A confusão aumentou quando os blindados encontraram em seu caminho um riacho estreito, sem largura suficiente para preocupar, mas com margens íngremes que os tanques não conseguiam atravessar. Os blindados só puderam finalmente se deslocar depois que tropas de engenharia lançaram feixes de varas na torrente, mas o avanço se atrasou de forma irreversível. Mais uma vez, os canadenses viram que seu avanço era lento e difícil, e só acabaram chegando a Falaise em 15 de agosto.

Embora os aliados estivessem claramente levando a melhor, Hitler continuava convencido de que conseguiria derrotá-los com uma série de contra-ataques blindados. Ordenou a Von Kluge que mantivesse a pressão sobre Avranches, enquanto outras operações contra Falaise e Argentan deveriam ser iniciadas imediatamente com a

intenção de manter separadas as forças americanas e canadenses. Foi nesse momento que a disposição de Von Kluge de obedecer a todos os caprichos de Hitler lhe falhou. Enquanto viajava para inspecionar as tropas no bolsão de Falaise-Argentan, seu carro foi metralhado por caças-bombardeiros. Chocado mas ileso, Von Kluge conseguiu chegar a seu destino. Ele concluiu que seria impossível cumprir as ordens de Hitler e mandou a Berlim a malsinada informação de que as forças alemãs não tinham mais poderio suficiente para derrotar os aliados. Sem esperar resposta, Von Kluge ordenou que os soldados do bolsão começassem a retirada.

A notícia da retirada provocou em Hitler um ataque de fúria apoplética. Imediatamente, ele demitiu Von Kluge e lhe ordenou que retornasse a Berlim. Os boatos de que Von Kluge se veria envolvido no atentado a bomba (com as consequências pre-

CHEGADA ÀS ARDENAS

Um tanque Tiger passa pela estrada. Tanque alemão mais formidável da guerra, o Tiger tinha armamento e blindagem melhores que os tanques aliados, mas sofria de imensa desvantagem numérica. Nas batalhas de atrito das campanhas europeias, o efetivo é que fazia diferença.

vistas) devem ter chegado ao desafortunado marechal de campo; ele se envenenou para não ter de viajar e enfrentar a ira de Hitler. Em 17 de agosto, Hitler substituiu Von Kluge pelo marechal de campo Walther Model, sabendo que este era um nazista leal que obedeceria a suas ordens. Model talvez fosse leal, mas não era bobo. Assim que assumiu o comando, avaliou que a posição era infrutífera e que a única ação sensata seria continuar a retirada. Mas ele foi astuto, e o fez enquanto usava todos os blindados remanescentes disponíveis em investidas contra Falaise e Argentan: se não conseguisse o rompimento (como sabia que não conseguiria), pelo menos poderia ressaltar o fato de que cumprira as instruções de Hitler da melhor maneira possível. Em 19 de agosto, os alemães estavam em situação desesperadora: artilharia e ataques aéreos dizimavam as colunas em retirada; dois dias depois, as forças ainda no bolsão foram cercadas quando a armadilha se fechou. Forças da França Livre correram para Paris, apesar das ordens iniciais de Eisenhower para que não o fizessem, e em poucos dias a cidade estava em seu poder. Em 29 de agosto, soldados americanos marchavam pelo Champs-Elysées como parte das comemorações da libertação. A campanha da Normandia acabara; mas ainda havia à espera um caminho difícil e prolongado.

ARNHEM

O avanço aliado continuou em ritmo considerável depois da queda de Paris, e no fim de agosto os alemães eram forçados a recuar em todas as frentes. Em 2 de setembro de 1944, tanques britânicos entraram na Bélgica e chegaram a Bruxelas sob enorme aclamação no ameno anoitecer do dia 3. Nesse momento, talvez os aliados tenham ficado otimistas demais com o resultado e acreditado que a guerra estava praticamente ganha. Além disso, o ego de alguns generais aliados começava a aparecer; Montgomery, especialmente, se tornava impopular junto aos americanos devido às tentativas constantes de comandar o combate terrestre embora estivesse subordinado a Eisenhower. Para sermos justos, isso não impediu que Montgomery pensasse em como vencer a guerra; em 10 de setembro, ele propôs um plano de muita ousadia que girava em torno da cidade holandesa de Arnhem.

Montgomery propôs que uma única investida rumo a Berlim poderia causar o colapso alemão. E, para isso, sugeriu usar o

Homens do quartel-general da 1ª Divisão Aerotransportada se preparam para sair dos planadores Horsa que pousaram perto de Arnhem em setembro de 1944. Durante o pouso, a asa do planador sofreu visivelmente um forte impacto com um obstáculo (provavelmente uma árvore).

Primeiro Exército Aerotransportado Aliado para ocupar um corredor de 100 quilômetros, da fronteira belga até o Reno. O Vigésimo Primeiro Grupo de Exércitos (sob o comando de Montgomery) então avançaria à toda pelo corredor, flanqueando a Linha Siegfried e conquistando uma cabeça de ponte sobre o Reno. A operação receberia o codinome "Market Garden", e Eisenhower aprovou sua realização uma semana depois, em 17 de setembro. O que Montgomery e Eisenhower não discutiram foram as relações estremecidas entre o comandante do Primeiro Exército Aerotransportado Aliado, o general americano Lewis Brereton, e seu vice-comandante britânico, general de divisão Sir Frederick "Boy" Browning. Isso fez com que o planejamento da Market Garden se realizasse num clima tenso, mas em 15 de setembro um plano viável estava pronto. As pontes de Eindhoven, Nijmegen e Arnhem seriam ocupadas, as duas primeiras pela 101ª e pela 82ª Divisões Aerotransportadas, respectivamente, a terceira pela 1ª Divisão Aerotransportada do general de brigada Roy Urquhart. Browning tinha suas dúvidas sobre a tomada de Arnhem e confessou a Montgomery o temor de que "talvez fosse uma ponte longe demais" — frase que ganhou imortalidade em anos posteriores.

A Operação Market Garden começou no domingo, 17 de setembro de 1944, com a decolagem de campos de pouso ingleses de uma imensa armada aérea que levava paraquedistas ou rebocava planadores. Até as 14 horas, vinte mil soldados foram lançados ao longo do corredor. Depois disso, quase nada deu certo para a 1ª Divisão Aerotransportada. Infelizmente para os aliados, o marechal de campo Walter Model almoçava a apenas 3 quilômetros da zona de pouso e em minutos avisou Hitler, antes de ordenar que a 9ª e a 10ª Divisões Panzer SS seguissem para Arnhem e Nijmegen. O XXX

Um canhão de assalto StuG, da 9ª Divisão Panzer SS, passa por três soldados britânicos capturados em Arnhem. Dos dez mil homens que ali pousaram, somente dois mil voltaram às linhas britânicas quando os paraquedistas foram evacuados da cidade na noite de 25 para 26 de setembro de 1944.

Corpo britânico, na vanguarda do avanço para apoiar os soldados aerotransportados, perdeu tempo com a oposição alemã e a estrada congestionada e acabou detido 16 quilômetros ao sul de Arnhem quando os alemães reagiram com grande vigor à sua chegada. Isso fez que a 1ª Divisão Aerotransportada ficasse isolada e passasse os próximos dias lutando contra dificuldades inacreditáveis à espera de reforços. Estes não vieram, e, embora tenham chegado à margem sul do RioWaal, principal ramificação do Reno, elementos do 21º Grupo de Exércitos não conseguiram atravessá-lo. Em 24 de setembro, Montgomery ordenou a evacuação dos remanescentes da 1ª Divisão Aerotransportada. Dos 10.005 homens que voaram para Arnhem, apenas 2.163 voltaram atravessando o rio. A guerra se arrastaria.

DE VOLTA AO ATRITO
O fracasso de Arnhem foi um golpe para os aliados, e ficou claro que os alemães ainda estavam a certa distância da derrota, embora enfrentassem graves dificuldades. Pior ainda para os aliados foi que os alemães renovaram sua confiança com o sucesso obtido contra a Operação Market Garden. Embora agora fossem forçados a voltar às fronteiras, pelo menos eles recuavam para posições defensivas preparadas e difíceis de romper, e com linhas de comunicação mais curtas. Os aliados não estavam em posição

> Dois meses e meio de combate acirrado, que culminaram para os alemães num banho de sangue suficiente até para seu gosto extravagante, deixaram o fim da guerra na Europa à vista, quase ao alcance. O poderio dos exércitos alemães no Ocidente foi abalado, Paris pertence novamente à França e os exércitos aliados correm para as fronteiras do Reich.
>
> *Resumo de informações, supremo quartel-general das forças expedicionárias aliadas, 26 de agosto de 1944*

General Bernard Montgomery, flanqueado pelo general Omar N. Bradley (Primeiro Exército dos Estados Unidos) e pelo general de divisão Sir Miles Dempsey (Segundo Exército britânico). Montgomery comandou todas as forças terrestres na França até setembro de 1944, quando Eisenhower assumiu seu posto de comandante geral terrestre.

tão boa. Sua organização logística era marcada por corrupção e interesse próprio dos oficiais superiores responsáveis, e os alemães mal tinham sido expulsos do porto de Antuérpia (em 4 de setembro). Isso fazia com que os aliados estivessem em más condições para vencer o tipo de guerra de atrito que seria inevitável até que a logística melhorasse.

Embora Antuérpia tivesse caído, o porto só poderia ser usado depois que o Décimo Quinto Exército alemão fosse desalojado das margens do estuário do Rio Escalda, que controlava sua entrada. Compreensivelmente, Montgomery se distraíra com a operação em Arnhem e entregara a tarefa de limpar o estuário ao Primeiro Exército canadense. Em 8 de outubro, o almirante Sir Bertram Ramsay, que comandava as operações navais no noroeste da Europa, disse a Eisenhower que o Escalda só estaria limpo em 1º de novembro, no mínimo, porque os canadenses enfrentavam rígida oposição e sofriam escassez de suprimentos, principalmente munição. Eisenhower ficou muito incomodado e ordenou que Montgomery limpasse o estuário do Escalda. Então irrompeu uma disputa inconveniente: Montgomery se recusou a aceitar que essa tarefa não era uma tentativa de mandá-lo calado para a periferia e permitir que os americanos lhe "roubassem" a glória que era dele por direito; ele também sugeriu que Arnhem fracassou porque Eisenhower fez um plano insatisfatório para a campanha. Nesse momento, Eisenhower sentiu que não tinha opção além de lembrar a Montgomery quem estava no comando; se Montgomery não confiava em sua condução do problema, seria preciso "encaminhar a questão a uma autoridade mais alta". Logo ficou claro para Montgomery que esse encaminhamento seria um desastre, pois era impossível conceber uma situação em que Roosevelt ficasse a seu lado contra Eisenhower; seria politicamente inaceitável, em ano eleitoral, que o presidente da República ficasse ao lado de um general estrangeiro contra um herói americano. Churchill tenderia a concordar com Roosevelt; e, apesar de sua posição, Montgomery seria sacrificado em nome do bom funcionamento da aliança. Assim, ele recuou cuidadosamente e deu ordens que punham a limpeza do Escalda como prioridade para suas forças.

LIMPEZA DO CAMINHO

Quando Montgomery foi convencido da necessidade de dar prioridade ao Escalda, as operações já estavam em andamento. A Divisão Blindada polonesa, em conjunto com os canadenses, conseguira remover os alemães de 32 quilômetros da margem sul do Escalda, mas isso ainda era menos da metade do total. Os alemães conheciam muito bem a importância do Escalda para os aliados, e suas defesas na foz do rio eram formidáveis, principalmente na ilha de Walcheren, onde doze mil homens ocupavam posições bem fortificadas com o apoio de cerca de cinquenta canhões pesados. A cidade de Flushing se tornara uma fortaleza, com casas transformadas em casamatas para permitir várias camadas de fogo defensivo e devastador contra quaisquer atacantes.

As forças britânicas e canadenses começaram a atacar essas posições com tempo péssimo, que impedia a cobertura aérea fundamental para as operações; os aviões não conseguiam decolar ou descobriam que era quase impossível localizar o alvo. A 3ª Divisão canadense abriu caminho pelo Escalda usando veículos de combate blindados e anfíbios, até finalmente capturar, em 2 de novembro, o último bastião em Knokke. Em 24 de outubro, a 2ª Divisão canadense atacou ao longo da península de Beveland, enquanto a 52ª Divisão britânica atravessava o Escalda e iniciava um ataque

Uma lancha de desembarque de blindados segue para a praia durante as operações para ocupar a ilha Walcheren. Embora boa parte da ilha ficasse debaixo d'água depois que o bombardeio aliado destruiu os diques, os alemães resistiram ferozmente, e os britânicos levaram vários dias para obter o controle.

para empurrar os alemães contra as forças canadenses. No final de outubro, os alemães tinham sido forçados a voltar até Walcheren.

ATAQUE DO AR

A dificuldade de atacar a ilha foi contornada com o poderio aéreo. Os planejadores da operação decidiram que a melhor maneira de vencer a ilha era inundá-la com o rompimento do dique de Westkapelle. Bombardeiros Mosquito e Lancaster fizeram o primeiro ataque ao dique em 3 de outubro, e outros ataques se seguiram em 7, 11 e 17 do mesmo mês. Quando os bombardeiros terminaram o serviço, a ilha estava quase toda debaixo d'água, a não ser pelas dunas costeiras e as cidades de Middelburg e Vlissingen. Mais dois dias de bombardeio aéreo e naval foram usados para enfraquecer a defesa das áreas remanescentes, e, em 1º de novembro, grupos táticos britânicos desembarcaram em Westkapelle e Vlissingen (Flushing). Um ataque canadense sobre o dique foi rechaçado, e houve combate acirrado nos dois dias seguintes, com a vantagem trocando de lado várias vezes. A inundação provocada pelo bombardeio fez que os soldados tivessem uma tarefa um pouquinho mais fácil: em seu caminho havia uma série de pequenas ilhas, que ocuparam uma de cada vez. Vlissingen foi uma proposta muito mais difícil, mas em 4 de novembro, depois de intenso combate, as forças alemãs foram convencidas a se render. No mesmo dia, a Marinha Real britânica começou a limpar as minas do Escalda: nas três semanas seguintes, dez flotilhas de caça-minas foram necessárias para remover a ameaça. Em 28 de novembro, o primeiro comboio de navios chegou a salvo, e no início de dezembro o porto funcionava com toda a sua capacidade. Isso permitiu que os aliados gozassem de uma situação logística drasticamente melhorada; com pouquíssima capacidade portuária durante meses, agora ela era excessiva, o que tornaria as futuras batalhas mais fáceis de manter, quando não de vencer.

AVANÇOS AMERICANOS

Enquanto os britânicos se ocupavam com a limpeza do Escalda, em 12 de setembro o

Soldados alemães fecham um dos portões das defesas da Muralha Ocidental (ou Linha Siegfried). Projetados para impedir o movimento dos tanques, os "dentes de dragão" de concreto aumentaram a dificuldade enfrentada pelos soldados aliados, mas não os impediram de entrar na Alemanha.

CHEGADA ÀS ARDENAS

Soldados americanos cavam trincheira em novas posições na Bélgica, em outubro de 1944. Essas sólidas trincheiras e posições defensivas foram de grande valia durante o bombardeio da artilharia alemã que precedeu o ataque no primeiro dia da Batalha do Bulge.

Primeiro Exército americano (agora comandado pelo general Lewis Hodges, depois da promoção de Bradley ao comando do Décimo Segundo Grupo de Exércitos) começou um ataque a Aachen. Seguiu-se um combate encarniçado, com os defensores decididos a cumprir a ordem de Hitler de lutar até o último homem. Seis dias de intenso combate nas ruas fizeram o perímetro alemão encolher, até 22 de outubro, para uma pequena área da cidade. No final, os alemães mantinham apenas um abrigo antiaéreo de quatro andares. Os americanos o puseram sob o fogo de obuseiros de 155 milímetros e, após doze horas de bombardeio, as forças alemãs se renderam. A batalha de Aachen foi especialmente sangrenta, mas ofuscada pelo duro combate ocorrido nas florestas de Hürtgenwald (ou Hertogenwald, em flamengo).

Essa floresta, com quase 20 quilômetros de largura, se estendia dos arredores de Verviers, na Bélgica, até Düren, na Alemanha, e era cortada por parte da Linha Siegfried (ou Muralha Ocidental). Os americanos fizeram uma série de ataques de setembro a novembro e, no processo, sofreram 33 mil baixas. Finalmente, em 8 de dezembro, os americanos chegaram às margens do Rio Roer. Enquanto o Primeiro Exército lutava na floresta de Hürtgenwald, Patton comandava o Terceiro Exército contra Metz, que se rendeu em 21 de novembro. No início de dezembro, o Terceiro Exército estava diante da Muralha Ocidental, mas sofrera 55.182 baixas. Os exércitos aliados pareciam ter perdido o ímpeto, e Montgomery pressionou Eisenhower para forçar os alemães a voltar à guerra móvel e dar fim à guerra de atrito que a substituíra.

Embora houvesse algum desalento com a compreensão de que a guerra se arrastaria até 1945, pelo menos os aliados tinham conseguido que os alemães recuassem em toda a frente, ainda que com dificuldade e com o obstáculo das defesas da Muralha Ocidental a ser transposto. Além disso, a utilização de Antuérpia fez com que os problemas logísticos que tinham molestado a campanha desde o verão fossem superados; os aliados já podiam pensar em como provocar a derrota da Alemanha. No entanto, não era possível ignorar que a estratégia seguida até então parecia ter perdido força. Numa reunião com Montgomery em 28 de novembro, Eisenhower admitiu que seu plano deixara de produzir os resultados esperados. A ideia da guerra móvel de Montgomery parecia permitir uma possível solução; a questão era como provocá-la. Os aliados pensaram em como proceder. Em 16 de dezembro, Hitler lhes deu a resposta: teve início uma imensa ofensiva nas Ardenas.

CAPÍTULO 2

PLANOS E PREPARATIVOS

À medida que a situação militar piorava, os comandantes militares alemães se desiludiam com a liderança de Adolf Hitler. Seu excesso de otimismo e a recusa em aceitar a realidade da situação levou ao desespero oficiais superiores do exército, incapazes de convencer Hitler das falhas graves de sua estratégia. Enquanto os aliados avançavam rumo à Alemanha, Hitler produziu outro plano para recuperar sua fortuna. Ele achava que venceria a guerra atacando uma frente que já lhe trouxera sucesso: as Ardenas.

APESAR DA SITUAÇÃO DESESPERADORA em que se encontrava o exército alemão, Hitler se recusava a ver qualquer coisa que não fosse a vitória do Terceiro Reich como resultado da guerra. Ao perceber que operações defensivas dificilmente a produziriam, ele voltou seus pensamentos para opções mais agressivas. Em 19 de agosto de 1944, Hitler mencionou pela primeira vez a intenção de lançar uma ofensiva ainda naquele ano. Ele explicou ao pequeno grupo de assessores de confiança que pretendia começar a luta em novembro, quando o tempo estaria tão ruim que imporia graves limitações à capacidade de operação das forças aéreas aliadas em apoio aos exércitos. Quinze dias depois, ele convocou Von Rundstedt a seu quartel-general na Toca do Lobo e lhe pediu que reassumisse o posto de comandante em chefe no Ocidente. O pedido de Hitler não era um reconhecimento de que Von Rundstedt estava certo quando avaliou a situação na Normandia nem que sua demissão fora injusta. Hitler sentia profunda antipatia por Rundstedt e o via como personificação do corpo de oficiais prussianos que sentiam tanto desdém pelo Führer; não era segredo que, em conversas particulares, Von Rundstedt se referia

Em 20 de julho de 1944, menos de duas horas depois da tentativa de assassinato, Hitler caminha pelo quartel-general, segurando o braço ferido. Os conspiradores esperavam que matar Hitler desse fim à guerra, mas seu fracasso convenceu o Führer de que a vitória final estava prevista.

Soldados da SS em pé diante de seus tanques Panzer Mark IV antes de uma inspeção. O Mark IV tinha um dos projetos mais versáteis da guerra e sofreu atualizações contínuas para se manter na ativa até o fim do conflito.

a Hitler como "o cabo", com desprezo óbvio por um ex-praça promovido bem acima de sua condição. Essa antipatia pessoal não era suficiente para superar a utilidade de ter Von Rundstedt de volta. Hitler sabia que a maioria dos soldados alemães nutria imenso respeito pelo marechal de campo de 70 anos e sentia que isso poderia inspirar a soldadesca a atingir patamares mais altos. Além disso, Hitler esperava que a nomeação de Von Rundstedt enganasse os aliados, que, segundo ele, esperariam que Von Rundstedt seguisse as "regras" da guerra segundo as quais um exército na posição em que estavam os alemães não deveria lançar ofensivas em condições tão desfavoráveis.

VON RUNDSTEDT NOMEADO

Portanto, Von Rundstedt era uma ferramenta útil para Hitler. Sem a mínima intenção de lhe revelar seus planos de ofensiva, o Führer disse simplesmente ao comandante em chefe que seu dever seria se defender diante da Muralha Ocidental pelo tempo que fosse possível antes de recuar até ela, onde ocorreria a batalha decisiva. Hitler completou o logro dizendo a Von Rundstedt que a possibilidade de lançar uma ofensiva não era verossímil, já que o efetivo disponível era inadequado. Von Rundstedt saiu da reunião aparentemente satisfeito com a nova nomeação; e quase assim que ele partiu, Hitler começou a traçar os planos da ofensiva.

A nomeação de Von Rundstedt como cabeça de proa não bastou para mudar a sorte alemã. O general Siegfried Westphal, seu chefe do estado-maior, foi forçado a dizer ao marechal de campo que a posição alemã era precária. Mais tarde, Westphal afirmou que haveria um desastre caso os aliados infligissem uma grande derrota às forças alemãs em qualquer ponto da frente ocidental. Na verdade, a palavra "frente" não era muito adequada, já que havia brechas em toda a sua extensão. Além disso, absolutamente nenhuma providência fora tomada

> Nunca na história houve coalizões como a de nossos inimigos, compostas de elementos tão heterogêneos com metas completamente contraditórias. Os que temos como inimigos hoje são os maiores extremos deste planeta: estados ultracapitalistas de um lado, estados ultramarxistas do outro; um império moribundo, a Grã-Bretanha, de um lado, do outro uma colônia que luta pela herança, os Estados Unidos. Há atrito entre esses estados até hoje quanto a seus objetivos futuros [...] Se forem dados mais alguns golpes bem fortes, pode acontecer a qualquer momento que essa frente comum artificialmente mantida desmorone com um tremendo estrondo.
>
> *Adolf Hitler fala a seus oficiais superiores, 12 de dezembro de 1944*

PLANOS E PREPARATIVOS

para assegurar que os aliados tivessem dificuldade para atravessar o Reno. Nenhuma das pontes sobre o rio fora preparada para demolição, e só em meados de outubro de 1944 essa omissão potencialmente fatal foi retificada. As tropas alemãs estavam perigosamente fracas. Quando Von Rundstedt reassumiu o comando, havia apenas cem tanques em boas condições disponíveis em toda a frente ocidental, contra um efetivo aliado que chegava quase a oito mil tanques. Treze divisões de infantaria alemãs eram consideradas em bom estado, enquanto outras doze estavam apenas parcialmente preparadas para novas operações. Mais 14 tinham potencial tão pequeno de lutar que, para todos os fins, eram inúteis como verdadeiras unidades de combate.

PROVIDÊNCIA DIVINA

Essas desvantagens poderiam ser levemente compensadas se os alemães gozassem de poder aéreo. Contudo, aí também estavam muito deficitários. A surra constante de caças aliados e as exigências da frente oriental deixaram a Luftwaffe em desvantagem numérica de 25 para 1. Em suma, a impressão de que a Alemanha cambaleava à beira da derrota não era inexata. Hitler, contudo, pensava diferente.

A crença de Hitler de que a providência divina o salvara da morte no atentado a bomba pareceu revigorá-lo. Em vez de olhar as terríveis baixas sofridas em combate, ele se concentrou nos aspectos da situação que considerava positivos. Em primeiro lugar, não precisava se preocupar com a frente interna. Os conspiradores não conseguiram provocar nenhum sinal de agitação, e a forma violenta como Hitler cuidou deles (e qualquer um remotamente suspeito de estar ligado a eles) lhe deu confiança de que a probabilidade de um movimento de oposição era mínima.

Além de estar numa posição em que o esforço de guerra não seria prejudicado pela oposição pública, Hitler podia destacar o fato de ainda ter quase 10 milhões de homens em armas, a maioria (quase 7 milhões) no exército e nas *Waffen-SS*. Ainda havia uma reserva que poderia ser aproveitada, o que parecia demonstrar que a Alemanha não perdera todos os seus homens para a linha de frente. Ele também se animou porque, embora a Alemanha sofresse ataque aéreo constante havia mais de dois anos, a indústria ainda produzia material bélico. O uso inteligente da dispersão de fábricas, o aumento da jornada de trabalho, o maior uso de trabalhadores escravos e a enorme redução da produção de mercadorias para consumo civil fizeram com que os índices de produção industrial fossem impressionantes. Na verdade, a produção aumentava em vez de diminuir: a fabricação de caças, armas e munições chegaria ao ponto máximo no outono de 1944. Todos esses fatores levaram Hitler a ainda ter esperança de salvar a situação.

O otimismo de Hitler se resumia à crença de que mil caças Me 262 a jato estavam disponíveis. No entanto, o número real era muito menor, principalmente porque sua insistência de que a aeronave também fosse usada como bombardeiro exigiu modificações do projeto que retardaram a entrada em serviço.

Na verdade, Hitler tinha menos base para otimismo do que pensava. Embora ainda houvesse homens que poderiam ser convocados, era improvável que muitos deles se tornassem bons soldados. A idade de convocação subira para 60 anos; os que já tinham sido considerados fisicamente inaptos para o serviço receberam permissão de se unir às fileiras do exército; e parte da suposta "reserva" de homens era constituída daqueles que já tinham servido mas receberam baixa por invalidez, embora seus ferimentos não os aleijassem. Além disso, um número cada vez maior dos soldados da linha de frente tinha sido transferido da marinha e da aeronáutica. Ou seja, embora o exército ganhasse homens com treinamento e experiência consideráveis, pouquíssimo desse treinamento e dessa experiência era relevante no combate terrestre.

A QUEDA DA LUFTWAFFE
A imagem da aparente redução da ofensiva aérea anglo-americana também era enganosa. A necessidade de defender o espaço aéreo do Terceiro Reich fez a produção de aviões tender cada vez mais aos caças. Embora ainda se produzissem bombardeiros, a Luftwaffe estava cada vez mais desequilibrada, sem meios de apoiar o exército durante batalhas em andamento. Havia sinais de que o exército se ressentia continuamente da falta de apoio aéreo, ainda mais com a eficácia crescente do ataque aéreo aliado em apoio às operações terrestres. A dispersão da indústria era ótima, mas o bombardeio de alvos de transporte dificultava cada vez mais que itens grandes chegassem aos devidos usuários. Quanto aos aviões, o aumento da produção era mais do que bem-vindo, mas a Luftwaffe estava ficando sem homens para pilotá-los. Embora fosse possível encontrar voluntários para substituir as fileiras reduzidas de pilotos de caça, a grande dificuldade era que os recém-chegados não tinham experiência: muitos pilotos novos faziam poucas missões e eram derrubados do céu pelos caças inimigos. Hitler depositava grande esperança nos aviões-foguete e aviões a jato, principalmente o Me 262, mas se frustrava com a demora de sua entrada em serviço. Ninguém conseguia lhe explicar que sua insistência em transformar o caça Me 262 em caça-bombardeiro contribuíra muito para o atraso do programa; e ele não enten-

dia que uma tecnologia relativamente nova costumava ser menos confiável do que os caças com motor de explosão, já testados e comprovados.

A recusa de Hitler em entender a realidade da situação como um todo o levou a sentir que o verdadeiro problema da Alemanha era a falta de tempo: para os caças entrarem em serviço, para o aumento da produção de armas chegar à linha de frente, para as reservas se tornarem eficazes. O lugar onde era preciso ganhar tempo era o Ocidente, já que a imensa extensão da frente oriental assegurava que haveria tempo até que os russos ameaçassem alguma parte da Alemanha que fosse vital para a continuação da guerra. O Exército Vermelho estava a pelo menos 500 quilômetros de poder infligir um golpe destrutivo desses; além disso, a mais recente ofensiva russa começava a perder impulso. No Leste, concluiu Hitler, havia tempo. O Oeste era outra questão.

No Ocidente, os aliados logo seriam capazes de ameaçar o Ruhr e sua importantíssima capacidade industrial: Hitler sabia muito bem que perder o Ruhr seria um golpe atordoante do qual a Alemanha só se recuperaria por milagre. No entanto, tomar o Ruhr não seria tarefa fácil. É claro que, naquele momento, nos primeiros meses depois do Dia D, as forças alemãs conseguiam manter os portos franceses e belgas e impunham um pesado fardo logístico aos aliados que se afastavam da Normandia; quando Hitler começou a pensar numa ofensiva, a reabertura de Antuérpia ainda estava a três meses de acontecer. Além disso, ele sabia que os aliados teriam de romper a Muralha Ocidental. Embora não fossem inexpugnáveis, as fortificações consistiam de um volume substancial de concreto e arame farpado, e o terreno não era dos mais fáceis para as operações. Mais uma vez, isso fez com que tivesse razões para concluir que havia tempo

Um soldado alemão espia de uma posição defensiva em algum ponto da Muralha Ocidental. Embora estivessem superadas em 1944, as fortificações ao longo da fronteira alemã ainda representavam um difícil obstáculo a ser contornado pelos americanos.

disponível. A dificuldade era que o tempo, por si só, não seria um meio adequado de ganhar a guerra. Hitler podia ser sujeito a ataques delirantes, mas tinha consciência de que os aliados podiam esperar: sua superioridade avassaladora em efetivo e capacidade produtiva lhes permitiria esmagar a Alemanha nazista aos poucos. Hitler sabia que o tempo teria de ser sustentado pela ação; ele também calculou que essa ação teria de ser um golpe decisivo contra os aliados, que mudasse tudo e provocasse um pacto de paz que, embora provavelmente não muito favorável à Alemanha, assegurasse que o Reich de mil anos não findasse

Posições de artilharia da Muralha Atlântica construídas na fábrica de armamento Skoda, na Tchecoslováquia. Os alemães fizeram uso intenso das fábricas tchecas em apoio a seus exércitos, mas nem o uso dessas instalações capturadas bastou para ajudá-los no final.

menos de doze anos após sua criação. Isso exigia o retorno às operações ofensivas, por menos que seus generais estivessem dispostos a elas.

UM GOLPE FATAL

A frente ocidental era a única opção sensata para um golpe contra os aliados, dada a escala imensa das operações necessárias para um ataque decisivo a leste. Havia outra razão para Hitler acreditar que a frente ocidental lhe propiciaria a oportunidade de um sucesso estonteante. Ele não temia observar que a aliança montada contra ele era a mais incomum da história, dominada por dois países capitalistas e um comunista, Estados que eram diametralmente opostos. Ele identificava contradições na relação entre os Estados Unidos e a Grã-Bretanha, e percebia que o primeiro se esforçava para provocar o colapso do Império Britânico, enquanto a outra se dispunha a fazer o que fosse necessário para proteger suas possessões imperiais. Enquanto isso, os russos desejavam ver a derrubada do capitalismo e eram inimigos muito mais óbvios da Grã-Bretanha e dos Estados Unidos do que a Alemanha. Hitler afirmava que a coalizão contra ele era artificial, e que um único golpe decisivo no Ocidente a desfaria. Ele achava que os aliados ocidentais estariam dispostos a assegurar a paz em separado, permitindo à Alemanha dedicar todos os seus recursos para esmagar os comunistas — algo que os países capitalistas certamente veriam com bons olhos.

Isso revela o entendimento equivocado da natureza da aliança contra Hitler. Embora houvesse certa desconfiança entre os britânicos e os americanos (e mais ainda entre os americanos e a União Soviética), as tensões entre eles não se comparavam em nada à determinação de derrotar a Alemanha. Quando se referiu à natureza desagradável do regime de Stalin, Winston

Josef "Sepp" Dietrich, comandante do Sexto Exército Panzer na ofensiva das Ardenas, condecora um de seus soldados. Dietrich devia seu posto aos anos de proximidade com Hitler. Comandante razoável em nível inferior, estava fora de sua zona de conforto como comandante de um exército.

Churchill observou que, se o diabo se unisse aos aliados, ele lhe faria referências favoráveis, desde que o demo permanecesse comprometido com o combate à Alemanha. As tensões entre os aliados podiam esperar; e a visão simplista de Hitler não percebeu isso de jeito nenhum. Ainda assim, ela inspirou as ideias de Hitler sobre a ofensiva decisiva no Ocidente: no final de agosto, ele sabia o que teria de fazer.

CRIAÇÃO DOS MEIOS
Como não se dispunha a confiar em seu comandante em chefe no Ocidente, Hitler deu a Goebbels a tarefa de encontrar efetivo suficiente para construir nada menos que 25 divisões: isso dificilmente fazia parte das atribuições regulares do ministro da Propaganda, mas Hitler confiava em Goebbels muito mais que em qualquer oficial do exército depois do atentado a bomba. Então, Hitler ordenou que quatro divisões Panzer da SS, na frente ocidental, saíssem da linha de frente para se reequipar. Ele não disse a Von Rundstedt por que dera essa ordem, mas à primeira vista parecia que o Führer simplesmente assegurava que seus favoritos fossem os primeiros a receber novo equipamento. É claro que não era esse o plano de Hitler; ele queria que as divisões Panzer formassem a ponta de lança blindada de sua ofensiva. Para controlá-las, ele criou um novo quartel-general, o Sexto Exército Panzer, comandado pelo *SS-Obergruppenführer* Josef "Sepp" Dietrich.

NOMEAÇÃO DE DIETRICH
Dietrich era um general improvável que devia seu posto mais à amizade com Hitler

desde os primeiros tempos do Partido Nazista do que a alguma grande capacidade militar: ele chegara ao posto de sargento na Primeira Guerra Mundial, e isso parecia ser o limite de sua carreira em serviço. Então ele se juntou aos nazistas e, em 1928, assumiu o comando do corpo de guarda-costas de Hitler. Este recebeu o novo nome de Leibstandarte Adolf Hitler em 1934 e se tornou a unidade principal das *Waffen-SS*, com muitas ações na Polônia, na França e na Grécia antes de ser transferida para a frente oriental. A divisão voltou à frente ocidental a tempo de enfrentar a invasão em 6 de junho, quando Dietrich foi promovido ao comando do I Corpo Panzer SS. No dia seguinte à invasão, Hitler ordenou que seu antigo camarada empurrasse os aliados de volta para o mar. A tarefa de Dietrich era impossível de cumprir, pois ele só tinha duas divisões. Em vez de expulsar os aliados, o I Corpo Panzer SS é que foi derrotado e dizimado no processo. É possível que Dietrich já estivesse desiludido com a liderança de Hitler, mas os eventos de 7 de junho de 1944 parecem ter confirmado sua suspeita de que o Führer não era um gênio militar. Ainda assim, ele continuou a ser um dos generais em que Hitler mais confiava, o que fez dele a opção natural para o comando do importantíssimo Sexto Exército Panzer (esta unidade recebeu o título honorífico de Sexto Exército Panzer SS em 1945 e costuma ser assim chamado nos relatos da Batalha do Bulge, embora de forma estritamente incorreta). No entanto, havia questionamentos quanto à sua capacidade. Muitos reconheciam que Dietrich era um comandante de divisão de competência razoável,

Um infante solitário caminha por uma estrada na floresta das Ardenas. Acreditava-se que essa mata densa tornasse a região inadequada para uma ofensiva. Sem dúvida, o controle do sistema de estradas era importante, porque fora delas as manobras ficavam extremamente difíceis.

Na campanha de 1940 contra a França, um dos primeiros modelos Panzer Mark IV com canhão de 75 milímetros, de cano curto, avança em terreno acidentado. O fato de o comandante estar fora da torreta indica que a fotografia foi tirada quando a ameaça de ação inimiga era desprezível.

mas sentiam que o comando de um exército era uma responsabilidade maior do que ele poderia suportar; os menos gentis sugeriam que seria melhor se ele tivesse continuado como sargento.

Depois de encontrar seu comandante, Hitler precisava agora encontrar o local do golpe de mestre proposto contra os aliados. Não foi preciso procurar muito.

AS ARDENAS

Hitler decidiu que a meta principal de sua ofensiva seria o porto belga de Antuérpia. Havia boas razões para isso, uma das principais era o fato de que os aliados tinham conseguido recentemente fazê-lo funcionar, reduzindo drasticamente suas linhas de suprimento. Além disso, o avanço sobre a cidade separaria os exércitos britânicos e canadenses dos americanos e permitiria sua destruição. Embora tudo isso soasse perfeitamente sensato a Hitler, havia pouca preocupação com as dificuldades ferozes desse caminho. Hitler não se dispunha a ser desviado desse objetivo drástico, e isso configurou o processo de planejamento. A distância mais curta até Antuérpia era a partir das posições alemãs ao norte, ao longo da fronteira entre as forças americanas e britânicas ao norte de Aachen. Hitler avaliou que seria melhor dar a suas forças a distância mais curta possível para percorrer, mas o terreno em torno de Aachen impossibilitava uma ofensiva rápida, todo cortado por rios e canais — grandes obstáculos para os tanques que teriam de passar pelas posições aliadas. Isso forçou Hitler a olhar com mais atenção as Ardenas como área de sua ofensiva, e ele a achou de seu agrado.

As Ardenas já tinham sido uma área favorável aos alemães, mais recentemente em 1940, quando o alto-comando francês ficara atordoado com a audácia da invasão alemã através da floresta. Os franceses se recusaram a acreditar que um ataque daqueles fosse possível, devido ao terreno, e dedicara boa parte (mas não toda, como popularmente se supõe) de suas considerações de planejamento defensivo à construção da Linha Maginot. Hitler achava que havia pouco perigo de os aliados verem as Ardenas como uma área de onde o inimigo

> O Führer falou dos problemas de pessoal e material bélico [...] Preparar para a ofensiva em novembro, quando a força aérea inimiga não pode decolar. Ponto principal: cerca de 25 divisões têm de ser transportadas para o ocidente em um ou dois meses.
>
> Coronel-general Alfred Jodl, registro no diário de 19 de agosto de 1944

Abaixo: soldados alemães correm para guarnecer um canhão antiaéreo de 88 milímetros. O famoso "88" mostrou-se letal como arma antitanque. Fileiras cerradas de "88" foram usadas na campanha aérea estratégica aliada contra a Alemanha, mas não conseguiram derrotar a ofensiva.

À direita: Hitler, Keitel e Jodl fingem estudar um mapa para a câmera. A cena indica que o Führer consulta seus oficiais superiores, mas em 1944 ele nutria menos respeito pelos soldados profissionais e não aceitava as tentativas de consertar seus planos.

lançasse uma grande ofensiva, e o que havia a ganhar com um ataque ali parecia ser enorme. Embora o terreno fosse restritivo para manobras, os alemães tinham demonstrado com folga que os blindados podiam se deslocar rapidamente pela área, e Hitler tinha poucas dúvidas de que conseguiria outra vez. Havia outros aspectos das Ardenas que as recomendavam para a ofensiva. Junto à fronteira das Ardenas, as florestas da região alemã de Eifel protegeriam do reconhecimento aéreo o agrupamento de uma força atacante. Depois que a ofensiva começasse, a distância até Antuérpia era de pouco mais de 160 quilômetros. Essa distância relativamente pequena não era a única atração, porque, se fosse bem-sucedido, o ataque separaria os britânicos e os canadenses e prenderia também o Primeiro e o Nono exércitos americanos perto de Aachen. Hitler logo percebeu que, se atacasse pelas Ardenas, poderia obter uma vitória tão decisiva contra as forças anglo-americanas que elas seriam forçadas a pedir a paz; a ofensiva encurralaria metade das forças aliadas, eliminaria a ameaça iminente ao Ruhr e permitiria que ele voltasse sua atenção à frente oriental retirando soldados do ocidente. O prêmio seria fantástico. Hitler decidiu que estaria em Antuérpia dali a uma semana. Estava decidido: a ofensiva seria nas Ardenas.

Hitler sabia que essa ofensiva não seria como a de 1940. A Alemanha não possuía mais a vantagem que tivera quatro anos antes, quando a França e os Países Baixos caíram com relativa facilidade. Embora gozasse de superioridade aérea em 1940, a Luftwaffe certamente não a tinha mais no outono de 1944; Hitler sabia muito bem que a falta de superioridade aérea era um golpe paralisante para as operações em terra, já que os aliados eram capazes de usar seus caças-bombardeiros quase à von-tade contra colunas de soldados e formações blindadas. Incapaz de depender da reduzidíssima Luftwaffe para defender suas tropas terrestres da devastação dos ataques aéreos, ele propôs para a ofensiva, portanto, uma data que aproveitasse uma forma diferente de defesa: o clima. Seria preciso tempo para reequipar e treinar as divisões necessárias, o que significava que a ofensiva teria de acontecer em novembro. Isso garantia de forma quase certa que os aliados não fariam muitas sortidas antes que os soldados alemães chegassem a Antuérpia.

MÁXIMO SIGILO

Em 25 de setembro, Hitler fez outra reunião na Toca do Lobo, na qual deu mais detalhes de seus planos. O ataque seria precedido por uma enorme barragem de artilharia, seguida por um avanço da infantaria para romper as linhas aliadas. Obtido o rompimento, o primeiro escalão de divisões Panzer passaria pela brecha, avançando até o Mosa para ocupar as importantíssimas cabeças de ponte. Esse primeiro escalão seria seguido pela segunda onda de blindados, sucedida, por sua vez, por divisões de infantaria que protegeriam os flancos do avanço. O Sexto Exército Panzer faria o maior esforço da ofensiva, enquanto as divisões do Quinto Exército Panzer, comandado pelo general Hasso von Manteuffel, e as divisões de infantaria do *General der Panzertruppen* Erich Brandenberger dariam apoio à operação. Hitler instruiu o coronel-general Alfred Jodl, chefe do estado-maior do OKW, a fazer uma análise do plano. Como o segredo era fundamental, todos os que realizaram a análise foram obrigados a assinar um termo de sigilo (cujo rompimento levaria à execução), enquanto Von Rundstedt e os comandantes de campanha que realmente executariam a ofensiva só seriam informados do plano quando necessário. Tudo isso era um pouco irônico, porque, algumas semanas antes, Hitler dissera com orgulho ao embaixador japonês que pretendia iniciar uma ofensiva em grande escala no Ocidente. O embaixador passou a notícia a Tóquio, sem saber que sua mensagem seria interceptada pelos americanos (embora, como veremos, a interpretação dada à informação tenha sido falha).

O ESTADO-MAIOR GERAL

Embora Hitler pedisse ao estado-maior geral que analisasse o plano, seus integrantes não tinham muita área de manobra: a tarefa era moldar o esboço num esquema exequível que o Führer aceitasse. Ou seja, eles não poderiam rejeitar o plano por inteiro nem modificá-lo até ficar irreconhecível. Nesse sistema relativamente rígido, havia flexibilidade suficiente para que montassem um plano eficaz, embora um sinal importante de que a situação não era a que deveria ser foi que o marechal de campo Keitel, apesar do cargo de comandante do OKW, ficou encarregado apenas de estimar a quantidade de combustível e munição necessária para o ataque.

O estado-maior geral desenvolveu o esboço de Hitler e planejou uma ofensiva que começaria em algum momento entre 20 e 30 de novembro de 1944 e ocorreria no setor das Ardenas entre Monschau e Echternach (Luxemburgo), com a meta inicial de ocupar cabeças de ponte no Rio Mosa. A partir daí, o objetivo final seria a Antuérpia. No decorrer da luta, os britânicos e canadenses seriam engajados ao norte

Hitler estuda um relatório de progresso enquanto Keitel espera. A obediência de Keitel a Hitler era complementada pela tendência de lhe dizer o que ele queria ouvir. Essas características estavam entre as razões de Keitel ter se tornado chefe do alto-comando, não seu talento como comandante militar.

MARECHAL DE CAMPO WALTHER MODEL

Walther Model era filho de um professor de música e nasceu em 1891. Decidiu-se pela carreira no exército e se tornou oficial em 1909. Serviu em vários postos de estado-maior na Primeira Guerra Mundial e foi convidado a permanecer no exército do pós-guerra. Model ficou impressionado com Hitler (como político, ainda que talvez não como comandante militar) e entrou no Partido Nazista. Foi um membro leal do partido pelo resto da vida. Model comandou o IV Corpo na Polônia, a 3ª Divisão Panzer na França e depois o XXXI Corpo Panzer no início da luta na URSS. Depois recebeu o comando do Nono Exército de 1942 a 1944, quando se tornou comandante do Grupo de Exércitos Norte na Ucrânia. Comandou brevemente o Grupo de Exércitos Centro a partir de junho de 1944, antes de assumir, em agosto, o Grupo de Exércitos B. Hitler tinha grande respeito por ele (principalmente por não ter a origem tradicional associada à maioria dos oficiais superiores), e seu uso constante de Model para resolver situações difíceis deu ao comandante o apelido de "Bombeiro do Führer". Model era bastante astuto para perceber que discutir algumas decisões menos sensatas de Hitler raramente dava certo, e se limitava a executar as instruções do Führer. No entanto, ele o fazia interpretando essas ordens da maneira mais frouxa possível, ou seja, conseguia conciliar, até certo ponto, as ideias de Hitler com a realidade. Model continuou a comandar seu Grupo de Exércitos depois que a Batalha do Bulge acabou. Foi cercado no bolsão do Ruhr em abril de 1945 e forçado a se render. Walther Model decidiu que não se renderia e, em 21 de abril de 1945, matou-se com um tiro.

Marechal de campo Walther Model, o "Bombeiro do Führer", que não tinha a origem tradicional dos oficiais alemães; somado a seu extraordinário talento militar, isso fez com que Hitler o tivesse em alta conta, ao contrário da maioria de seus outros generais.

da linha Antuérpia-Liège-Bastogne, com a intenção de destruir seu poder de combate. Os oficiais de estado-maior concluíram que, embora arriscado, o plano de Hitler era factível, com boa possibilidade de sucesso caso bem planejado (o que não era algo que se pudesse dizer de todas as ideias de Hitler durante a guerra). Eles desenvolveram o conceito em cinco linhas de ação possíveis, das quais o estado-maior recomendava as duas primeiras, Operação Holanda e Operação Liège-Aachen, como as que tinham maior probabilidade de provocar o resultado que Hitler queria. A Operação Holanda exigia um eixo único de ataque a partir da área de Venlo, visando a Antuérpia, enquanto Liège-Aachen era um ataque em pinça contra os aliados. Nesse roteiro, o ímpeto principal aconteceria na direção noroeste a partir do norte de Luxemburgo e faria uma curva para se encontrar com o segundo ataque, iniciado no setor a noroeste de Aachen. Hitler se sentiu atraído por ambas as linhas de ação e, numa reunião com Jodl em 9 de outubro, acabou decidindo que preferia o ataque em pinça. Ele ordenou que o estado-maior desenvolvesse um esboço de plano reunindo as duas linhas. Mas havia um problema grave, como o estado-maior geral sabia muito bem: os recursos para realizar um plano daqueles simplesmente não existiam. Jodl estava numa posição difícil: sozinho, não tinha como convencer Hitler a modificar o plano; para isso, precisaria da oposição dos comandantes em campanha, mas eles tinham total ignorância do que o Führer lhes reservava. Em consequência, Jodl não podia contar com eles para convencer Hitler a buscar objetivos menos drásticos.

Assim, Jodl começou a elaborar o plano a ser seguido pela ofensiva, que começaria numa frente com cerca de 95 quilômetros de largura, de Monschau (32 quilômetros a sudeste de Aachen) a Echternach. O Sexto Exército Panzer atacaria entre Monschau e o vale de Losheim; o exército passaria ao sul de Liège, atravessaria o Mosa e depois seguiria para Antuérpia. À esquerda do Sexto Exército Panzer, o Quinto Exército Panzer atacaria Saint-Vith, cruzaria a estrada da montanha, chamada pelos americanos de "Skyline Drive", e seguiria para o Mosa; atravessaria o rio alguns quilômetros a montante de Namur e depois seguiria para noroeste. Assim fazendo, contornaria Bruxelas e daria segurança ao flanco sul do Sexto Exército Panzer. O Sétimo Exército de Brandenberger, dominado pela infantaria, atacaria ambos os lados de Echternach rumo a oeste; parte de seu efetivo também reforçaria o flanco sul.

O AVANÇO DO DÉCIMO QUINTO EXÉRCITO
Dois dias depois desses passos iniciais, o Décimo Quinto Exército deveria se preparar para atacar Aachen, com a meta de engajar quaisquer unidades americanas que tentassem reforçar as Ardenas; mas, se tudo acontecesse de acordo com o plano, o Décimo Quinto Exército continuaria avançando para o sul até chegar ao Mosa em Liège e, no processo, cercaria os americanos em Aachen. Essa parte do plano não era muito detalhada e deixava sem resposta muitas perguntas sobre a operação do Décimo Quinto Exército. Talvez isso resultasse do reconhecimento pelo estado-maior geral de que não seria fácil responder à pergunta de como derrotar um milhão de soldados que teriam de ser isolados com tamanha facilidade, pergunta essa que o Führer preferiu ignorar.

O estado-maior mandou o plano revisado para Hitler examinar; ele o aprovou e lhe deu o nome de *Wacht am Rhein* (Vigília sobre o Reno), com a intenção de simular que o plano era de defesa e não de ataque. Jodl também enviou mensagens a todos os comandantes da frente ocidental para informar que, ainda por algum tempo, teriam de trabalhar sob o pressuposto de que nenhuma ofensiva seria provável, nem mesmo possível.

Atrás dessa cortina de fumaça, o planejamento continuou. Era nesse momento que os comandantes em campanha precisavam ser informados, porque, pelo modo como funcionava o planejamento militar alemão, o estado-maior geral apresentava os traços básicos do plano, como objetivo e outros fatores importantes, mas a tarefa de acrescentar detalhes era dos encarregados da execução. Em consequência, foi enviada a Von Rundstedt e Model a solicitação da presença de seus respectivos chefes de estado-maior na Toca do Lobo. Em ambos os quartéis-generais, supôs-se que Hitler pretendia deixar claro seu desagrado com o fato de os americanos terem capturado Aachen recentemente. Siegfried Westphal partiu devidamente do quartel-general de Von Rundstedt para a Toca do

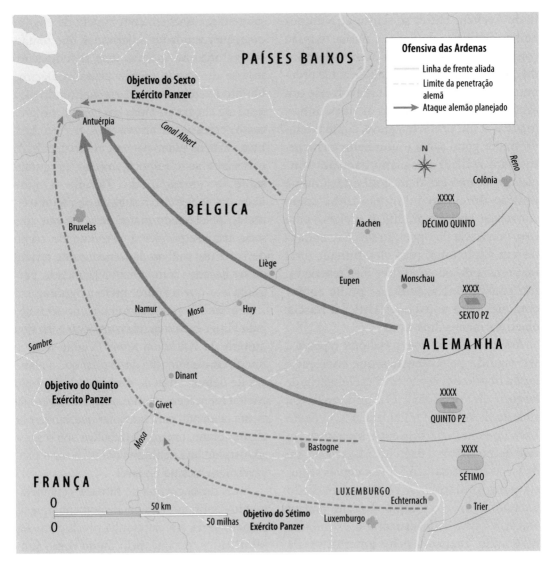

A extensão das ambições de Hitler pode ser bem avaliada neste mapa. A meta de Antuérpia era inatingível, e foi exatamente contra o saliente resultante nas linhas aliadas que os generais de Hitler o alertaram.

Lobo, enquanto Model mandava o general de infantaria Hans Krebs. Eles se encontraram na entrada da Toca, mas antes que avançassem exigiram-lhes que assinassem o termo de sigilo. Ambos ficaram sem entender, mas assinaram — observando, sem dúvida, que quem o rompesse seria fuzilado. Então foram para a reunião diária de Hitler sobre a situação, onde ele não disse nada sobre a queda de Aachen. A reunião prosseguiu como de costume, mas quando terminou quinze presentes (inclusive Krebs e Westphal) receberam ordem de ficar. Hitler se levantou e começou a falar, detalhando à plateia perplexa a ofensiva proposta.

O entusiasmo de Hitler era visível; ele explicou que haveria trinta divisões envolvidas, apoiadas por pelo menos 1.500 aviões da Luftwaffe. Krebs e Westphal não se convenceram, embora o discurso de

Hitler fosse dramático e inspirador. Eles entenderam que nove das divisões seriam tiradas do comando de Von Rundstedt e precisariam recuar da linha de frente, reequipar-se e completar seu efetivo para se preparar para participar da ofensiva. Nesse ínterim, a luta contra os aliados teria de continuar com grande vigor, embora a preparação da ofensiva fizesse com que nenhuma das formações empregadas no ataque das Ardenas estivesse à mão para ajudar.

OS GENERAIS REAGEM

Quando voltaram a seus respectivos chefes, Krebs e Westphal não se surpreenderam ao ver ambos consternados. Von Rundstedt reconheceu que o plano de Hitler tinha um toque de genialidade, mas essa foi praticamente a única coisa boa que tinha a dizer. Ele

A guarnição de um tanque alemão olha para cima ao ouvir uma aeronave A extensão da superioridade aérea aliada fez com que o movimento de suprimentos tivesse de ocorrer com mau tempo, à noite ou em áreas de mata fechada, para que o reconhecimento aéreo aliado não revelasse o aumento da atividade ferroviária.

o considerou simplesmente ambicioso demais, e observou que o plano de segurar os aliados enquanto se tomavam as providências para o ataque seria apenas a primeira das dificuldades. Quanto a chegar ao Mosa, Von Rundstedt sentia que havia pouca probabilidade de isso acontecer; se conseguissem, por alguma boa sorte inacreditável, os flancos ficariam mais vulneráveis do que Hitler previra quando as tropas avançassem para Antuérpia. Finalmente, Hitler parecia incapaz de aceitar que, provavelmente, os aliados lançariam uma contraofensiva como resposta ao ataque alemão. Com base em seu desempenho até então, nada indicava que, de repente, os aliados cairiam num estado de choque e paralisia e ficariam incapazes de reagir enquanto os alemães avançavam rumo à vitória. Von Rundstedt levou tudo isso em conta e achou que a ofensiva, provavelmente, provocaria um saliente nas linhas aliadas e nada mais. Pior ainda: esse sucesso limitado seria obtido ao custo de muitas baixas que dificilmente o exército alemão poderia suportar.

A reação no quartel-general do marechal de campo Model foi semelhante. Model

disse que o plano não tinha "onde se sustentar" quando ouviu Krebs descrever o que Hitler dissera na reunião. Em consequência, Von Rundstedt e Model começaram a procurar meios de ajustar o plano para se adequar aos recursos disponíveis. Von Rundstedt propôs que o ataque atravessasse o Mosa entre Liège e Namur, unindo-se a um ataque simultâneo vindo do norte (cercando assim as forças americanas em Aachen), enquanto Model sugeriu um esquema semelhante mas atacando numa única direção. Depois, Von Rundstedt convidou Model a ir a seu quartel-general com os comandantes dos três exércitos envolvidos. Dietrich, Brandenberger e Von Manteuffel se espantaram ao saber do plano. Conversaram durante várias horas, e ficou claro que nenhum deles estava satisfeito. Von Rundstedt e Model descreveram seus planos alternativos, que pareciam muito melhores do que o esquema grandioso de Hitler. Von Rundstedt concluiu a reunião pedindo a Model que resolvesse as diferenças entre seus dois planos, de modo a abordarem Hitler com uma oposição coerente e, esperavam, persuasiva. Esse foi um passo importante porque, embora nominalmente Model estivesse sob o comando de Von Rundstedt, os dois tinham pouco tempo um para o outro. Von Rundstedt sabia que era uma figura de fachada e se queixava de que a única coisa sobre a qual tinha algum controle era a mudança de guarda diante de seu QG; Model entendia isso, já que seu posto de marechal de campo lhe dava o direito de abordar Hitler sem nenhuma referência a seu comandante nominal. Na verdade, Model podia atuar independentemente de Von Rundstedt, embora os dois tomassem o cuidado de observar as formalidades adequadas à sua suposta relação. Como se quisesse demonstrar que, para variar, os dois concordavam, Model atendeu à ordem de

Von Rundstedt alterando seu próprio plano para que ficasse quase igual ao do comandante em chefe do Ocidente.

Em 3 de novembro, Jodl visitou o quartel-general de Model, onde foi atacado por Von Rundstedt, Model e Von Manteuffel (convidado por Model para dar peso às objeções), cada um deles ressaltando os problemas inerentes ao plano. Von Manteuffel disse a Jodl que, embora confiasse que seria possível chegar ao Mosa, isso dependeria de tudo obedecer ao plano e exigiria que o Sétimo Exército fosse muito reforçado. Embora talvez concordasse, Jodl disse aos homens que o plano de Hitler era "irrevogável". Isso se confirmou uma semana depois, quando Hitler divulgou a diretiva operacional formal da *Wacht am Rhein*; era idêntica ao plano original. Hitler rechaçou outra tentativa de Von Rundstedt e Model de modificar o plano, mas, quando ficou claro que os preparativos não se completariam em tão pouco tempo, concordou em adiar o ataque de 25 de novembro para 10 de dezembro. Von Rundstedt fez uma última tentativa. Em 2 de dezembro, mandou Westphal, Von Manteuffel e Dietrich, velho amigo de Hitler, a uma reunião na Chancelaria do Estado, em Berlim, na esperança de conseguirem fazer Hitler mudar de ideia. Esse objetivo não foi atingido. Dietrich nada disse, e Von Manteuffel só conseguiu obter algumas pequenas mudanças de nível tático. A única alteração que Hitler aceitou foi mudar o nome do plano de *Wacht am Rhein* para *Herbstnebel* (Neblina de outono), nome do plano alternativo de Model. Os dados tinham sido lançados; a ofensiva das Ardenas aconteceria segundo a concepção de Hitler e não dos generais.

TEORIA *VERSUS* REALIDADE
Isso trazia vários problemas a Von Rundstedt. Como observado no Capítulo 1, os aliados

PLANOS E PREPARATIVOS 53

não ficaram nada ociosos enquanto Hitler planejava seu golpe de mestre nas Ardenas. Ou seja, haveria uma distância considerável entre o efetivo teórico das forças designadas para a Operação Herbstnebel e sua verdadeira ordem de batalha quando a campanha começasse. O plano de Hitler indicava que um conjunto impressionante de forças se envolveria na ofensiva. Haveria quatro exércitos, onze corpos de exército, quinze divisões motorizadas ou mecanizadas e vinte e três divisões de infantaria. Em seu apoio, seriam nove corpos de artilharia e sete brigadas equipadas com foguetes (os famosos *Nebelwerfer*). Parecia impressionante, mas pode-se perdoar a Von Rundstedt e seus subordinados a dúvida de onde, exatamente, viriam essas tropas. Tome-se como exemplo o Décimo Quinto Exército: sua designação para a ofensiva significava que, no papel, seis

> Se tivéssemos mais dez boas divisões, conseguiríamos empurrá-los para o outro lado do Mosa, mas não se sabe como manteríamos o grande saliente assim criado. Nossa posição estratégica ficaria pior, não melhor.
>
> *Coronel-general Alfred Jodl, comandante do OKW, interrogado em 1945*

divisões seriam somadas à força atacante. Mas, já engajado na região de Aachen, esse exército não conseguiria entrar em combate antes que as forças aliadas diante dele reagissem à ofensiva e fossem reforçar outras unidades. Portanto, o Décimo Quinto Exército só conseguiria pôr suas divisões em combate depois que os aliados afastassem número significativo de seus soldados. Além disso, a definição do que era uma divisão se tornara muito mais flexível no final de 1944. Duas divisões do Décimo Quinto Exército tinham se fundido para formar uma unidade que se aproximava um pouco do efetivo adequado. A 49ª Divisão de Infantaria fora absorvida pela 246ª Divisão Volksgrenadier e deixara de existir. Isso não seria nada demais caso o estado-maior geral tivesse removido das listas essa formação, o que não foi feito.

Trabalhadores alemães descarregam combustível de vagões ferroviários enquanto destroços de ataques aéreos cobrem o chão. Em 1944, os alemães sofriam escassez desesperadora de combustível para aeronaves e veículos blindados; no fim da guerra, boa parte da Luftwaffe estava presa em terra por falta de gasolina.

Portanto, creditava-se ao Décimo Quinto Exército uma divisão a mais do que ele realmente possuía. A 89ª Divisão de Infantaria ainda existia, mas só reunia homens suficientes para formar um batalhão. O curso óbvio, sugerido tanto pelo estado-maior de Von Rundstedt quanto por oficiais do quartel-general do Grupo de Exércitos B, seria dissolver a unidade e transferir os homens para preencher lacunas de outras formações. No entanto, Hitler recusou a recomendação. Em consequência disso, a 89ª Divisão de Infantaria aparecia no plano como uma divisão com efetivo completo, quando na verdade só poderia executar as tarefas de uma formação muito menor.

Outro passe de mágica administrativo aconteceu com as divisões Panzer. A 21ª Divisão Panzer e a 17ª Divisão SS Panzer-grenadier estavam em ação desde junho e não tinham sido retiradas da linha de frente. Estavam tão enfraquecidas pelo combate que seu efetivo conjunto era menor do que o de uma única divisão. Ainda assim, figuravam no plano como duas divisões Panzer. A 10ª Divisão Panzer SS estava em intenso combate perto de Aachen, e seu efetivo se reduzira consideravelmente. Model tentou retirá-la da linha de frente para descansar e se reequipar, mas foi proibido porque a unidade substituta estava designada para a *Wacht am Rhein*. Como a 10ª Divisão Panzer SS também seria empregada na ofensiva, mais uma formação operaria muito abaixo de seu efetivo no papel. E esse nem era o fim do problema: embora desconfiassem profundamente da veracidade da ordem de

> Caso o ataque seja detido no Mosa devido à falta de reservas, o único resultado será um saliente na linha, e não a destruição de forças inimigas consideráveis.
>
> Marechal de campo Walther Model, 23 de novembro de 1944

Pilotos de caças Mustang P-51 da Força Aérea americana recebem informações antes de uma missão de escolta de bombardeiros na Alemanha. A existência da escolta dificultava à Luftwaffe enfrentar as formações de bombardeiros e a fez sofrer pesadas baixas.

batalha da ofensiva, Von Rundstedt, Model e os outros oficiais superiores não conseguiam deixar isso claro nas ordens enviadas às formações inferiores. Por sua vez, essas formações planejavam com o pressuposto de que as listas estavam corretas.

Tudo isso já era bastante ruim, mas os aliados só faziam aumentar a dificuldade continuando a atacar. Poucas horas antes do início do ataque do Terceiro Exército americano em 8 de novembro, Hitler enviou uma mensagem a Von Rundstedt para lembrar que não deveria engajar as unidades designadas para a *Wacht am Rhein*, ainda que isso obrigasse suas forças a recuar. Até aí, tudo certo, mas Von Rundstedt sabia muito bem que o ataque em Metz poderia separar o Primeiro Exército alemão do Décimo Nono. Ele achou que a única opção seria manter na linha de frente algumas unidades Panzer que deveriam ser enviadas para descanso e reequipamento; em 21 de novembro, a situação se deteriorara ainda mais, e a Divisão Panzer Lehr, na área de reunião, recebeu ordens de encabeçar um contra-ataque (mais tarde cancelado). O ataque americano fez com que duas divisões designadas para a *Wacht am Rhein* se envolvessem na luta antes de conseguirem sair da linha de frente, enquanto a Divisão Panzer Lehr também foi fortemente atingida até ser mandada para a retaguarda.

O começo da Terceira Batalha de Aachen em 16 de novembro provocou ainda mais dificuldades, e Model foi forçado a mobilizar sua única reserva, o XLVIII Corpo Panzer. É claro que isso pouco adiantou, porque Aachen caiu pouco depois. Von Rundstedt ficou numa situação em que a necessidade de despachar reforços era tão grande que ele usou as unidades reservadas para a ofensiva: mandava-as para o combate por alguns dias e depois as retirava. A luta também fez com que a munição reservada para a *Wacht am Rhein* se esgotasse, porque comandantes desesperados foram forçados a usá-la. No início de dezembro, Von Rundstedt e Model estavam ainda mais convencidos de que os objetivos da *Wacht am Rhein* eram inatingíveis. Model chegou a sugerir que o plano fosse reduzido, mas Hitler enviou a mensa-

Ao longo da fronteira alemã, no outono de 1944, dois tanques americanos passam por um canhão de assalto alemão destruído. A ofensiva das Ardenas retardou o avanço sobre a Alemanha, embora os aliados continuassem a investir na área do Rio Roer durante as primeiras horas do ataque.

gem tranquilizadora de que as unidades prometidas seriam disponibilizadas. Vindas de onde e com que meios, ele não disse.

REMENDOS DO PLANO

Os ataques aliados fizeram com que fosse impossível preparar as unidades para a ofensiva no prazo proposto, mesmo depois que Hitler concordou em transferir a data de 25 de novembro para 10 de dezembro. Em 7 de dezembro, ficou claro que o ataque teria de ser adiado mais alguns dias. Goebbels tivera um sucesso razoável na formação de novas divisões com uma mistura de marinheiros e aeronautas transferidos para o exército e os dispensados em convocações anteriores, mas o processo era lento. Algumas providências finais ainda eram necessárias, e parecia sensato dar um pouco mais de tempo. Além disso, havia notícias preocupantes sobre a situação dos combustíveis. As unidades blindadas e mecanizadas tinham consumido mais combustível do que o estimado, e havia necessidade de refazer o estoque. Esses fatores conspiraram para transferir a data do ataque para 14 de dezembro. Ficou claro que era necessário mais tempo ainda, e a data foi adiada mais 48 horas, para 16 de dezembro. Mesmo nesse estágio tardio, o plano não era fixo. Em 8 de dezembro, Hitler se entusiasmou de repente com uma vaga ideia apresentada por Model de que paraquedistas deveriam ser lançados além de Monschau para ocupar a estrada que atravessava a região elevada de Hautes Fagnes. Assim haveria uma

Soldados de um esquadrão antitanque alemão passam por um tanque Sherman abandonado. Observe-se a variedade de armamento: a partir da retaguarda, um foguete Panzerfaust, duas submetralhadoras MP40 e um Raketenpanzerbüsche, mais conhecido como Panzerschreck ("Terror do Tanque"), que podia destruir qualquer tanque aliado.

força de bloqueio para impedir que reforços americanos se deslocassem para a zona da batalha até que as unidades de Dietrich se unissem a eles. Para essa tarefa, Hitler decretou que era preciso um batalhão de mais de dez mil homens.

A tarefa seria mais difícil do que Hitler imaginava. Depois das imensas perdas em Creta, os paraquedistas alemães só tinham sido usados como infantaria. Por sua vez, isso fazia com que, na prática, muitos paraquedistas não tivessem aprendido a saltar de uma aeronave. O tenente-coronel Friedrich August Freiherr von der Heydte, comandante escolhido para a missão, ressaltou que encontrar homens seria uma tarefa dificílima. Hitler respondeu ordenando que todas as unidades de paraquedistas mandassem seus 100 melhores homens para se unir à força. É claro que isso praticamente garantiu que os oficiais comandantes escolhessem os desajustados, os criadores de problemas e os maus soldados para a nova tropa. Von der Heydte podia contar, pelo menos, com 250 homens que já tinham estado sob seu comando e cujo respeito por ele era tamanho que foram até seu batalhão pedir para participar da missão. Com o decreto de Hitler, Von der Heydte conseguiu manter todos os 250; se estavam tão ansiosos para participar, ele concluiu que poderia confiar neles.

Essa foi praticamente a única notícia alegre para Von der Heydte. Quando se apresentou a Dietrich, descobriu que o comandante do Sexto Exército Panzer estava alcoolizado e nada disposto a ser convencido. Dietrich temia que os paraquedistas destruíssem o elemento surpresa e disse a

Abaixo: Um Panther preparado para avançar até a área de espera logo atrás da linha de frente. Dos tanques alemães usados na ofensiva, o Panther provavelmente era o mais eficaz. Não tinha a dificuldade de manobra dos Tigers e era mais bem armado e blindado do que o Panzer IV.

Von der Heydte que o lançamento teria de acontecer pouco antes do início do ataque terrestre. Von der Heydte ficou horrorizado e explicou que isso faria seus homens serem lançados à noite em terreno pantanoso com áreas de mata fechada. Seria uma tarefa descomunal para uma unidade treinada, mas que parecia quase impossível, pois muitos de seus homens só teriam feito talvez um único salto de treinamento até a época do ataque. Dietrich não aceitou o pedido de reconsiderar, e Von der Heydte foi forçado a voltar a seus homens e tentar lhes transmitir pelo menos parte das habilidades de que precisariam.

ÚLTIMAS PROVIDÊNCIAS

É claro que a parte final do processo de planejamento era posicionar as forças necessárias diante da área onde começariam seu ataque. Como observado acima, o fato de muitas unidades necessárias para a ofensiva terem de entrar em combate quando os americanos avançaram atrapalhou bastante os preparativos alemães. É verdade que o sistema ferroviário alemão era capaz de aguentar o fardo a ele imposto com o movimento das unidades, mas não era um processo simples. Homens, tanques e bocas de artilharia com o equipamento de apoio associado, vindos da Prússia Oriental, dos Países Baixos, da Noruega, da Dinamarca, da Áustria e da Polônia (sinal de como o efetivo alemão estava espalhado na época), teriam de se deslocar até a área de concentração. Em alguns casos, as forças designadas para o ataque tiveram de ser retiradas da linha de frente para que pudessem descansar e se reequipar antes de serem levadas para a área de concentração. Tudo isso dependia da rede ferroviária da Alemanha, cuja eficiência administrativa e operacional não podia ser questionada. O exército alemão passara a considerar o trem como seu principal meio de transporte, e por boas razões. Na Alemanha não faltava carvão, e, com a industrialização dos últimos anos do século XIX, houvera muitíssimas obras ferroviárias. As ferrovias eram militarizadas (muitas rotas foram criadas segundo instruções do estado-maior geral e não em consequência de necessidades civis) e funcionavam com alto nível de eficiência. Embora os ataques aéreos aliados tivessem provocado um nível enorme de danos e destruição ao material rodante, a escala imensa da ferrovia estatal alemã fazia com que essas perdas pudessem ser compensadas.

Entretanto, o que a gestão ferroviária não podia fazer era controlar o nível de ataques aéreos aliados a suas instalações. Felizmente para os alemães, as decisões políticas aliadas fizeram com que as ferrovias não fossem prioridade nos bombardeios. Os comandantes de bombardeiros britânicos e americanos nunca concordaram sobre quais seriam os melhores alvos para suas forças. O tenente-brigadeiro Sir Arthur Harris, oficial comandante do Comando de Bombardeiros da RAF britânica, estava convencido de que bombardear as principais cidades alemãs provocaria o colapso de seu esforço de guerra, enquanto os colegas americanos afirmavam que atacar alvos petrolíferos provocaria o mesmo resultado. Os meios de transporte não eram considerados de importância primária e, antes do Dia D, Eisenhower insinuou que resignaria caso os comandantes de bombardeiros continuassem a resistir a seus desejos de que

À direita: Uma ferrovia é diretamente atingida por um ataque aéreo. A campanha aliada contra os movimentos ferroviários foi um grave obstáculo para os alemães. Assim, foi necessário um plano cuidadosamente elaborado para transportar o equipamento da ofensiva das Ardenas sem que o reconhecimento aliado descobrisse.

60 A BATALHA DO BULGE

REICHSWEHR

O Panzerkampfwagen (PzKpfw IV ou apenas "Panzer Mark IV") serviu ao exército alemão durante toda a Segunda Guerra Mundial, e sofreu atualizações contínuas da proteção blindada e do armamento principal. Cerca de nove mil deles foram fabricados; era o tanque alemão mais encontrado, em contraste com o mito popular de que, em 1944, quase todos os tanques alemães eram Panther ou Tiger. O canhão principal de 75 milímetros do Panzer IV podia ter o mesmo calibre do canhão do Sherman, mas era visivelmente mais poderoso. A total versatilidade do chassis do Panzer IV o fez ser capaz de aguentar o inevitável aumento de peso com o acréscimo de melhorias, e isso assegurou que continuasse a ser um veículo de combate eficaz até o fim da guerra.

fossem atingidos. (A ameaça funcionou; os comandantes de bombardeiros consideraram que, se tivessem de escolher entre eles e o comandante supremo, os políticos o prefeririam.) Embora até morrer Harris visse com profundo ceticismo o valor de alvejar meios de transporte, o Comando de Bombardeiros foi obrigado a colocá-los em posição relativamente alta na lista de prioridades. Os americanos continuaram convencidos de que o petróleo era a melhor opção. Na verdade, as ferrovias receberam menos prioridade que os depósitos de material bélico e a produção de veículos motorizados, e foi preciso pressão considerável dos britânicos para as ferrovias ficarem em segundo lugar depois do petróleo.

PROTEÇÃO DAS LOCOMOTIVAS

Isso fez com que os alemães mantivessem certa liberdade de movimentos nas operações ferroviárias: puderam deslocar o

equivalente a 66 divisões antes da ofensiva das Ardenas. Os ataques aéreos afetaram esses movimentos em 27 ocasiões, mas os atrasos causados não duraram mais do que dois dias. Algumas unidades transportadas perderam equipamento e, inevitavelmente, isso teria algum efeito sobre seu desempenho durante a batalha, mas não impediu que chegassem à zona de combate. Foram tomadas algumas providências para enfrentar a ameaça de ataque aéreo contra os trens: para forçar os pilotos de caças-bombardeiros a atacar de altitude mais elevada (com a perda de precisão), todos os trens foram equipados com canhões antiaéreos leves, enquanto as cabines dos maquinistas foram blindadas para proteger os ferroviários do fogo de metralhadoras e de fragmentos de bombas. Esse passo aparentemente óbvio foi importantíssimo, pois já se tinha notado que os ataques aéreos a trens costumavam deixar a locomotiva praticamente intacta, mas a tripulação morta: sem ela, o trem (obviamente) não poderia seguir viagem.

No entanto, essas medidas foram um último recurso para combater os ataques aéreos. A principal solução adotada foi não expor as locomotivas a ataques. A maior parte do tráfego ferroviário acontecia à noite ou quando as condições climáticas impediam as operações aéreas. Para ajudar, as estações ferroviárias foram ligadas ao serviço meteorológico, para que pudessem reagir depressa às mudanças do tempo. Para aprimorar essa estratégia, os alemães aproveitaram o terreno de mata fechada da área de Eifel, que impedia os movimentos, e o fato de que os trilhos atravessavam grande número de túneis. O controle cuidadoso do movimento dos trens fez com que os aliados não conseguissem provocar danos graves à rede; unidades e equipamento puderam ser levados à frente de batalha

Soldados alemães se deslocam ao longo de uma cerca de arame farpado no início da manhã de 17 de dezembro de 1944. A neblina baixa que ajudava a disfarçar seus movimentos é visível nesta imagem, e fez com que a tática de infiltração desse aos alemães um elemento de surpresa.

com relativa rapidez. Mas não se deve pensar que a engenhosidade tenha derrotado completamente os ataques aéreos aliados à rede ferroviária: os ataques foram um fator e provocaram atrasos na entrega de equipamentos fundamentais. A quantidade de combustível e munição necessária para a ofensiva era enorme, e os atrasos e transtornos impostos à rede pelos ataques aéreos fizeram com que nem tudo chegasse. Naquele momento, o estoque de munição não estava muito abaixo do nível recomendado, mas é preciso lembrar que o planejamento previa um avanço rápido, e não combates prolongados; caso houvesse mais luta do que o previsto (se o ataque se retardasse em algum setor, por exemplo), o consumo de munição seria maior, e a escassez começaria a se fazer sentir.

Combustível e lubrificantes eram problemas semelhantes, mas em 16 de dezembro os vinte milhões de litros necessários estavam à disposição. Só que metade deles permanecia em depósitos de combustível no Reno, não ao alcance dos soldados. Entre setembro e meados de dezembro, a principal área de concentração recebeu pouco mais de 2.000 carregamentos de soldados e suprimentos. Essa realização extraordinária levou o sistema ferroviário de Eifel à beira da saturação: em 17 de dezembro, o estado-maior de Von Rundstedt teve de ordenar que as divisões de reserva desembarcassem na margem oeste do Reno. Isso fez com que ficassem mais longe da área do combate do que seria desejável, com consequências para o sucesso da operação caso fossem necessárias rapidamente. Na noite de 15 de dezembro, as últimas unidades designadas para o ataque inicial se deslocavam para a linha de partida. Estavam com efetivo reduzido, pouco combustível, lubrificante e equipamento (ou com uma variedade atordoante de equipamento atual, obsoleto e capturado) e pouca munição. Tinham uma única vantagem: a surpresa.

CAPÍTULO 3

ATAQUE CONTRA DEFESA

Os aliados sabiam que os alemães poderiam preparar um contra-ataque, mas confiavam em sua capacidade de repeli-lo. As informações indicavam que o inimigo teria dificuldade para reunir as tropas necessárias para um grande ataque, e os aliados estavam gostando de tomar a iniciativa, atacando quase à vontade em toda a frente. Mas era perigoso subestimar os alemães. Suas armas e seu equipamento eram iguais aos dos aliados e, em certos aspectos, superiores. Eles também tinham uma vantagem fundamental: a surpresa.

UMA DAS PRINCIPAIS RAZÕES para a escolha das Ardenas para iniciar uma ofensiva era o benefício da surpresa. As forças alemãs não tinham efetivo suficiente para manter os aliados engajados em outro lugar com ataques diversionários e precisavam recorrer a logros para pegar os aliados desprevenidos. Os alemães também seriam auxiliados pela incapacidade dos serviços aliados de informações de ligar as pistas que indicavam a concentração de forças alemãs nas Ardenas. As equipes de espionagem chegaram muito perto de avaliar o que estava para acontecer, mas não fizeram a tempo as conexões necessárias.

A IMAGEM DO SETOR DE INFORMAÇÕES

Os céticos costumam afirmar que a expressão "inteligência militar" é um paradoxo, mas a frase é injusta e enganadora. Os responsáveis pela apuração de intenções e planos do inimigo enfrentam obstáculos descomunais caso seus adversários tenham alguma noção da importância da segurança operacional. Durante a Segunda Guerra Mundial, os aliados tinham a tremenda vantagem de ler as mensagens alemãs graças ao trabalho do centro britânico de decodificação

Dois integrantes do Kampfgruppe Peiper, a caminho de Malmédy, posam com fins de propaganda. Ao fundo, há meias-lagartas blindados SdKfz 251 de transporte de pessoal. O SdKfz era um veículo extremamente versátil, do qual se produziram nada menos que 22 variações.

em Bletchley Park. Os alemães se mantiveram convencidos de que suas máquinas de codificação Enigma eram invulneráveis a criptoanalistas e, despreocupados, continuaram a despachar mensagens extremamente secretas de um modo já decifrado havia algum tempo. Mas, apesar dessa desvantagem, os alemães costumavam ser bons na segurança das mensagens e conheciam muito bem o benefício dos ardis. Isso fazia com que nem sempre fosse fácil pôr no contexto correto as mensagens Enigma decifradas. É preciso se lembrar disso ao avaliar como os serviços de informações aliados

pareceram se confundir com os planos alemães para a Batalha do Bulge; na verdade, não é inadequado observar que o contexto em que se realizam as operações influencia as deduções. Sem dúvida, foi esse o caso no outono de 1944.

O ALTO-COMANDO

No início de setembro de 1944, os chefes do estado-maior conjunto, em Washington, começaram a pensar em planos para concluir a guerra antes do fim do ano. Depois de alguma deliberação, eles acreditaram ter a solução e informaram isso ao general

GENERAL DWIGHT D. EISENHOWER

A carreira de Eisenhower começou devagar e culminou com sua eleição para presidente dos Estados Unidos em 1952. Ele nasceu em 14 de outubro de 1890, numa família relativamente pobre de Denison, no Texas. Frequentou a Academia Militar de West Point, onde se destacou como desportista. Depois de se formar em 1915, ocupou vários postos de instrução e não participou da ação durante a Primeira Guerra Mundial. A falta de experiência em combate não o deteve; ele estava claramente destinado a altos postos quando se formou em 1926, como primeiro da classe, na Escola de Comando e Estado-Maior Geral. Quando começou a Segunda Guerra Mundial, ele era brigadeiro-general (posto inexistente no Exército brasileiro, acima do coronel mas abaixo do general de brigada). Não ficou muito tempo no posto; foi promovido em 1942 ao assumir o comando do teatro de operações europeu e das forças americanas na Europa. Eisenhower comandou a Operação Torch e depois as forças aliadas na invasão da Sicília. No final de 1943, foi nomeado comandante supremo da força expedicionária aliada, para preparar a invasão da Normandia.

Depois da invasão, Eisenhower também assumiu o controle das operações terrestres, mas manteve o posto de comandante supremo. Sua estratégia de atacar ao longo de toda a frente sofreu pesadas críticas, principalmente do marechal de campo Bernard Montgomery. Devido a ela, foram negados ao general Patton os recursos de que precisaria para um avanço rápido na Alemanha, outra causa de controvérsia. Ainda assim, em geral se considera que sua estratégia foi correta, e não se pode ignorar a habilidade diplomática de Eisenhower ao lidar com seus comandantes mais volúveis. Assim que a guerra acabou, Eisenhower comandou as forças de ocupação aliadas na Alemanha até dezembro de 1945, quando voltou aos Estados Unidos para se tornar chefe do estado-maior do exército. Ele ocupou esse cargo até 1948, quando se reformou para se tornar reitor da Universidade de Colúmbia. Mas não ficou muito tempo nesse cargo, pois foi reconvocado pelo presidente Truman, em dezembro de 1950, para ser o primeiro comandante supremo aliado da Europa após a criação da OTAN. Eisenhower renunciou ao cargo para se candidatar à presidência da República. Ele venceu as eleições presidenciais de 1952 e 1956 e supervisionou o enorme aumento das forças armadas norte-americanas enquanto a Guerra Fria se intensificava. Eisenhower se aposentou da vida pública no término do segundo mandato e faleceu em 1969, após prolongada doença.

ATAQUE CONTRA DEFESA

George C. Marshall, chefe do estado-maior do exército dos Estados Unidos. Marshall escreveu a Eisenhower para lhe informar que havia planos para outra grande ofensiva. Eisenhower respondeu que, em termos gerais, concordava com a ideia dos chefes de estado-maior, mas que não sabia se seus planos seriam factíveis. Ele observou que os aliados enfrentavam problemas logísticos devido à dificuldade constante de manter Antuérpia: como citado no Capítulo 1, os alemães se agarraram durante algum tempo a esse porto fundamental, tornando a situação logística muito mais complicada para os aliados. A resposta de Eisenhower convenceu Marshall de que a época ainda não era propícia para outro ataque total aos alemães, e ele determinou que o planejamento não avançasse mais. A proposta de memorando a Eisenhower para explicar o arcabouço básico da ofensiva nunca foi enviada.

A avaliação da estratégia não cabia apenas aos chefes de estado-maior. No teatro europeu, a consideração dos passos necessários para provocar o colapso final da Alemanha estava em andamento. Eise-

O general George Marshall, comandante do exército dos Estados Unidos, chega para uma reunião com os generais Middleton e Patton. A princípio, Roosevelt escolheu Marshall como comandante supremo aliado na Europa, mas percebeu que seu serviço em Washington era valioso demais.

nhower sempre sentira que a melhor maneira de atingir o coração da Alemanha seria pelo norte, atravessando o interior industrial do Ruhr. Ele incorporara isso a seu plano de campanha, que começou com os desembarques na Normandia. As primeiras fases do plano tinham se realizado, mas agora havia discordância sobre a melhor maneira de continuar. Na quinta fase do plano, as forças aliadas desgastariam as alemãs como preparação para a sexta fase, que seria a destruição das forças alemãs a oeste do Reno antes da travessia do rio em massa. Foi aí que a controvérsia começou, e o marechal de campo Montgomery liderava a oposição ao conceito de Eisenhower sobre as operações. Em resumo, Eisenhower queria atacar o inimigo ao norte e ao sul ao mesmo tempo. As forças do norte, comandadas por Montgomery, teriam prioridade nos suprimentos, e as do sul (avançando rumo ao Sarre) teriam de aceitar que sua necessidade seria secundária. Mas Montgomery achava isso inadequado. Ele queria todos os recursos concentrados no norte, para assegurar que nada faltasse ao esforço principal. Ele não era o único a alimentar dúvidas quanto à validade de atacar em massa em mais de um ponto da frente, uma vez que o marechal de campo Alan Brooke, chefe britânico do estado-maior geral imperial, também se convencera da estratégia de Eisenhower. O princípio de atacar em mais de um lugar continuou, pois, enquanto o 21º Grupo de Exércitos de Montgomery começava a limpar as forças alemãs em seu setor a oeste do

O general de brigada Sir Frederick Morgan e o general Sir Bernard Montgomery em 1943. Neste ano, Morgan foi nomeado chefe do estado-maior do comandante supremo aliado (COSSAC) para elaborar os primeiros planos da invasão da Europa. Seu papel no Dia D foi fundamental, mas muitas vezes ignorado.

Rio Mosa, o Primeiro e o Nono Exércitos americanos iniciaram seu avanço rumo a Colônia. Enquanto isso, o Terceiro Exército americano seguia para o Sarre. Parece que esses fatos deixaram Montgomery ainda menos paciente com o conceito de operações de Eisenhower, e suas queixas a Brooke aumentaram. Finalmente, Brooke informou a Churchill que a estratégia de atacar ao longo da frente inteira era pouco sensata (ele a descreveu como "pura loucura"). Brooke também insinuou que Eisenhower estava sobrecarregado com a dupla função de comandante supremo e comandante do componente terrestre e argumentou que deveria haver dois grupos de exércitos em vez dos três então existentes.

Isso quase combinava com as ideias de Montgomery, a não ser pela sugestão de Brooke de que Bradley deveria ser o comandante terrestre: Montgomery claramente tinha os olhos nesse posto, enquanto Brooke reconhecia que a preponderância americana no teatro de guerra exigia que o

ATAQUE CONTRA DEFESA   67

Um canhão autopropulsado M7 de 105 milímetros numa foto posada em que os membros da guarnição estão nas posições de deslocamento. O M7 era construído sobre o chassi dos tanques médios M3 e M4, e oferecia apoio de fogo extremamente eficaz, sendo raramente usado (se é que foi) no papel de canhão de assalto.

comandante terrestre fosse um general americano e não britânico. Eisenhower tentou resolver as divergências existentes com uma reunião em Maastricht em 7 de dezembro de 1944, mas não conseguiu convencer Montgomery da validade de sua abordagem de atacar em toda a linha de frente para desgastar o inimigo.

Esse debate é importante quando se considera o preparo aliado (ou a falta dele) para a Batalha do Bulge, pois demonstra o modo como os aliados percebiam a situação enquanto 1944 se aproximava de seu fim.

PERCEPÇÃO
Embora obviamente existissem, as disputas entre os aliados sobre a melhor maneira de vencer a guerra nunca se baseavam em temores de que poderiam perder; a questão era como vencer mais depressa e com o mínimo possível de baixas. Os alemães ainda eram reconhecidos como adversários difíceis, mas no final de 1944 muitos achavam que o exército alemão estava à beira do colapso. O resultado da ofensiva americana que começou em 16 de novembro poderia ser considerado um aviso de que não era bem assim: três semanas de combate provocaram quase 125 mil baixas americanas. No entanto, até esses sinais de resistência poderiam receber uma interpretação positiva, e muitos planejadores aliados argumentavam que combate tão intenso revelava muito mais

> Na manhã de 16 de dezembro, senti necessidade de relaxar. Então decidi voar até Eindhoven em meu avião leve Miles, pousar num dos campos de golfe e jogar alguns buracos [...] Mas nosso jogo logo foi interrompido por uma mensagem que dizia que os alemães tinham lançado um forte ataque naquela manhã diante do Primeiro Exército Americano.
>
> *Marechal de campo Visconde Montgomery*

sobre os alemães já demasiado pressionados. Os fatos ainda por vir demonstrariam que essa interpretação era otimista, mas é importante lembrar que não lhe faltava base.

No quartel-general supremo das forças expedicionárias aliadas (SHAEF, na sigla em inglês), o general de brigada Kenneth Strong, chefe do serviço de informações, observou que, de tantos em tantos dias, o combate custava aos alemães o equivalente a uma divisão. Com baixas tão grandes, as reservas teriam de ser postas em combate numa frente e depois se deslocar para reforçar a luta em outro lugar. Esse "combate a incêndios" fazia com que as reservas sofressem atrito contínuo, e o movimento constante e sem descanso levava os homens a sofrer inevitavelmente de fadiga.

Havia outras razões para acreditar que os alemães estavam perto do colapso. A ofensiva em Aachen fora enfrentada com uma reação morna, e o oficial de informações do Primeiro Exército americano notou que as defesas alemãs claramente perdiam força. Ele sugeriu que o peso dos ataques aliados poderia até provocar rendições em grande escala, e que era preciso tomar providências para cuidar dos problemas logísticos associados ao manejo de grande número de prisioneiros de guerra. Era um comentário surpreendente para um oficial geralmente considerado pessimista.

DESCONFIANÇA MÚTUA

O chefe de informações em questão era o coronel Benjamin "Monk" Dickson. Ele servira no exército americano durante a Primeira Guerra Mundial, mas, com a conclusão do conflito, decidira não assumir um comando em tempo integral, deduzindo corretamente que a possibilidade de promoção seria pequena. Em vez disso, embarcou numa bem-sucedida carreira civil enquanto mantinha seu posto na reserva. Especializou-se em coleta de informações, e sua ascensão seguiu a do general Bradley. No entanto, quando Bradley foi designado para comandar o 12º Grupo de Exércitos, Dickson não foi com ele: aquele corpo contava com uma unidade de informações já pronta, e Dickson permaneceu no Primeiro Exército com o general de divisão Courtney Hodges, sucessor de Bradley. Isso criou problemas para o sistema de informações, porque, ao que parece, o estado-maior do Primeiro Exército via o do 12º Grupo de Exércitos com certo desfavor. Seus integrantes não demoraram a notar que, embora Dickson tivesse currículo no setor, o general de brigada Edwin Sibert, chefe do elemento de informações do estado-maior do Grupo de Exércitos, era um homem da artilharia. Dickson se esforçava ao máximo para rejeitar qualquer insinuação de animosidade entre os dois, mas há indícios suficientes de que existia certo grau de tensão entre os estados-maiores. Assim como os oficiais de informações do Primeiro Exército não alimentavam boas opiniões

O general Eisenhower (à esquerda) conversa com o general de divisão Bradley (à direita, comandante do 12º Grupo de Exércitos) e o general de brigada Louis A. Craig (comandante da 9ª Divisão de Infantaria) durante uma visita a Butgenbach, na Bélgica, pouco antes do início da ofensiva das Ardenas.

Um tanque Tiger é preparado para o transporte até a linha de frente. A ofensiva exigia grande quantidade de blindados, mas a frente oriental também tinha suas necessidades. Em consequência, os blindados disponíveis para os três exércitos alemães variavam; o Sétimo Exército, por exemplo, tinha apoio blindado desprezível.

sobre os recém-chegados, o 12º Grupo de Exércitos tinha suas dúvidas sobre o Primeiro Exército. Eles passaram a ver Dickson como alarmista devido à sua tendência de listar as divisões alemãs como se estivessem na frente ocidental com base apenas no fato de não estarem mais na frente oriental: parecia que Dickson se esquecia da possibilidade de as unidades estarem na retaguarda, reequipando-se depois do acirrado combate com o Exército Vermelho, ou mesmo de terem temporariamente deixado de existir em consequência das baixas sofridas. Houve um ou dois casos em que se sabia que unidades consideradas na frente ocidental pelo estado-maior do Primeiro Exército estavam em outro lugar. Se isso se devia ao alarmismo de Dickson ou meramente a seu excesso de cautela, não importava. O 12º Grupo de Exércitos estava decidido a desdenhar de forma quase automática algumas avaliações de Dickson assim que chegavam. Essa desconfiança poderia ter sido superada caso houvesse mais comunicação entre os elementos de informação do Primeiro Exército e do 12º Grupo de Exércitos: sabidamente, essa comunicação era pouca. Dickson e seu pessoal tendiam a compartilhar mais dados com o elemento de informações do estado-maior do 21º Grupo de Exércitos de Montgomery do que com o 12º Grupo de Exércitos, embora estivessem na cadeia de comando deste último.

Apesar dessas dificuldades e não obstante a tendência de Dickson ao pessimismo, havia algumas áreas de concordância entre os dois estados-maiores. Uma delas era a suposição tácita de que um ataque alemão nas Ardenas era muito improvável, dada a situação na frente de batalha e dado o simples fato simples que a área não parecia oferecer aos alemães nenhuma importância estratégica. Afinal, por que um exército alquebrado, quase derrotado, faria um ataque numa área que não contivesse nada importante?

Apesar desse ponto de vista nada insensato, não se deve pensar que o alto-comando aliado não tivesse nenhuma preocupação com as Ardenas. Eisenhower sabia muito bem que a frente ali estava mal guardada e, de vez em quando, externava alguns grunhidos sobre o perigo de um ataque alemão, principalmente com a antiga tendência germânica de atacar essa área. Entre os outros generais aliados com a mesma preocupação estavam Bradley e o general de brigada Troy Middleton, comandante do VIII Corpo, responsável pela manutenção da frente. Middleton não se sentia à vontade com a extensão da frente designada a suas três divisões, porque se estendia numa distância que ele só poderia guarnecer de leve. No entanto, dada a opinião geral sobre o estado das forças alemãs e a probabilidade aparentemente pequena de ataque, pouco foi feito.

ACHAR AS PISTAS

É claro que havia pistas da preparação alemã, mas encontrá-las e depois interpretá-las não era tarefa fácil. As primeiras indicações do que acontecia na frente ocidental vieram de Bletchley Park. Em 18 de setembro de 1944, a equipe começou a decifrar uma mensagem sobre o Sexto Exército Panzer e a retirada de unidades da linha de frente (inclusive várias da SS). A decodifica-

O general Bradley, o general de brigada Troy Middleton e o general de brigada Matthew Ridgway. Este último, comandante da 82ª Divisão Aerotransportada, sempre levava duas granadas consigo, dizendo que talvez precisasse delas. Os fatos em Arnhem mostram que ele tinha certa razão.

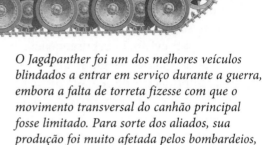

ção da mensagem demorou algum tempo, e se passaram nove dias até que seu conteúdo fosse decifrado e passado adiante. Foram interceptadas outras mensagens com detalhes da retirada de unidades da linha de frente; uma, de meados de outubro, deixava claro que o Sexto Exército Panzer era a reserva do OKW, sob controle de Hitler e não de Von Rundstedt. Não avaliar por completo todas as consequências desse fato teve papel notável no que viria a seguir. Além disso, embora desde o início de outubro Bletchley Park captasse mensagens regulares que se referiam ao Sexto Exército Panzer, só em novembro os elementos de informações começaram a dar atenção à unidade. É claro que a questão apresentada era se os alemães planejavam um contra-ataque usando a nova formação e, caso planejassem, onde aconteceria. Sibert defendia que os alemães atacariam o Primeiro e o Terceiro Exércitos assim que estes rompessem as linhas inimigas e avançassem rumo ao Reno e ao Ruhr. Strong concordava com essa avaliação geral e, depois de ver a descrição da mensagem do barão Oshima a Tóquio (após a reunião com Hitler), ficou convencido de que qualquer ataque aconteceria em novembro. Se as providências alemãs tivessem obedecido ao cronograma irreal estabelecido por Hitler, é claro que ele teria acertado sua avaliação. Agora o pessoal de informações começava a concordar que os alemães tentariam algum tipo de ofensiva. Infelizmente, eles estavam bem longe de adivinhar onde seria.

Em 20 de novembro, Strong, Sibert e Dickson concordaram, em termos gerais, que os alemães contra-atacariam em Colônia, assim que os americanos atraves-

O Jagdpanther foi um dos melhores veículos blindados a entrar em serviço durante a guerra, embora a falta de torreta fizesse com que o movimento transversal do canhão principal fosse limitado. Para sorte dos aliados, sua produção foi muito afetada pelos bombardeios, o que limitou a quantidade disponível.

sassem o Rio Roer. Parecia claro que o Sexto Exército Panzer seria usado no ataque, e informações colhidas sobre o Quinto Exército Panzer indicavam que ele também poderia participar. No entanto, havia outros sinais de preparativos alemães que não se encaixavam no padrão aceito do que provavelmente aconteceria.

Tanto Bletchley Park quanto as sortidas de reconhecimento aéreo começaram a captar sinais de que os alemães organizavam no Eifel um tráfego ferroviário muito mais intenso do que vinha acontecendo havia algum tempo. Além disso, as mensagens captadas que determinavam a prioridade do reconhecimento aéreo alemão não se coadunavam com o padrão de reconhecimento necessário para um contra-ataque na área de Colônia. As mensagens revelavam que a Luftwaffe fora instruída a prestar atenção à região de Eupen, Malmédy e das travessias do Rio Mosa, nada disso perto do contra-ataque proposto. Isso levava a perguntar por que essas áreas geravam tanto interesse, mas não se estabeleceu um vínculo entre as missões de reconhecimento e a provável ameaça às Ardenas.

RECONHECIMENTO DA AMEAÇA

Embora talvez os sinais não tenham sido interpretados adequadamente pelos aliados, a preocupação com as Ardenas aumentou nos últimos dez dias de novembro. Na época a região das Ardenas não fazia parte da área de operações do Terceiro Exército, mas a parte sul do Eifel estaria no caminho de seu avanço previsto. Em consequência, o general Patton queria assegurar que o elemento de informações de seu estado-maior tivesse um quadro completo do que acontecia na região. O coronel Oscar W. Koch, seu chefe de informações, começou a estudar as intenções alemãs na área e logo ficou preocupado. Em 24 de novembro, transmitiu seus temores a Patton, que fez questão de destacar sua opinião de que os alemães se reuniam diante do VIII Corpo; em 9 de dezembro, Koch estava tão preocupado que redigiu um relatório especial para seu comandante.

No relatório, Koch dizia a Patton que os alemães tinham retirado da linha de frente pelo menos treze divisões, muitas da SS (consideradas adversários mais ferozes devido à dedicação ao nazismo), e sabia-se que outras três se dirigiam da Escandinávia para a região do Eifel. Koch avaliava que a distribuição de formações alemãs levava a duas conclusões possíveis: eles empregariam as tropas recém-chegadas para enfrentar ataques americanos ou eles mesmos atacariam, provavelmente na área próxima ao Rio Roer, embora Koch não pudesse ter certeza.

Koch não era o único a se preocupar com a concentração de inimigos no Eifel. "Monk" Dickson ficou alarmado quando uma mensagem convocando voluntários que falassem inglês para formar uma unidade especial foi interceptada: ele se convenceu que essa unidade seria empregada com fins de sabotagem numa ofensiva. Isso o levou à conclusão de que talvez os ale-mães estivessem desesperados a ponto de lançar um ataque desses, e ele começou a redigir uma avaliação das informações para transmitir seu ponto de vista. O documento, *Estimate 37*, foi bastante controvertido porque, mais tarde, Dickson afirmaria que continha informações suficientes para os comandantes imaginarem que os alemães logo começariam operações ofensivas nas Ardenas. Na verdade, embora chamasse a atenção para uma ofensiva, Dickson dizia que o ponto focal do ataque seria em algum lugar entre Roermond e Schleiden, ou seja, muito ao norte das Ardenas. Ele apresentou o documento em 10 de dezembro. Com o surgimento de mais informações nos dias seguintes, sua preocupação aumentou, e ele começou a mudar de ideia quanto ao local da ofensiva. Em 14 de dezembro, o VIII Corpo relatou que uma mulher belga, considerada confiável, falara do acúmulo de forças alemãs do outro lado das Ardenas. Naquela noite, na reunião do estado-maior do Primeiro Exército, Dickson afirmou teatralmente que a ofensiva seria nas Ardenas; apesar da agitação que isso provocou, ele não foi capaz de defender sua ideia. Depois da reunião, ele partiu para passar quatro dias de licença em Paris. Dickson não tirava uma verdadeira licença havia seis meses, e alguns afirmavam que boa parte de seus

JAGDPANTHER

O Jagdpanther rompeu a convenção de que os caça-tanques eram conversões ou improvisos de projetos de tanques existentes em vez de serem construídos propositalmente com o melhor chassi disponível. E esse chassi era o do tanque Panther, que deu nome ao novo veículo. Com canhão de 88 milímetros, conseguia destruir qualquer tanque aliado e se mostrou um soberbo veículo de combate.

relatórios controvertidos e "alarmistas" se devia ao trabalho incessante desde o desembarque na Normandia. Correto ou não, sem dúvida, Dickson merecia um breve descanso.

No quartel-general do 12º Grupo de Exércitos, o general de brigada Sibert também estava cada vez mais curioso e preocupado com as mensagens interceptadas por Bletchley Park que afirmavam que a Luftwaffe recebera ordens de reconhecer as pontes do Mosa. Ele mandou imediatamente a Londres o coronel William H. Jackson, seu segundo no comando, para obter o máximo de informação possível sobre esses relatórios, mas Jackson não conseguiu desenterrar mais dados. Uma discussão com o major Ralph Ingersoll, seu especialista em terreno, só aprofundou os temores de Sibert. Ingersoll, que estudara os movimentos ferroviários alemães mais ao sul, na região de Bitburg, afirmou que os alemães poderiam mesmo estar acumulando tropas na região com o expediente simples de retirar duas divisões de cada vez e substituí-las por três novas. Seria relativamente simples esconder dos aliados essa terceira divisão com procedimentos meticulosos de segurança de comunicação. Sibert ficou impressionado a ponto de comentar com Bradley a possibilidade de que os alemães estivessem reunindo tropas perto de Bitburg. Bradley pediu a Eisenhower uma divisão blindada como reserva nas Ardenas, mas não a obteve. O comandante supremo agradeceu a preocupação de Bradley, mas precisava da divisão para reforçar o Sétimo Exército, que dava apoio às operações ofensivas do Terceiro Exército.

Embora o interesse de Sibert nas Ardenas aumentasse, ele ainda não se convencera de que a ameaça alemã na área fosse tão substancial quanto a dos blindados alemães perto de Colônia, para onde seu foco então retornou. Ele também se preocupara com o último relatório de Dickson. Alguns pressupostos ali apresentados eram reforçados pela citação de unidades que, sabidamente, estariam em outras frentes, e isso podia levar à conclusão de que o relatório de Dickson era demasiado pessimista. Sibert sentiu que era preciso uma avaliação mais comedida da situação e decidiu produzir um sumário menos dramático das infor-

Tanques Panzer Mark IV avançam. Embora em desvantagem numérica, a força blindada alemã provocou muitas baixas nos aliados. O Mark IV entrou em produção antes do início da guerra, mas continuou a ser um tanque viável graças a uma série de atualizações.

mações. Ele conhecia as críticas ao estilo dos relatórios de informações do 12º Grupo de Exércitos, de tom bastante seco e monótono, e pediu ajuda a Ingersoll para produzir o documento final. Foi um passo sensato, já que, na vida civil, Ingersoll era jornalista de certa reputação. O documento resultante — *Summary Number 18* — era sem dúvida de boa leitura, mas a participação de Ingersoll só serviu para destacar o tom otimista geral do texto, segundo o qual o colapso alemão na frente ocidental era quase iminente.

Enquanto isso, no SHAEF, o general Strong compartilhava da sensação de otimismo, abrandada pela presença do Sexto Exército Panzer em algum lugar atrás da linha de frente. Ele sugeriu que essa força poderia ser usada para realizar, em suas palavras, um "ataque de alívio", e citou as Ardenas como possível local; no entanto, ele também sugeriu a Alsácia. Em consequência, embora desde setembro houvesse informações que indicavam a possibilidade das Ardenas serem a área escolhida para a ofensiva alemã, as unidades especializadas não conseguiram concatenar suficientemente as pistas.

DEFESA DO VIII CORPO

Depois de observar que a frente designada para suas divisões era mais extensa do que seria confortável, o general Middleton teve uma discussão solidária com Bradley quando visitou o VII Corpo. Embora defendesse bem sua opinião, Middleton não conseguiu convencer Bradley de que mais reforços eram necessários nessa parte supostamente tranquila da linha de frente. Os dois homens avaliaram a situação como um todo. Bradley argumentou que era muito improvável os alemães atacarem, porque parecia duvidoso que conseguissem o sucesso estratégico que uma operação dessas exigiria como justificativa. Depois de examinar uma série de mapas e relatórios da situação, Bradley e Middleton chegaram à conclusão de que o ataque era improvável. Embora não conseguisse tirar da cabeça dúvidas incômodas, Middleton concordou que, no caso de um ataque alemão, ele poderia recuar para o Mosa e retardar o avanço inimigo enquanto Bradley lançava suas forças contra os flancos alemães. Mas, novamente, a conclusão foi de que o ataque seria improvável. E assim, apesar de todos os indícios disponíveis, quando os alemães atacaram sua ofensiva, aconteceu no lugar que fora praticamente eliminado. Por que o serviço de informações aliado falhou?

FALHAS DA INTELIGÊNCIA

Por várias razões, os aliados não conseguiram avaliar que as Ardenas seriam o principal foco da ofensiva alemã. A maioria delas resultou do exame inadequado do problema, embora o sucesso da operação de disfarce alemã e a qualidade geral de sua segurança também tiveram seu papel. Boa parte

O general de brigada Troy Middleton comandava o VIII Corpo do exército americano, que suportou o grosso do ataque alemão. Middleton percebeu o risco de uma contraofensiva nas Ardenas, mas as necessidades de outros pontos da frente fizeram com que não conseguisse reforçar sua linha.

da culpa pode ser atribuída a uma série de pressupostos dos aliados que pareciam perfeitamente lógicos, mas estavam errados.

Uma das principais razões da falha foi o excesso de confiança. O sucesso geral do avanço aliado (embora com alguns desapontamentos) fez com que os especialistas em informações tendessem a concordar que os alemães estavam à beira do colapso. Nessas circunstâncias, parecia muito improvável que conseguissem montar operações ofensivas em grande escala. Era uma suposição bastante sensata, reforçada pela volta de Von Rundstedt ao comando da frente ocidental. O estilo de Von Rundstedt era bem conhecido dos aliados, e sua fama de general sensato e muito respeitado indicava que seria pouco provável que embarcasse numa ofensiva tão arriscada com suas forças visivelmente reduzidas. Se a informação de que o Sexto Exército Panzer era a reserva do OKW e, portanto, estava sob controle direto de Hitler tivesse sido assimilada corretamente, tais pressupostos poderiam ter sido um pouco mais questionados. Embora Von Rundstedt talvez não se dispusesse a arriscar uma ofensiva, o histórico de Hitler indicava que ele se disporia.

Depois de aceitar o pressuposto de que os alemães não realizariam grandes operações ofensivas, os aliados explicaram o aumento do tráfego rodoviário e ferroviário no Eifel como consequência natural da necessidade de Von Rundstedt de mover suas reservas de um lado para o outro ao longo da linha de frente para enfrentar os ataques aliados. A ideia de que os alemães acumulavam tropas não combinava com a noção de que eram incapazes de realizar operações ofensivas, e essa possibilidade foi quase totalmente descartada. Mensagens interceptadas que falavam da escassez de

Diante de uma padaria destruída na cidade francesa de Tilly, dois soldados britânicos passam por um Panther destruído. Embora não seja da época da ofensiva, esta imagem indica a ferocidade da luta, mesmo em pequenas aldeias: nenhum prédio ficou incólume em Tilly.

General Courtney Hodges, comandante do Primeiro Exército americano depois da promoção de Bradley ao comando do Primeiro Grupo de Exércitos. Tranquilo e modesto, ele era muito respeitado pelos soldados, mas não buscava publicidade, de modo que hoje é menos conhecido do que merece.

combustível também convenceram os aliados de que não havia ataque iminente. Infelizmente, na verdade, essas mensagens tratavam da formação de estoque de combustível para a ofensiva; eram queixas de comandantes a quem se negava combustível pela necessidade de formar esse estoque ou reclamações dos que queriam mais do que lhes era designado.

Os últimos fracassos dos serviços de informações dos aliados foram os mais profundos. Em primeiro lugar, eles deixaram de levar em conta Adolf Hitler. O ditado de que situações de desespero exigem medidas desesperadas foi esquecido, e a possibilidade de que Hitler tivesse avaliado que chegara a hora dessas medidas foi ignorada. A segunda falha foi simplesmente basear seus pressupostos numa avaliação de como eles reagiriam na mesma situação. Claramente os aliados não lançariam uma ofensiva nas Ardenas, portanto era óbvio que os alemães também não o fariam. Essa tranquilidade foi abalada no início da manhã de 16 de dezembro de 1944, quando a incapacidade de entender os planos alemães foi revelada com uma imensa barragem de artilharia.

AS POSIÇÕES ALIADAS

No início de dezembro de 1944, os aliados tinham se aproximado da fronteira alemã e previam ansiosos o fim da guerra, embora entre eles houvesse discordância sobre qual seria a melhor maneira de conduzir o resto da campanha. Suas forças se estendiam do Mar do Norte à fronteira suíça, ou seja, nem o número imenso de homens designados para o teatro europeu conseguiria guarnecer a linha de frente com força máxima em toda parte. Foi esse fator que deu origem à preocupação de Middleton com a extensão da frente confiada ao VIII Corpo: simplesmente não havia homens disponíveis em quantidade suficiente para reduzir a extensão da linha a ser mantida. Essa posição frustrante surgiu devido à decisão deliberada do general Hodges de enfraquecer sua linha nas Ardenas para ter força suficiente para atacar as represas do Rio Roer e impedir que os alemães inundassem o terreno pelo qual o Primeiro e o Nono Exércitos americanos pretendiam invadir a Alemanha.

No setor norte das Ardenas, o V Corpo do general de brigada Leonard Gerow compunha-se de quatro divisões de infantaria, dois grupos de combate blindados e um grupo de cavalaria. Cada grupo de combate tinha cerca de um terço do efetivo de uma divisão blindada, enquanto o grupo de cavalaria atuava como unidade de reconhecimento, equipada com tanques leves e carros blindados. De Monschau até a pequena cidade de Buchholz, a 99ª Divisão de Infantaria guarnecia a frente na parte sul do setor, enquanto outras duas divisões, a 2ª e a 78ª, atacariam as represas do Roer através das posições da 99ª e à sua esquerda.

O corpo de Middleton defendia o setor central das Ardenas, e a junção entre a 106ª Divisão de Infantaria e o V Corpo era guarnecida pelo 14º Grupo de Cavalaria. Essa era a única força numa brecha de mais de 6 quilômetros, o vale do Losheim, entre o VIII e o V Corpos, e o comandante, general de brigada Alan Jones, não estava nada satisfeito com os 33 quilômetros de frente que sua divisão precisava guarnecer. Ao sul da 106ª, a 28ª Divisão de Infantaria mantinha posições ao longo do Rio Our. À sua direita estava a 4ª Divisão, que se envolvera intensamente com a 28ª nas batalhas do Hürtgenwald. Como as baixas tinham sido pesadas, eles foram mandados às Ardenas para treinar os 9 mil reforços necessários para recompor seu efetivo. Como Jones, o comandante da divisão, o general de brigada Norman Cota (famoso pela praia Omaha) estava um tanto desconcertado demais com a extensão da frente que tinha de defender. Seus homens se espalhavam por 36 quilômetros, de Lützkampen, ao norte, a Wallendorf, no sul. Cota tinha apenas um batalhão de reserva, tirado do 110º Regimento de Infantaria, que guarnecia a parte central da linha de frente da divisão.

Isso significava que quatro divisões americanas de infantaria, uma parte da 9ª Divisão Blindada e o 14º Grupo de Cavalaria enfrentariam nada mais, nada menos que trinta divisões alemãs. Na segunda semana de dezembro, essas forças alemãs se esconderiam na floresta diante das quatro divisões americanas, prontas para iniciar o assalto. O serviço de informações não levara em conta esse local, como discutido anteriormente, mas enquanto o dia da ofensiva se aproximava houve indícios disponíveis de que algo incomum ocorria nas Ardenas. Tanto a 106ª quanto a 28ª Divisão relataram ter ouvido ruídos de tanques e outros veículos em seus postos avançados, que foram atribuídos ao movi-

Infantaria alemã a bordo do que parece ser um tanque Panther, seguindo para a linha de frente. Os soldados não iam para a batalha em cima do tanque; ficariam vulneráveis demais ao fogo inimigo. Aqui, os soldados são tantos que o tanque não conseguiria girar a torreta nem usar seu armamento.

A guarnição de um tanque americano faz os últimos preparativos enquanto o motorista toma um café. Os sacos de areia e outros itens colocados à frente desse M4 Sherman serão úteis na construção de uma posição defensiva e atuarão como mais uma camada de proteção (ainda que não muito eficaz) contra o fogo inimigo.

mento regular de unidades que entravam e saíam da linha de frente. Em 14 de dezembro, uma mulher belga atravessou as linhas alemãs e chegou ao quartel-general da 28ª Divisão para contar que a floresta perto de Bitburg estava lotada de soldados alemães (sinal de que a teoria de Ralph Ingersoll de que os alemães se reuniam na área estava correta). Ela foi mandada para o quartel-general do VIII Corpo e, em seguida, para o do Primeiro Exército, em Spa, mas quando chegou lá, em 16 de dezembro, suas informações tinham sido superadas pelos fatos. No dia seguinte àquele em que ela tentou contar sua história, quatro prisioneiros alemães disseram aos interrogadores que um grande ataque era iminente, mas sua história não recebeu muito crédito. No mês anterior, a mesma coisa fora repetida em muitas ocasiões por prisioneiros alemães, que sempre falavam de um ataque a acontecer nas próximas 48 horas. Não havia razão para tratar de forma diferente os indícios apresentados em 15 de dezembro. Se os elementos de informações tivessem concluído que os alemães planejavam algo nas Ardenas, os prisioneiros receberiam crédito, mas, como nenhum ataque era esperado, supôs-se que eles simplesmente davam informações excessivamente dramáticas.

BLINDADOS ADVERSÁRIOS

Ambos os lados travaram a batalha do Bulge com equipamento que conheciam muito bem, entremeado com alguns itens novos que só recentemente tinham chegado à linha de frente. A maioria das unidades blindadas americanas estava equipada com versões do tanque M4 Sherman. Havia vários modelos de M4 disponíveis, e talvez a diferença mais significativa entre eles fosse o armamento principal. Os primeiros Sherman eram equipados com um canhão de 75 milímetros, e a experiência mostrara que lhe faltava poder de fogo necessário para enfrentar os tanques alemães mais recentes. Em consequência, os Sherman posteriores receberam um canhão de 76 milímetros; eles começaram a chegar à frente de batalha em grande quantidade a partir de meados de 1944, e, devido ao novo canhão, algumas guarnições os chamavam de Sherman "Jumbo". No entanto, nem mesmo essa arma era suficiente para vencer a blindagem frontal de alguns tanques do arsenal alemão. Até certo ponto, os britânicos superaram esse problema ao sobrepor um canhão antitanque de 17 libras à torreta do Sherman e produzir o chamado Sherman Firefly, mas as formações americanas tiveram de continuar usando os canhões de 75 milímetros e 76 milímetros, apesar de suas conhecidas deficiências. Embora reconhecido como problemático, o armamento do Sherman só foi modificado depois da guerra pela Força de Defesa israelense, que o reequipou com um canhão de 90 milímetros e, em alguns casos, com um canhão ainda maior de 105 milímetros.

Os americanos também podiam usar um tanque leve recém-encomendado, o M24 Chaffee. Embora fosse descrito como tanque "leve", ele pesava pouco mais de 18.370 quilos e era uma máquina robusta e versátil. Como os primeiros Sherman, era equipado com um canhão de 75 milímetros como armamento principal e igualmente incapaz de vencer de frente alguns tanques alemães. No entanto, como a intenção era usar os tanques leves em missões de reconhecimento, essa desvantagem não era tão grande. O M24 entrou em serviço em julho de 1944 e era popular entre as guarnições, inclusive por ser de manutenção relativamente fácil. Como permaneceu em serviço em vários exércitos durante mais de trinta anos depois da Segunda Guerra Mundial, para os produtores de cinema era fácil encontrar o M24, que apareceu em numerosos filmes de guerra. Às vezes, isso deu a impressão de que ele estava em serviço generalizado alguns meses antes de realmente ser aceito pelo exército americano; houve até cineastas que pintaram a cruz de ferro nos M24 na ausência de tanques alemães disponíveis, o que provocou ainda mais confusão.

BLINDADOS ALEMÃES

Enquanto isso, os alemães estavam equipados com vários tanques formidáveis. Essa foi uma realização extraordinária, dadas as

O tanque leve M24 Chaffee era uma máquina robusta e versátil capaz de golpear com força com seu canhão de 75 milímetros. Fora de estrada, o M24 chegava à velocidade de 40 km/h, a mesma velocidade máxima em estrada da maioria dos tanques pesados do período.

> [O soldado americano] é um combatente muito bravo e tem na batalha a tenacidade que marca o soldado de primeira classe. Basicamente, é ele o responsável por Rundstedt não fazer o que queria.
>
> Marechal de campo Montgomery, 7 de janeiro de 1945

dificuldades que os alemães enfrentaram a princípio com seus tanques. Na Primeira Guerra Mundial, eles não conseguiram produzir um blindado bem-sucedido, e foram proibidos de desenvolvê-los pelos termos do acordo de Versalhes. No entanto, o exército manteve o interesse, pois o tanque era considerado uma arma de grande potencial. Vários pensadores militares alemães propuseram o uso de blindados como meio de evitar o impasse da Primeira Guerra Mundial; em 1933, quando o rearmamento começou, os tanques estavam no alto da lista de prioridades. A primeira divisão Panzer foi formada em 1935, e ao experimentar o novo equipamento o exército chegou à conclusão de que as divisões Panzer deveriam ser usadas como força de todas as armas, capazes de realizar operações sem ajuda externa. Isso permitiu o desenvolvimento do conceito da *Blitzkrieg*, com os Panzers na vanguarda do exército para limpar o terreno. A nova filosofia exigia equipamento à altura da tarefa, e os alemães se dedicaram muito ao projeto de tanques eficazes, velozes e bem armados. Velocidade e mobilidade eram fundamentais; portanto, a proteção não era prioridade, embora a experiência na Rússia levasse ao desenvolvimento de blindagem mais pesada nos modelos posteriores. Em 1944, os alemães tinham tanques que superavam os dos aliados ocidentais.

O tanque mais antigo era o Panzer Mark IV, cujas primeiras versões entraram em serviço em 1939. Depois de alguns problemas nas campanhas francesa e russa, o projeto foi atualizado e, a partir de meados de

Um Panzer Mk IV avança seguido por um meia-lagarta SdKfz 251 levando Panzergrenadiers. O terreno das Ardenas dificultava o avanço em frente ampla, já que os veículos ficavam confinados às estradas transitáveis; isso frustrou o cronograma alemão.

1941, o canhão de 75 milímetros de cano curto foi substituído por uma arma de mesmo calibre mas com cano mais longo. A partir de 1943, montou-se uma versão mais poderosa dessa arma, e o Panzer IV foi capaz de vencer quase todos os tanques que enfrentava; em 1944, o Mark IV também foi equipado com nova blindagem, tornando-o um adversário formidável.

Seu sucessor, o Panzer Mark V, conhecido como "Panther", era ainda mais temível. O Panther foi projetado depois que os alemães enfrentaram o T34 soviético. Tinha blindagem pesada e era equipado com um poderoso canhão de 75 milímetros que lhe dava capacidade de se manter distante dos tanques aliados e engajá-los quase à vontade com pouco risco de sofrer avarias graves. O exército americano chegou à conclusão de que eram necessários cinco Sherman para vencer um único Panther (contornando-o e atirando na parte mais fina da blindagem traseira). Do ponto de vista operacional, o defeito do Panther era que os truques da lagarta congelavam caso se enchessem de neve. Obviamente, esse problema era mais típico na frente oriental, mas é preciso lembrar que, no inverno, não faltavam às Ardenas neve pesada e temperaturas abaixo de zero.

Se o Panther já não fosse bastante temível, os alemães também podiam recorrer ao Panzer Mark VI, quase nunca chamado assim. Como Tiger, ele se tornou o tanque alemão mais famoso da Segunda Guerra

Um esquadrão de tanques leves M24 Chaffee se prepara antes de avançar. O Chaffee entrou em serviço em meados de 1944, e a Batalha do Bulge foi a primeira ação de que participou em grande número. Tão capaz quanto veículos maiores, permaneceu em uso no exército americano até a década de 1950.

O Jagdpanzer 38(t) Hetzer era um veículo pequeno e poderoso baseado no chassi do tanque leve Panzer 38(t). Devido ao tamanho e à facilidade de manobra, era muito eficaz em combates urbanos.

Mundial, embora relativamente poucos fossem produzidos. A blindagem frontal do Tiger era tão pesada que os aliados foram forçados a desenvolver táticas especiais para enfrentá-lo; além disso, seu canhão de 88 milímetros podia enfrentar qualquer tanque que encontrasse. Na campanha da Normandia, um único Tiger foi responsável pela destruição de nada menos que 25 tanques aliados, antes de ser finalmente vencido. Embora fosse um adversário assustador, seu peso o tornava menos manobrável, e na Alemanha ele se mostrou pesado demais para várias pontes. Apesar disso, os alemães não foram dissuadidos de criar o Tiger II, também chamado de *Königstiger* (literalmente, "Rei Tigre" ou "Tigre Real"), que foi o tanque mais pesado, mais bem protegido e talvez mais bem armado da Segunda Guerra Mundial (com um aprimoramento do canhão de 88 milímetros). No entanto, tinha menos mobilidade ainda que o Tiger I, o que fazia dele um tanque excelente para fins defensivos mas inadequado para ofensivas.

Os alemães também gozavam de vantagem em caça-tanques e canhões de assalto.

Os aliados não utilizavam canhões de assalto, mas tanques com canhões comuns, para apoiar o avanço da infantaria. Em 1935, foi aprovada a criação das unidades de *Sturmartillerie*, que usavam canhões autopropulsados para destruir fortificações e casamatas inimigas e posições de metralhadoras que impedissem o avanço. Os canhões de assalto não tinham torreta móvel e, assim, sua construção era bem mais barata e simples que a dos tanques. Isso não impediu que fossem usados com eficácia no papel de arma antitanque, pois seu armamento principal tinha poder suficiente para lhe dar pelo menos uma chance de combater blindados inimigos de igual para igual.

Em 1944, havia vários canhões de assalto a serviço dos alemães. Deles, os mais comuns eram da série Sturmgeschütz (StuG), armados com canhões de 75 milímetros, embora também houvesse outros tipos, como o Brummbär (incorretamente traduzido pelos aliados como "Urso-cinzento"), com um canhão de 150 milímetros como armamento principal. Mas os rigores da guerra cobraram dos canhões de assalto seu preço inevitável, e eles estavam disponíveis em número menor do que os alemães gostariam.

CAÇA-TANQUES

Os canhões de assalto eram complementados por caça-tanques, como o Jagdpanther e o Jagdpanzer. Para olhos destreinados, tinham grande semelhança com os canhões de assalto, e era frequente serem usados nas mesmas funções quando a situação exigia.

Na ofensiva das Ardenas, um novo caça-tanques chamado Jagdtiger seria posto em serviço, equipado com um imenso canhão de 128 milímetros. No entanto, o Jagdtiger era pesado demais para a maioria das estradas, e seu consumo de combustível assustava; dada a situação do estoque alemão de combustível na época, dificilmente seria uma arma sensata.

Os americanos também empregaram caça-tanques. Ao contrário dos equivalentes alemães, os veículos americanos eram equipados com torretas, só que abertas, ao contrário das torretas dos tanques. Ou seja, a guarnição ficava vulnerável ao fogo de armas pequenas e fragmentos de granadas, e o mau tempo também era um problema. Havia três tipos principais de caça-tanques em uso, e o mais antigo era o M10, equipado com um canhão de 76 milímetros, derivado de um canhão antiaéreo, com alcance de mais de 14.600 metros. O canhão era bastante antiquado (sua origem datava de 1918, se não antes), o que provocou o estudo do canhão antiaéreo de 90 milímetros como alternativa. Este não se encaixava na torreta do M10, e uma torreta nova foi projetada para acomodá-lo; ajustada ao casco do M10, gerou o caça-tanques M36. O M36 entrou em serviço em julho de 1944 e estava disponível em quantidade razoável na época da ofensiva das Ardenas, onde foi o veículo mais bem equipado para enfrentar os tanques alemães. O terceiro caça-tanques em uso era o Hellcat M18, equipado com canhão de 76 milímetros e notável pela grande velocidade de 88 km/h em estrada.

Em termos gerais, embora gozassem da vantagem de tanques melhores, os alemães sofriam o grave problema da escassez de combustível. Os americanos, por outro lado, tinham vantagem numérica em tanques.

PODER DE FOGO DAS ARMAS PEQUENAS

Em termos de armamento pessoal, ambos os lados estavam bem equipados, embora nessa época os alemães começassem a enfrentar certa escassez. Os dois lados tinham um fuzil-padrão eficaz. Os alemães usavam o Mauser Karabiner 98k de 7,92 milímetros, versão encurtada do fuzil

JAGDPANZER 38(T) HETZER

O Hetzer foi um dos melhores caça-tanques alemães, já que os projetistas aprenderam muitas lições com as primeiras tentativas, muitas delas veículos desajeitados. Uma das graves desvantagens associadas a esses projetos era a altura, que os tornava alvos fáceis. O Hetzer foi um aprimoramento considerável em todos os aspectos. Com chassi confiável, era um veículo pequeno, de perfil baixo, com apenas 1,8 metros de altura. Estava equipado com um canhão de 75 milímetros que, como a maioria das armas alemãs desse calibre, era capaz de deter quase todos os tanques aliados que enfrentasse. Com bom desempenho fora de estrada, o Hetzer se tornou muito popular, principalmente quando ficou claro que seu perfil baixo tornava difícil que os artilheiros inimigos o vissem. O sucesso do projeto foi tamanho que, depois da guerra, ele voltou à produção nos exércitos suíço e tcheco. O Hetzer era um projeto econômico e muito bem-sucedido. Era muito mais eficaz que os projetos mais extremados, como o Jagdtiger, e é tentador imaginar que teria sido melhor para os alemães ignorar esses gigantes a favor de veículos já obviamente comprovados, como o Hetzer.

Tanques alemães são conduzidos para longe do ponto de desembarque num terminal ferroviário. Embora o número necessário de tanques fosse deslocado até a frente de batalha antes da ofensiva, era impossível acumular a reserva necessária de combustível — preocupação notada pelos generais, mas ignorada por Hitler.

Mauser Gewehr 98 em serviço na Primeira Guerra Mundial. Arma de ferrolho, o Kar 98k era confiável e geralmente bem feito (embora a qualidade do acabamento de algumas armas posteriores não alcançasse o padrão costumeiro). Isso contrastava com o fuzil de serviço americano, o M1 Garand. O Garand foi o primeiro fuzil semiautomático a ser adotado por um exército e entrou em serviço em 1936. Sua característica mais peculiar era o método de alimentação, com um clipe de oito cartuchos ejetado depois do último tiro. O som da ejeção era audível, a ponto de avisar a quem estivesse por perto que a arma estava descarregada. Apesar desse defeito, o Garand era uma arma excelente e continuou a ser fabricada até a década de 1950.

SUBMETRALHADORAS

Embora o padrão dos dois principais fuzis de serviço fosse comparável, os alemães talvez gozassem de leve vantagem em termos do poder de fogo de cada infante. A submetralhadora era empregada por ambos os lados. Os americanos usavam duas armas de calibre .45 (0,45 polegada), a M1 Thompson e a M3, que ficou famosa como "Grease Gun". A Thompson era uma arma excelente, embora de fabricação bastante complicada. Era bem feita, popular e de tiro poderoso para seu tipo. A M3 tinha vantagens semelhantes em termos dos disparos, mas era menos popular por várias razões. Não foi a arma mais estética a entrar em serviço (embora a Sten Gun britânica talvez levasse o prêmio de submetralhadora mais feia da guerra) e sofreu alguns problemas iniciais de confiabilidade. Depois de superados, ela se mostrou uma arma mais do que adequada e ficou em serviço durante mais de quarenta anos. Ainda assim, se pudesse escolher entre a M3 e a Thompson, o infante comum escolheria a segunda sem pestanejar.

Os alemães usaram várias submetralhadoras no decorrer da guerra, como a MP 18 Bergmann, a mais veloz do gênero, e suas derivadas. No entanto, a submetralhadora mais famosa e mais usada no lado alemão foi a MP (*Maschinenpistole*) 38 e o modelo seguinte, a MP 40. Por alguma razão, a arma recebeu o nome popular "Schmeisser", embora o projetista Hugo Schmeisser não fosse responsável por sua criação. A munição Parabellum 9 milímetros era menos potente que a .45, mas a MP 40 era extremamente eficaz. Era muito valorizada pelos soldados britânicos, que descartavam as Sten quando capturavam uma MP40, que podia usar a mesma munição da impopular arma britânica. O único obstáculo era a estranha falta de carregadores capturados, mas os soldados britânicos que conseguiam obter a arma com um estoque de carregadores poriam a mão no fogo por ela.

Soldados do 398º Regimento de Infantaria seguem para uma posição onde possam instalar a metralhadora M1919 levada pelo segundo homem a partir da esquerda. O terceiro leva o tripé. Todos os homens levam equipamento pessoal completo, indicando que pretendem se entrincheirar.

Um canhão de assalto alemão StuG III passa por um prédio destruído em algum lugar da Bélgica. O veículo foi camuflado com folhagens, indicando movimento recente pelo campo. O fato de só o topo estar camuflado mostra que a guarnição teme ser vista do ar.

Além das submetralhadoras, os alemães tinham começado a introduzir fuzis semiautomáticos e totalmente automáticos para complementar o Kar 98k. O primeiro deles foi o *Walther Gewehr* 43 (ou Gew 43), fuzil semiautomático que usava a mesma munição do 98k. A próxima arma digna de nota, embora não encontrada em grande número, foi o *Fallschirmjägergewehr* 42 (literalmente, "fuzil de paraquedista"). Ele foi desenvolvido para a força de elite de paraquedistas alemães e era uma arma absolutamente extraordinária. Preparada para o cartucho de 7,92 milímetros do fuzil-padrão, era uma arma de fogo seletivo e dava a seu portador considerável poder de fogo. Mas só sete mil foram produzidas, e a arma nunca foi adequadamente desenvolvida depois que a força de paraquedistas perdeu importância após as imensas baixas sofridas em Creta. A última arma digna de nota era bastante diferente. Tinha nada menos que três nomes, embora fosse mais conhecida como MP43 ou MP44.

Embora a designação MP indicasse uma submetralhadora, hoje a MP43 seria chamada de fuzil de assalto. A arma desenvolvida a partir do primeiro fuzil de assalto que surgiu, o MKb42H [*Maschinenkarabiner* 42(H)], que usava munição "intermediária" de 7,92 milímetros. O MP43 apareceu no final de 1943 e lembra o posterior AK-47 Kalashnikov. Em abril de 1944, por alguma razão indefinida, o nome mudou para MP44 e depois, a pedido de Hitler, para *Sturmgewehr* (StG) 44. O StG44, portanto, era uma arma totalmente automática e relativamente leve, com um número de tiros em seu carregador semelhante ao de uma submetralhadora (30), mas com maior poder de fogo.

O soldado de primeira classe Robert Leigh exibe uma variedade de armas alemãs capturadas. Além de seu fuzil, ele leva três pistolas automáticas MP40 e duas metralhadoras MG42. Os americanos ficaram tão impressionados com a MG42 que basearam nela a metralhadora M60, produzida depois da guerra.

Os alemães também gostavam bastante de uma arma americana, a M1 Carbine, desenvolvida como fuzil leve para armar os que não precisavam de um Garand com todo o seu tamanho. A Carbine usava munição .300, quase inútil à grande distância, mas isso não impediu sua popularidade. A leveza, a confiabilidade e o manejo fácil da arma fizeram com que fosse muito solicitada. Uma versão totalmente automática, a M2, foi desenvolvida, assim como a M1A1, que tinha a coronha dobrável para ser levada com mais facilidade por paraquedistas. Essas qualidades fizeram com que agradasse aos alemães, que usavam o máximo dessas armas que conseguiam capturar, a ponto de ter recebido a designação alemã de SKb 455(a), em que SKb significava *Selbsladekarabiner* ("carabina automática") e o (a) vinha de *amerikanisch*. Claramente, a Carbine foi usada em número muito maior por soldados americanos durante a Batalha do Bulge, mas sem dúvida foi vista nas mãos de vários soldados alemães.

METRALHADORAS PESADAS

As últimas armas dignas de consideração são as metralhadoras usadas pelos dois lados. Havia três tipos dessas armas no serviço americano. As duas primeiras eram metralhadoras óbvias: a Browning .30 e a Browning .5, pesada e maior. Ambas foram armas muito eficazes postas à prova inúmeras vezes. A terceira arma era igualmente boa, mas é tema de debates se era uma metralhadora leve ou um fuzil automático pesado. Era a M1918 Browning Automatic Rifle, para sempre conhecida simplesmente como "BAR". A arma usava a munição padronizada de 0,30 polegada num carregador destacável de vinte tiros. O carregador pequeno exigia a recarga frequente, principalmente quando usada no modo totalmente automático. Disparava apoiada ao ombro; era leve demais para ser controlada com facilidade quando selecionado o fogo automático, pesada demais para ser considerada um fuzil; portanto, seu bipé era bastante útil. No entanto, fora essas limitações era uma arma esplêndida e muito popular entre os soldados.

REPARO AUTOPROPULSADO M10/90 MILÍMETROS PARA CANHÃO DE 3 POLEGADAS REPARO AUTOPROPULSADO JACKSON M36

O M10 usava o chassi do tanque Sherman, sobre o qual se instalou um novo casco e uma torreta aberta. Embora a blindagem fosse fina, sua proteção melhorava até certo ponto pela inclinação. A produção começou em setembro de 1942 e terminou apenas três meses depois, quando então quase cinco mil tinham sido construídos. Quando surgiu, o canhão de 76,2 milímetros era uma arma poderosa, mas com o aumento da proteção da blindagem dos tanques alemães ele ficou menos eficaz. O exército britânico resolveu o problema substituindo o armamento principal por um canhão anticarro de 17 libras.

O M10 foi seguido pelo M36, de aparência semelhante, com um canhão de 90 milímetros. Este era capaz de vencer tudo o que enfrentasse, mas quando entrou em serviço (pouco antes do início da Batalha do Bulge) foi mais usado no apoio à infantaria do que contra tanques.

Com a MG34, os alemães introduziram em serviço a primeira metralhadora de uso geral. Era uma arma de alta qualidade, mas difícil de produzir em massa; foi substituída na produção pela MG42, embora permanecesse em serviço até o fim da guerra. Tanto a MG34 quanto a MG42 podiam ser usadas num tripé para fogo contínuo ou num bipé, e o cano podia ser trocado com facilidade para superar o problema do superaquecimento. A MG42 era um pouco menos precisa quando usada no bipé devido à elevada cadência de fogo, mas a perda de precisão era mais do que compensada pelo poder de fogo de que dispunha.

Portanto, no que tange às armas pessoais, ambos os lados estavam bem equipados. Os alemães levavam vantagem no número de armas automáticas à disposição dos soldados, mas não se deve exagerar. No primeiro dia do assalto, o benefício da surpresa foi mais importante. Quando a artilharia alemã abriu fogo na escuridão da madrugada de 16 de dezembro de 1944, não é injusto dizer que atingiu seu principal objetivo.

CAPÍTULO 4

SEXTO EXÉRCITO PANZER

O ímpeto principal da ofensiva das Ardenas coube ao Sexto Exército Panzer. Era o mais bem equipado dos três exércitos designados para o ataque, e seu avanço se aprofundou pelo centro das posições americanas. Apesar da surpresa, e não obstante a superioridade numérica, o Sexto Exército Panzer enfrentou resistência feroz e implacável. Em toda a linha de frente, pequenos grupos de infantes americanos provaram que a convicção de Hitler de que eles fugiriam em pânico e desordem estava profundamente enganada.

O ATAQUE DO SEXTO EXÉRCITO PANZER começou, juntamente com o das outras forças alemãs participantes, às 5h30 de 16 de dezembro de 1944. Por ter sido encarregado da principal ação da ofensiva, era o maior dos três exércitos, formado por cinco divisões de paraquedistas e infantaria *Volksgrenadier*, com mais de mil peças de artilharia e quatro divisões Panzer SS. O Sexto Exército Panzer gozava de certa vantagem sobre os outros que participavam da ofensiva: em geral, seus homens eram experientes e estavam bem equipados; os substitutos que tinham se unido à formação o fizeram enquanto o exército não se engajara em luta intensa, e tinham podido receber alguma instrução. Além disso, em geral esses substitutos eram mais jovens (e provavelmente mais entusiasmados) do que os de outras formações, forçadas a recorrer a uma mistura de

Um esquadrão de paraquedistas a bordo de um tanque Tiger II da SS. Essa fotografia, além de mostrar o tamanho do Tiger II, também dá uma ideia da potência do canhão de 88 milímetros. Tanque formidável, o Tiger II era prejudicado pelo peso e pelo tamanho, que reduziam a mobilidade no campo de batalha.

ex-integrantes da Luftwaffe e conscritos acima da idade. Como indica a descrição, em épocas menos desesperadas não se pensaria em usar os homens acima da idade na linha de frente.

O Sexto Exército Panzer parecia em melhor situação para encabeçar o principal ímpeto da ofensiva, mas ainda tinha problemas a enfrentar. Embora fosse muito mais forte do que a dos outros dois Exércitos somados, sua artilharia sofria a desvantagem da mobilidade limitada, devido à falta de canhões autopropulsados. Esse não era o único setor onde havia escassez, que também se estendia às companhias de engenharia necessárias para abrir caminho pelos obstáculos inimigos, limpar campos minados e realizar a série de tarefas aparentemente intermináveis que cabe às unidades de engenharia de combate depois que a batalha começa. Outro problema significativo era a parcimônia em canhões de assalto para apoiar a infantaria. Eles tinham sido muito eficazes em batalhas anteriores, e a infantaria passara a contar com o poder de fogo substancial dos canhões em momentos importantes enquanto avançavam. Apenas a 3ª Divisão de Paraquedistas (que lutava como infantaria) tinha seu complemento completo de canhões de assalto, e era bastante provável que a falta do efetivo total de canhões provocasse dificuldade para as outras divisões quando tentassem avançar. Embora o Sexto Exército Panzer tivesse o benefício da surpresa a seu favor, a escassez em setores fundamentais fez com fosse improvável que conseguissem impor seu ritmo caso os americanos organizassem algo próximo de uma defesa coerente depois de superado o choque inicial.

O Sexto Exército Panzer foi encarregado de atacar ao longo da linha a sudoeste de

Um praça americano se protege parcialmente atrás de um tronco de árvore e examina a mata à frente em busca de possíveis posições inimigas. Sua arma é uma M1 Carbine, a mais preferida pelos soldados pelo pouco peso e pela facilidade de manejo.

> Tivemos uma reunião oficial e nos disseram que seríamos uma tropa de elite. Todas as forças armadas estão aqui representadas: há aeronautas, marinheiros, paraquedistas e também civis [...] Qualquer transgressão pode ser punida com a morte [...] Um de nossos camaradas que teve de sair do quartel para buscar peças sobressalentes levou com ele cartas que não tinham sido censuradas e as pôs no correio. Isso foi descoberto numa das inspeções e ele foi fuzilado por causa disso.
>
> *Unteroffizier Georges, 4./Panzerregiment 11*

Monschau até Krewinkel, 5 quilômetros além do vale de Losheim. Era uma frente mais estreita do que no setor sul, devido à dificuldade do terreno: sem estradas, o movimento seria dificílimo para as unidades blindadas até a travessia dos Altos Fagnes, e essa consideração ditou a estreiteza da frente.

O PLANO

O ataque inicial seria realizado pelo I Corpo Panzer SS e pelo LXVII Corpo. Apesar do nome, essas forças não tinham tamanho semelhante. O I Corpo Panzer SS dispunha de duas divisões blindadas e três de infantaria; a outra unidade contava apenas com duas divisões de infantaria. A fase de planejamento fora marcada por certa discordância a respeito de quem deveria comandar o ataque, se os tanques ou a infantaria: Dietrich argumentava que os blindados deveriam ser os responsáveis, mas foi vencido por Model, que determinou que as três divisões de infantaria do I Corpo Panzer SS fariam o rompimento e atravessariam as linhas americanas nos dois lados de Udenbreth. Depois de obtida a brecha, a infantaria daria meia-volta para atuar como força de bloqueio nas estradas que compunham a rota dos blindados a caminho de

Liège. Enquanto isso, o LXVII Corpo atacaria nos dois lados de Monschau, atravessaria a estrada que ligava Mützenich e Elsenborn e depois seguiria para o norte e o oeste. No processo, entraria pelos charcos elevados dos Altos Fagnes e se uniria aos paraquedistas de Von der Heydte. Em conjunto com os paraquedistas e alguns dos formidáveis canhões de assalto Jagdtiger, a infantaria do LXVII Corpo pararia na linha Simmerat-Eupen-Limbourg para estabelecer o flanco. Esse plano determinava que as cinco divisões de infantaria sob o comando do Sexto Exército Panzer formariam um flanco ou "ombro" protetor para cobrir o avanço das duas divisões blindadas do I Corpo Panzer SS. Elas contornariam Krinkelt-Rocherath e avançariam pelo setor norte do vale de Losheim. Em seu avanço, esses blindados seriam seguidos pelos tanques do II Corpo Panzer SS, que formariam a segunda onda de blindados a entrar na briga. A meta, nas primeiras 24 horas de combate, deveria ser a penetração nas linhas americanas seguida pelo rompimento. No segundo dia, as unidades blindadas atravessariam os Altos Fagnes e avançariam rumo ao Mosa, aonde chegariam no final do terceiro dia. Obtido isso, o quarto dia de ação terminaria com a ocupação das pontes para a travessia do rio. Pelo menos, era esse o plano.

A OPOSIÇÃO

O Sexto Exército Panzer estava bem à frente de unidades do V Corpo americano, e o setor sul da linha era ocupado pela 99ª Divisão de Infantaria do general de brigada Walter E. Lauer, formação de relativa inexperiência que só chegara à Europa em novembro e fora designada para aquela posição no V Corpo com base em que aquele seria um setor relativamente tranquilo da frente; assim os soldados poderiam

ganhar experiência antes de enfrentar condições mais difíceis. A 99ª ganharia muito mais experiência do que previra. Sua frente se estendia de Monschau a Lanzerath (culminando na linha que ia da ferrovia ao norte desta última aldeia), ou seja, mais de trinta quilômetros. Era um trecho extensíssimo para ser defendido por uma divisão nova, mas o raciocínio por trás disso parecia sensato. O comandante do V Corpo achava que a 99ª Divisão conseguiria manter a linha enquanto suas formações mais experientes fossem usadas na operação para ocupar as represas do Roer. Dar à 99ª uma frente extensa faria com que o poder de combate das unidades experientes aumentasse; ao mesmo tempo, o risco de ataque inimigo parecia remoto, dado o terreno dificílimo e o estado aparentemente ruim das forças alemãs na área. Esses pressupostos foram importantes porque as posições da 99ª se estendiam pela floresta de Monschau, uma área difícil de defender porque as rotas até a vanguarda mal passavam de trilhas de lenhadores, lamacentas e cheias de raízes. A densidade das árvores dificultava o estabelecimento do campo de fogo das posições defensivas, e em algumas áreas o terreno era tão acidentado que a 99ª foi forçada a criar pontos fortes para cobrir uma possível linha de avanço. Esses pontos fortes deixavam brechas na linha, permitindo que o inimigo se infiltrasse entre eles e desequilibrasse a defesa, talvez de modo fatal.

Mas a ameaça de ataque inimigo não estava em primeiro plano na mente dos comandantes americanos. A partir de 8 de dezembro, o V Corpo se preparava para o ataque às represas do Roer, que começaria em 13 de dezembro. Em seu avanço, elementos da 2ª Divisão passaram pelas linhas da 99ª. Esta estava representada no ataque, pois o 1º e o 3º Batalhões do 395º Regimento de Infantaria participariam; outros elementos da divisão seriam responsáveis por ataques diversionários. O avanço progrediu bem, mas, quando os atacantes alcançaram fortificações alemãs, a velocidade se reduziu. Ainda assim, em 15 de dezembro parecia que tudo ia bem. Havia alguma indicação de que os alemães tinham reforçado sua linha, mas acreditava-se que fosse um passo óbvio, dadas as circunstâncias. Os comandantes americanos previam que o inimigo começaria um contra-ataque às posições mantidas pela 99ª Divisão. Ou seja, na manhã de 16 de dezembro, quando a Batalha do Bulge começou, os americanos a princípio foram pegos de surpresa. Esperavam um ataque, mas de alcance apenas limitado — dificilmente uma descrição adequada do que aconteceu em 16 de dezembro.

ABERTURA

Às 5h30 de 16 de dezembro, a artilharia alemã abriu fogo contra posições americanas em toda a extensão da frente. Os postos avançados do 394º Regimento de Infantaria acharam, a princípio, que o ruído era de canhões amigos atirando nas linhas alemãs e não uma ação hostil. Essa opinião não se aguentou muito tempo. Em questão de minutos, ficou claro de onde vinha o fogo. Ele não combinava com os relatórios de informações, que indicavam que os alemães tinham pouquíssima artilharia diante do 394º. O peso do fogo revelou que a informação era falsa, e os soldados buscaram proteção. Felizmente, o 394º não ficara ocioso durante o período relativa-

Soldados alemães passam por um comboio americano vencido perto de Poteau. Esta imagem faz parte de uma série fotografada e filmada depois da emboscada que deteve o comboio. O soldado à frente leva um Mauser Kar98, enquanto o homem na valeta porta um fuzil de assalto StG 44.

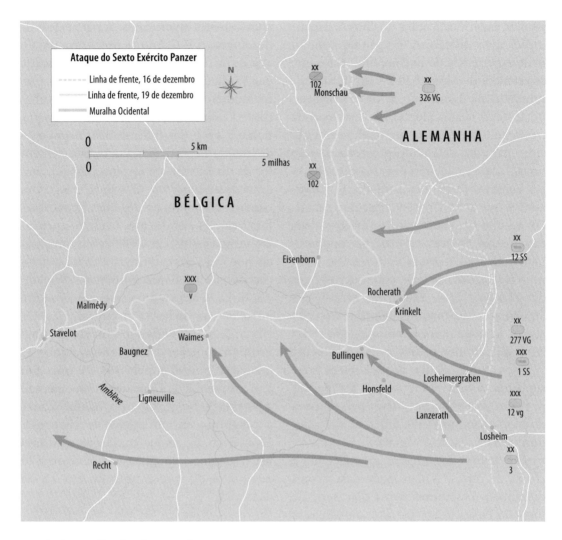

Este mapa dá uma ideia dos ganhos iniciais do ataque alemão. Apesar da intensa resistência, o ataque conseguiu fazer os americanos recuarem ao longo de toda a frente. Mesmo assim, o avanço no setor norte não foi tão espetacular quanto no sul.

mente tranquilo desde que chegara e construíra defesa robusta (fazendo bom uso da madeira da floresta como cobertura), o que manteve pequenas as baixas do bombardeio. Pouco depois, a infantaria alemã foi avistada movendo-se entre as árvores, mas nem isso deu credibilidade à ideia de que um grande ataque estava em andamento. É preciso não esquecer que os americanos esperavam algum tipo de ataque inimigo, e essa movimentação parecia concordar com as expectativas, ainda que o volume do fogo de artilharia fosse maior do que o previsto. Não demorou para que o equívoco dessa avaliação ficasse visível. Logo se despejaram as notícias de que todos os trinta quilômetros da frente da 99ª Divisão estavam sob ataque.

A DEFESA DE HÖFEN

No setor norte da área do Sexto Exército Panzer, a aldeia de Höfen era um alvo importante da ofensiva alemã, já que controlava a estrada de Monschau. Quem controlasse a aldeia controlaria o acesso à estrada de Eupen, que sediava o quartel-general do V Corpo americano. Na própria Höfen, a defesa estava nas mãos do 3º Batalhão do 395º Regimento de Infantaria, despertado pela enorme barragem de artilharia que causaria avarias consideráveis à aldeia. Casas desmoronaram, e as ruas se iluminaram com o brilho assustador das chamas e o luar aguado e artificial criado pelos holofotes alemães refletidos nas nuvens baixas. Quando o bombardeio terminou, o tenente-coronel McClernand Butler, oficial comandante do 3º Batalhão, descobriu que sua comunicação com a artilharia fora interrompida. Embora isso não fosse ideal, o batalhão tinha algumas vantagens compensadoras no ataque iminente. A primeira era estarem em Höfen desde o início de novembro e terem construído defesas substanciais. A aldeia propriamente dita foi muito atingida, mas não houve baixas entre os soldados, abrigados em trincheiras com boa cobertura. Höfen também ficava num morro, com todas as vantagens que isso conferia a uma força defensora bem entrincheirada; Butler fizera questão de que seus homens situassem bem as posições, com bom campo de fogo. O batalhão também podia contar com os canhões antitanque do 612º Batalhão de Caça-tanques que, embora pertencesse à 2ª Divisão, estava em Höfen em consequência do movimento daquela divisão pelas linhas da 99ª para o ataque às represas do Roer.

Pouco depois do fim da artilharia, os americanos puderam ver as companhias de assalto da 326ª Divisão Volksgrenadier avançarem em sua direção. Mais tarde, os soldados que se aproximavam foram descritos como "enxames movendo-se em ritmo lento e metódico". As forças alemãs tinham o efetivo bastante reduzido. O ataque deveria ser feito pela 246ª e pela 326ª Divisões *Volksgrenadier*, mas a 246ª ficara presa pelos recentes ataques americanos e não conseguira chegar à linha de partida. Também faltavam alguns homens à 326ª *Volksgrenadier*. Um batalhão fora para a retaguarda para auxiliar a defesa das represas do Roer e, embora enviado de volta para participar do ataque, não chegara a tempo. Outro batalhão recuara até Wahlerscheid na tentativa de rechaçar um ataque da 2ª Divisão americana, e partira para a linha de frente horas antes da queda da cidade. Eles também não chegaram à linha de partida, ou seja, a força que atacava Höfen consistia

O comandante de um caça-tanques M10 examina o horizonte atrás de inimigos. O M10 aproveita o terreno para baixar seu perfil e protegê-lo da observação. Pode-se ver que a torreta é aberta e deixa a guarnição exposta ao mau tempo e a fragmentos de granada.

Dois infantes americanos se protegem atrás de um tanque enquanto o fogo da artilharia alemã assovia no alto. Incapazes de se deslocar antes do final da barragem, ambos decidiram fumar um cigarro. O homem mais próximo da câmera segura com firmeza sua submetralhadora M1 Thompson.

de quatro batalhões de infantaria e não dos quatorze especificados no plano alemão.

Os alemães marcharam por alguma distância, subindo a encosta íngreme diante da aldeia, até chegarem a duzentos metros das linhas americanas. Nesse ponto, todas as armas americanas abriram fogo, ceifando os alemães. As baixas foram assustadoras, mas, decididos, os alemães continuaram; em alguns casos, o ataque só terminou quando os alemães caíram dentro das trincheiras dos defensores. O peso do fogo foi tamanho que as forças atacantes não conseguiram chegar às posições americanas e não tiveram opção senão recuar. Cerca de trinta alemães conseguiram entrar em algumas casas da fronteira entre as companhias I e K, mas uma hora depois também foram desalojados. Depois de sua partida, o 3º Batalhão contou as baixas: quatro mortes, enquanto os *Volksgrenadiers* tinham perdido mais de cem homens. Isso marcou o fim do esforço alemão em Höfen no dia 16. Pouco antes de se passarem 24 horas da batalha, eles voltaram, apoiados por canhões de assalto. Mais uma vez, o fogo defensivo foi homicida; embora alguns alemães conseguissem chegar à aldeia, logo foram derrubados. Pouco depois da aurora, alguns alemães decididos romperam, e pareceu que conseguiriam ocupar o posto de comando do batalhão. O tenente-coronel Butler, após sua ligação com o mundo exterior restabelecida, pediu fogo de artilharia contra sua posição, mas enquanto era organizada essa medida desesperada, os canhões antitanque fizeram sentir sua presença. Os canhões de assalto foram forçados a recuar, e a infantaria que os acompanhava não conseguiu se manter sem eles. Mais uma vez, os alemães recuaram. Não voltariam.

O ataque a Höfen demonstrou que a opinião de Hitler de que os soldados americanos eram ingênuos não era muito correta. Mais de quinhentos soldados alemães tinham morrido para provar, e Höfen continuou em mãos americanas.

MONSCHAU

Os alemães tiveram dificuldade semelhante em Monschau, defendida pelo 38º Esquadrão de Reconhecimento da Cavalaria, sob o comando do tenente-coronel Robert E. O'Brien. Seus soldados eram relativamente poucos, mas dispunham de cinquenta metralhadoras retiradas dos veículos para reforçar a defesa. Com exceção do terreno rochoso no flanco direito do esquadrão, que oferecia proteção razoável contra quaisquer atacantes, as posições defensivas permitiam bons campos de fogo pelas encostas que levavam à cidade. Ao contrário de Höfen, Monschau foi poupada da barragem de artilharia por ordem do marechal de campo Model, que aparentemente desejava evitar a destruição de uma cidade alemã.

Os soldados do 752º Regimento alemão realizaram o ataque e começaram a avançar quando o som do bombardeio de artilharia no resto da linha de frente se aquietou. Os postos avançados do esquadrão de cavalaria relataram o som da aproximação dos soldados pela estrada que entrava em Monschau pelo sudeste. Eles deixaram os alemães chegarem até o posto de bloqueio da estrada, sobre o qual os morteiros americanos começaram a atirar foguetes de iluminação. Os cavalarianos abriram fogo com todas as armas que tinham, inclusive os canhões de 37 milímetros dos tanques leves, que atiravam metralha, fatal em concentrações de soldados. O primeiro ataque foi rechaçado, e os alemães fizeram outra tentativa de tomar a cidade logo depois do alvorecer de 16 de dezembro, também repelida. Não houve mais tentativas contra Monschau no primeiro dia.

ESTAÇÃO DE BUCHHOLZ

Outro dos primeiros engajamentos da batalha ocorreu na cidadezinha de Buchholz. O 3º Batalhão do 394º Regimento ficara estacionado ali como reserva da divisão, e foi quase uma surpresa quando entraram em contato com o inimigo sob a forma de elementos do 12º Regimento *Volksgrenadier*. Os alemães tinham boas razões para atacar Buchholz, já que precisavam controlar a ferrovia. Na retirada de outono, eles tinham explodido a ponte rodoviária sobre a linha férrea; agora que estavam na ofensiva, a falta dessa ponte (que pertencia à Estrada Internacional) era

Um tanque Panther sai da estrada coberta de neve para deixar passar um utilitário Kübelwagen. As condições climáticas são as mesmas enfrentadas por ambos os lados durante a Batalha do Bulge.

> Houve uma fase de instrução intensiva no final de novembro. Fomos apresentados a roupas americanas, dólares e libras inglesas e é claro que recebemos "novos" documentos adequados de identidade. Tivemos de entregar todos os nossos pertences, que ficaram guardados com o grupo da retaguarda.
>
> *Primeiro tenente Dreier, oficial comandante, 4./ Panzerregiment 11*

um problema grave. A floresta densa fazia com que os tanques ficassem confinados às estradas, e para chegar a Losheimergraben e começar a corrida para o Mosa as unidades blindadas precisavam usar a ponte agora demolida. A única solução era tomar os trilhos da ferrovia e mandar unidades de engenharia reconstruírem a ponte. Assim, o 12º Regimento *Volksgrenadier* foi encarregado de expulsar as unidades americanas da área para que as unidades de engenharia pudessem cumprir sua tarefa.

UM DESJEJUM BEM-VINDO

A Companhia L do 3º Batalhão do 394º Regimento estava na estação de Buchholz e já tivera uma manhã interessante. O bombardeio forçara os homens a se proteger, e eles suportaram o fogo de artilharia durante cerca de noventa minutos. Não sofreram baixas e, assim que o bombardeio acabou, saíram de seus abrigos e começaram a fazer fila para o desjejum. A Companhia L aguardava a refeição com expectativa especial. A cozinha de campanha chegara na noite anterior, e aquela seria a primeira refeição quente havia vários dias para todos os homens. Por volta das 7h45, enquanto ainda estavam na fila para aquele desjejum tão aguardado, os homens famintos começaram a perceber silhuetas marchando em fila dupla pela linha férrea. Logo ficou claro que cerca de cinquenta homens se aproximavam, mas a neblina dificultava descobrir exatamente quem eram. Depois de alguma especulação sobre qual seria sua unidade do 394º, houve consenso de que, provavelmente, eram do Pelotão de Armamento.

O 1º sargento Elmer Krug, que supervisionava a distribuição da comida, não tinha certeza de que o palpite estava certo. Ele espiou um pouco mais na neblina, e a realidade se revelou: os homens que se aproximavam eram alemães. Mais ou menos ao mesmo tempo, alguns homens acharam ter ouvido vozes que não falavam inglês. Krug não precisava dessa confirmação, porque já levava ao ombro sua M1 Carbine. Ele berrou um alerta aos homens e abriu fogo. O encanto do desjejum quente foi esquecido, e os homens da Companhia L que conseguiam ver os alemães pegaram as armas e começaram a atirar no inimigo. O café da manhã e, aliás, as outras refeições de 16 de dezembro teriam de esperar.

TENTATIVA E ERRO

Os alemães buscaram abrigo atrás de vagões de carga fora da estação ou em valetas ao longo dos trilhos. Depois de conseguir alguma forma de proteção, responderam ao fogo. A Companhia L tinha o apoio de elementos da Companhia Antitanque do regimento, e os artilheiros puseram os vagões sob fogo com seus canhões de 57 milímetros. Os artilheiros acertaram várias vezes, e o soldado John Claypool tentou atacar os alemães com uma bazuca. Não era o dia de sorte de Claypool. Para sua frustração, deu vários tiros e errou

Soldados cansados da Companhia B do 101º Batalhão de Engenharia saem da floresta gelada perto de Wiltz depois de passar a noite em posições de vanguarda. Os dois homens no primeiro plano levam bazucas, enquanto o que está mais atrás posa para a câmera com sua carga de caixas de munição.

todos; embora errasse por pouco, não conseguia corrigir a mira. O primeiro foguete da bazuca caiu perto demais, e ele mirou mais alto. O segundo passou por cima dos vagões. Ele ajustou a mira de novo, e dessa vez o foguete atingiu o chão antes dos vagões, um pouco mais perto que o primeiro. Claypool mudou novamente o ponto de mira e viu, irritado, o quarto foguete passar raspando pelo alto dos vagões. Nesse momento, o soldado especial 5 George Bodnar se juntou a Claypool depois de, com altruísmo, correr para cobrir um alemão ferido com metade de uma barraca, na esperança de que isso lhe desse alguma proteção. Quando chegou ao lado de Claypool, Bodnar lhe perguntou, à guisa de saudação, como iam as coisas com a bazuca. Claypool comentou a pouca sorte e concordou em deixar Bodnar experimentar a arma. Talvez seja justo observar que Claypool tivera de carregar, mirar e disparar a bazuca sozinho sob fogo pesado, o que pode tê-lo distraído um pouco. Bodnar teve a vantagem de se concentrar no alvo enquanto Claypool carregava a arma; então, abriu fogo. A primeira tentativa de Bodnar errou por poucos metros, mas o segundo foguete penetrou no primeiro vagão. Alemães pularam e correram em busca de proteção enquanto Claypool recarregava.

O terceiro foguete caiu no teto do vagão, e isso, combinado ao fogo dos canhões antitanque, deixou os vagões em chamas. Sabiamente, os alemães sobreviventes abandonaram a posição e correram para lugar seguro, perseguidos pelo fogo de armas pequenas que ricocheteava na terra em torno deles.

Nesse momento, granadas de artilharia alemãs começaram a cair em torno da estação, mas depois de alguns minutos o fogo diminuiu e parou. Os americanos perceberam que os alemães recuavam, e os sargentos começaram a berrar aos homens ordens de cessar fogo e poupar munição. Os infantes começaram a se aproximar dos vagões, ordenando que os alemães sobreviventes se rendessem, e fizeram mais de trinta prisioneiros, levados para a área da estação.

TRAVALINI AVANÇA

O major Norman Moore, oficial comandante da Companhia L, não achou que os ale-

Para enfrentar franco-atiradores inimigos, dois soldados assumiram posição no alto de uma pequena edificação. Eles carregam, seus fuzis M1 Garand; provavelmente não há nenhum atirador alemão por perto nesse momento, já que ambos estão sentados de modo a se transformar num alvo ideal.

O STURMGESCHÜTZ

Ao repassar as lições aprendidas na Primeira Guerra Mundial, o exército alemão chegou à conclusão de que precisava de um canhão móvel capaz de seguir os ataques de infantaria e oferecer fogo de apoio. O desenvolvimento começou pouco depois de Hitler assumir o poder e dar início ao processo de rearmamento da Alemanha, e um canhão móvel com base no chassi e no elemento rodante do Panzer Mark III foi desenvolvido sob o nome de Gepanzerte Selbstfahrlafette für Sturmgeschütz 7,5-cm Kanone SdKfz 142 — sempre abreviado para Sturmgeschütz III (canhão de assalto modelo III) e, com frequência, para apenas StuG III. A intenção era empregar o StuG III em batalhões de canhões de assalto, com dezoito a vinte e quatro veículos cada, designados para apoiar divisões *Panzergrenadier*. Seu poderoso canhão fez com que também fossem muito usados na função antitanque. Já em 1941, ficou claro que a indústria alemã não seria capaz de produzir o número de tanques necessário para as divisões Panzer, e o StuG foi posto em serviço ao lado dos tanques com torreta para dar às unidades o efetivo necessário. Não era a melhor solução, já que a falta de torreta impedia que o StuG tivesse a flexibilidade de um tanque de verdade; no entanto, era bem melhor do que nada.

mães desistiriam pelo resto do dia. Ele mandou um mensageiro à vizinha Companhia K com ordens para que seu comandante, capitão Wesley Simmons, viesse em seu apoio. Moore então deu instruções ao pelotão de morteiros da Companhia M para prover fogo de apoio quando necessário. Enquanto isso, uma patrulha alemã esbarrou com a Companhia K e foi rechaçada depois de uma troca de fogo intensa, mas breve. Então a Companhia K se entrincheirou, certa de que logo veria mais ação. Às 10h50, movimentos foram percebidos diante da Companhia K, e em instantes uma patrulha alemã foi vista e alvejada. O fogo americano era esporádico, e a patrulha recuou rapidamente depois de cumprir a tarefa de localizar as posições da Companhia K. Dez minutos depois, os alemães atacaram outra vez, começando com uma barragem de morteiros contra a estação de Buchholz. Duas companhias alemãs avançaram contra a Companhia K, e houve outra feroz troca de fogo, sem que nenhum dos lados desistisse.

Quando os alemães avançaram rumo a uma pequena rotunda numa fazenda próxima, o novo ataque deixou sob fogo os homens do pelotão antitanque. O sargento Savino Travalini, comandante do pelotão antitanque, estava do outro lado da rotunda e pôde observar os alemães montarem uma posição de metralhadora junto à edificação. A metralhadora MG42 ganhou vida com o som típico de seus disparos, que lembrava um tecido sendo rasgado, e Travalini logo avaliou que os artilheiros estavam em condições de influenciar a batalha: se conseguissem segurar os homens do 3º Pelotão (com o qual estava o pelotão antitanque), poderiam pressionar o flanco da Companhia K, com a possibilidade de cercar todo o batalhão. Travalini pegou as granadas de um de seus homens e as enfiou na gandola. Avançou rastejando, parando de vez em quando para dar alguns tiros com sua M1 Carbine na direção dos alemães. Quando avaliou que estava ao alcance, Travalini pulou de pé e lançou as granadas nos inimigos. Enquanto elas cortavam o ar, ele mergulhou para se proteger. As granadas explodiram, matando a guarnição da metralhadora, e Travalini correu de volta para sua posição.

Embora a MG42 tivesse sido destruída, os alemães na rotunda ainda despejavam fogo considerável. Travalini fez um gesto a um de seus homens para pedir uma bazuca, que lhe foi empurrada com um pouco de munição. Ele carregou a bazuca e mirou na rotunda; então, atirou. O foguete atingiu o centro da construção, e linhas de fumaça saíram da entrada. Dois alemães estonteados saíram cambaleando; Travalini matou os dois. Nesse momento, os alemães pareceram perder o ânimo, e o ataque se extinguiu.

No calor da batalha, o capitão Simmonds não conseguiu ver quantos homens seus tinham sido atingidos. Depois que os alemães recuaram e os disparos acabaram, ele ficou espantado e aliviado ao descobrir que só um homem morrera e dois outros se feriram. Dada a intensidade do combate, ele temia que suas baixas fossem muito mais altas.

LANZERATH

Embora os ataques ao flanco direito do 394º Regimento tivessem sido rechaçados, era assustadoramente óbvio que a 99ª Divisão perdera o contato com o 14º Grupo de Cavalaria e que seu flanco sul estava exposto. Às 11h40, chegou ao posto de comando da 99ª Divisão a notícia de que a cavalaria se retirava de Lanzerath. Isso deixava uma pequena unidade, o 394º Pelotão de Informações e Reconhecimento (I&R), comandado pelo

> Sinto dizer que me pareceu que dificilmente seria possível descrever partes dessa ofensiva como bem planejadas e bem organizadas. Até 16 de dezembro, o conceito que nos passaram da ofensiva planejada era demasiado otimista e, assim que a ofensiva começou, houve muitos problemas e desapontamentos.
>
> *Capitão Scherf, oficial comandante, Kampfgrupe Y (II./150)*

tenente Lyle J. Bouck Jr., entrincheirado num morro logo a noroeste de Lanzerath.

Embora tivesse apenas 20 anos e fosse o segundo homem mais novo do pelotão, Lyle Bouck já tinha considerável experiência militar. Em 1938, o pai, que fora sargento da Guarda Nacional, convenceu-o a ir para o acampamento de verão da Guarda Nacional em Saint Louis. O pai também usara seus contatos para convencer a unidade da Guarda a ser flexível nas regras sobre idade de engajamento, e Bouck se alistou pouco antes de seu décimo quinto aniversário. Ele

Soldados americanos "em algum ponto da Bélgica". Os homens fizeram montes de terra para ter alguma proteção contra o fogo inimigo e o mau tempo. A importância da construção de boas posições defensivas foi comprovada em incontáveis ocasiões durante a campanha nas Ardenas.

A guarnição de um morteiro alemão se prepara para engajar o inimigo. A fotografia demonstra que as forças alemãs da ofensiva vinham de outras áreas. Este filme foi capturado na Bélgica, mas mostra os homens enfrentando posições russas.

gostou do acampamento de verão e de ganhar algum dinheiro com o esforço. Como integrante mais jovem da formação, foi designado para serviços no almoxarifado como parte do 138º Regimento de Infantaria, 35ª Divisão de Infantaria. Pouco antes do Natal de 1940, o regimento foi ativado e mandado para Little Rock, no Arkansas. Bouck foi junto, embora só tivesse 17 anos. Mostrou competência no trabalho no almoxarifado e foi promovido a sargento. A ativação do regimento deveria durar apenas um ano, mas no fim desse prazo os japoneses atacaram Pearl Harbor. Com o décimo oitavo aniversário se aproximando, em 17 de dezembro de 1941, Bouck foi estimulado a se candidatar à Escola de Candidatos a Oficiais; aceito, formou-se segundo-tenente em agosto de 1942. Ele era visivelmente bem considerado e se manteve na equipe da escola, trabalhando dois anos como instrutor. Foi então mandado para o curso avançado de oficiais, onde era muito mais novo que os outros alunos. Depois de terminado o curso, Bouck foi para Fort Hood, no Texas, como comandante de companhia num centro de instrução. O oficial comandante não era de seu agrado, e Bouck procurou um jeito de sair de lá. Candidatou-se a uma vaga na 99ª Divisão e foi designado para o 394º Regimento como comandante do pelotão de armamento, depois como oficial executivo da Companhia C. Não ficaria lá muito tempo. Durante exercícios de instrução da divisão, o pelotão de I&R do 394º teve desempenho tão ruim que o comandante da divisão destituiu os comandantes do pelotão e do regimento. Então o novo comandante do regimento destituiu o oficial de informações e o substituiu pelo major Robert L. Kriz. Este recebeu ordens de dispensar o pelotão de I&R e recomeçar. Kriz examinou o material de que já dispunha, decidiu que não gostara do que viu e transferiu todos os homens, menos quatro. Enquanto procurava um comandante para o pelotão de I&R, Kriz observou Bouck dando orientação no campo de instrução de metralhadoras e ficou impressionado a ponto de lhe pedir que assumisse o comando. Juntos, Kriz e Bouck selecionaram 32 homens e refizeram o pelotão, que se tornou uma unidade eficiente. No entanto, em 16 de dezembro o pelotão de I&R estava reduzido a 24 homens. Deles, seis cumpriam tarefas longe da unidade. Bouck tinha dezoito homens para defender sua posição contra o ímpeto principal do ataque alemão.

ALGO MUITÍSSIMO ERRADO

É claro que Bouck não sabia que o ataque estava planejado. Às 5h30 de 16 de dezembro, ele ouviu o começo do bombardeio alemão e mandou os homens para as trincheiras. As granadas caíam bem a oeste e não representavam perigo imediato para o pelotão, mas foi uma precaução sensata. Bouck e seus homens observaram o bombardeio iluminar o céu da madrugada durante mais de noventa minutos, antes que o som inconfundível da aproximação de granadas foi ouvido. Os homens do pelotão buscaram cobertura, e o chão tremeu quando as primeiras granadas caíram. Bouck entrou em contato com o regimento pelo rádio e soube que a divisão inteira estava sendo bombardeada. Alguns minutos depois, quando o bombardeio cessou, Bouck e seus homens saíram das trincheiras para avaliar os danos. Com alívio, ele verificou que nenhum de seus homens se ferira. Ele ergueu os binóculos e começou a examinar o terreno ao sul, supondo corretamente que os alemães não usariam tanta artilharia se não fosse para atacar. Às 8h30, o som de armas pequenas e explosões se fez ouvir vindo de Losheimergraben, e Bouck virou-se para o norte para ver se conseguia descobrir algu-

ma coisa. Quatro meias-lagartas, rebocando canhões antitanque, saíam da cidade. Eram os canhões da Companhia A do 820º Batalhão de Caça-tanques. Bouck se surpreendeu. Embora o pelotão de I&R e a unidade de caça-tanques não fossem da mesma formação (o pelotão de I&R operava um pouco além da fronteira do V Corpo), ele estabelecera comunicação com os artilheiros antitanque, e parecia meio estranho que partissem com tanta pressa sem enviar indicações do porquê.

Bill Slape, sargento do pelotão de Bouck, sugeriu que a única conclusão seria que havia algo muitíssimo errado. Bouck voltou à trincheira e tirou do operador soldado William James Tsakanikas o monofone do rádio. Bouck chamou o quartel-general do regimento e conseguiu falar com o major Kriz. Explicou que a unidade de caça-tanques partira e pediu instruções. Mandaram-no criar um posto de observação (PO) na cidade e retornar o contato. Bouck decidiu que um PO com dois homens resolveria, embora fossem necessários quatro para estabelecê-lo. Também decidiu que comandaria a patrulha até a cidade, levando Slape, Tsakanikas e o soldado John Cregar. Enquanto a patrulha seguia para a cidade, um PO com quatro homens do 371º Batalhão de Artilharia de Campanha observava de sua posição numa casa e tentava discernir alguma coisa na neblina do início da manhã. O tenente Warren Springer, comandante do PO, estava de vigia, olhando atentamente pelo binóculo. O sargento Peter Gachi, segundo no comando, perguntou-lhe se conseguia ver alguma coisa, mas não recebeu resposta imediata: Springer continuou olhando pela janela. Um instante depois, ele respondeu. Em meio à neblina, conseguia ver um grande número de alemães se aproximando da cidade. Na mesma hora, pediu

TANQUE PESADO PANZERKAMPFWAGEN V PANTHER

O Panther surgiu como resposta ao temível T34 soviético, que foi um rude choque para os blindados alemães que o enfrentaram pela primeira vez no final de 1941. A reação alemã foi encomendar um tanque armado com canhão de 75 milímetros de cano longo e blindagem inclinada para melhorar o nível de proteção oferecido ao veículo e à guarnição. Os primeiros modelos do Panther surgiram em setembro de 1942 e foram postos em serviço às pressas, sem os devidos testes de campo. Isso fez com que muitos desses primeiros Panther enguiçassem com demasiada facilidade, e mais deles se perderam por falha mecânica do que por ação do inimigo. Depois de superados esses problemas, a confiança no tanque aumentou, e a intenção era substituir totalmente os Mark IV por tanques Panther. As fábricas não conseguiram atender à demanda, e nunca se atingiu a produção máxima prevista de 600 Panther por mês; o máximo que se conseguiu neste período foram 330. Provavelmente, o Panther foi o melhor tanque alemão em toda a guerra, e alguns chegaram a ser utilizados pelo exército francês após a guerra enquanto novos equipamentos não chegavam.

---

fogo de artilharia, mas foi informado de que as baterias estavam sob fogo de armas pequenas e que os canhões não poderiam responder. Na verdade, é improvável que as posições de artilharia estivessem sob fogo de armas pequenas da infantaria atacante, mas diante da confusão que cercou a abertura da ofensiva, esses erros são compreensíveis. É claro que isso não ajudava Springer, que decidiu que a única ação possível seria recuar até um morro próximo, de onde poderia manter a observação e pedir fogo quando necessário.

FORÇADOS A RECUAR

Assim que a equipe de Springer saiu de Lanzerath em seu jipe, a pequena patrulha de Bouck chegou. Eles tinham avançado por uma ravina para se proteger e saíram perto de uma casa que Bouck achou que seria o local ideal para o PO. Entraram na edificação, e Tsakanikas foi verificar o andar de cima, seguido por Bouck. No primeiro cômodo, encontraram um velho que conversava ao telefone. Isso pareceu muito suspeito, até porque o homem falava alemão. Tsakanikas tirou o fone das mãos do homem e lhe apontou o fuzil, convencido de que era um espião. Bouck concordou com a avaliação, mas ressaltou a Tsakanikas, que talvez tivesse vontade de matar o velho mas não o fez, que não podiam fazer prisioneiros. O velho fugiu da casa, passando na saída pelo surpreso sargento Slape.

Bouck disse a Slape que instalasse o PO no andar de cima. Ele e Tsakanikas voltariam para levar o cabo de comunicação necessário para ligar o PO ao pelotão. Enquanto dava essas instruções, Tsakanikas declarou ter ouvido um jipe e foi olhar, seguido por Bouck: colunas de soldados que se aproximavam da cidade. Bouck os estudou com atenção e percebeu, pelo formato de alguns capacetes, que eram paraquedistas alemães e seguiam diretamente para a casa. Slape insistiu que Bouck partisse imediatamente, e o tenente saiu correndo com Tsakanikas de volta à posição do pelotão, pelo caminho por onde tinham vindo. Slape e Cregar receberam instruções de enviar relatórios enquanto pudessem, mas assim que os alemães se aproximassem deveriam sair e retornar ao pelotão.

DESCRENÇA

Os alemães avançavam com cautela, e isso deu a Bouck e Tsakanikas tempo para escapar: era provável que o ritmo lento do avan-

Praças alemães erguem os olhos do trabalho de localizar no mapa suas posições. A legenda original do exército americano para essa fotografia diz que os homens estão se abrigando do fogo de artilharia, embora sua postura tranquila indique que não estão diretamente ameaçados pela queda de granadas.

ço desse oportunidade semelhante a Slape e Cregar. A falta de dinamismo vinha da inexperiência da imensa maioria dos paraquedistas. Embora houvesse um ou outro veterano, a maioria dos homens viera de outras unidades da Luftwaffe. Isso se aplicava até ao comandante da unidade, coronel Helmut von Hofmann, que fazia serviço burocrático em Berlim até algumas semanas antes. Ele não queria erros nem surpresas desagradáveis, e decidiu que um modo de reduzir o risco seria avançar devagar e com cuidado. Assim, os alemães não estavam em condições de ver os dois soldados americanos saírem da casa e correr para a ravina. Minutos depois de sair da casa, Bouck e Tsakanikas chegaram ao pelotão e conectaram o cabo de comunicação para falar com o PO exposto. Bouck ordenou que seus homens se preparassem para engajar os alemães, embora a probabilidade contra eles parecesse inelutável. Ele aproveitou a oportunidade para chamar o quartel-general do regimento e foi atendido por um oficial que não conhecia. Bouck relatou

> O municiador era um "falador" [...] Seu serviço incluía operar um rádio de ondas médias com uma antena parabólica na torreta. O uso de "faladores" nas guarnições de Panzers era controvertida, pois eles não recebiam nenhuma instrução especializada na operação de tanques. Temíamos que enfraquecessem nossa capacidade de combate com erros operacionais. Além disso, nosso "falador" não sabia absolutamente nada sobre a divisão das tarefas entre os integrantes da guarnição do Panzer. O tenente Gertesnschläger estava ansioso para se livrar dele na primeira oportunidade.
>
> *Cabo Gries, operador de rádio, Kampfgruppe Z (III.150)*

que pelo menos um batalhão alemão entrara em Lanzerath, e que precisava de fogo de artilharia. O oficial não acreditou e disse que Bouck estava imaginando coisas. Não fez referência a apoio de artilharia e deu a ordem bastante malcriada de manter a cidade a qualquer custo. Irritado, Bouck largou o monofone do rádio e voltou a observar o avanço alemão.

Bouck se distraiu com a chegada de quatro homens num jipe, que percorrera uma das trilhas que levavam à posição do pelotão de I&R. Um dos homens foi de trincheira em trincheira, perguntando onde estava o comandante do pelotão. Encontrou Bouck e se apresentou como Warren Springer. Bouck ficou aliviado ao saber que Springer era artilheiro e mais ainda quando ele se ofereceu para pedir fogo quando necessário. Dada a disparidade de efetivo entre os alemães e os defensores americanos, Bouck achou que precisaria desse apoio bem depressa, assim que a luta começasse. Springer começou a instalar seu rádio, e Bouck foi chamado para falar com Slape, que dava notícias da casa na cidade.

Além de alcançar a casa, os alemães tinham entrado no andar térreo. Bouck ordenou a Slape e Cregar que saíssem da casa assim que houvesse condições e disse que enviaria ajuda. Slape e Cregar esperaram até ter certeza de que os alemães tinham saído da casa, desceram correndo a escada e foram para um celeiro vizinho, onde aguardaram para ver se não havia alemães em condições de observá-los. Enquanto isso, Bouck destacou o cabo Aubrey McGehee, o soldado James Silvola e o soldado "Pop" Robinson para ajudar Slape e Cregar a sair da cidade. Eles partiram naquela direção, torcendo para encontrar logo os colegas.

Assim que acharam que não havia mais alemães por perto, Slape e Cregar saíram do celeiro e correram para a floresta. Enquanto atravessavam a estrada no meio da mata, sua sorte acabou. Foram avistados por dois paraquedistas, um deles armado com uma metralhadora MG42. Os alemães abriram fogo. Cregar conseguiu atravessar a estrada e entrar na mata são e salvo, mas Slape teve menos sorte. Um tiro passou diretamente pelo calcanhar da bota, des-

Um soldado alemão avança com cautela (embora, sem dúvida, consciente da presença da câmera) por um matagal recentemente abandonado por soldados americanos. É interessante que esteja portando uma M1 Carbine capturada e não uma arma alemã.

Uma patrulha alemã passa por um carro blindado M8 americano. O historiador Jean Paul Pallud conseguiu determinar que os alemães "em avanço" na verdade recuavam rumo às próprias linhas; é presumível que essa posição permitisse uma tomada melhor da câmera.

truindo-o. Isso o fez cair, e Slape despencou com força na estrada, quebrando uma costela e o esterno. Apesar disso, recompôs-se e mergulhou para se proteger, perseguido por uma fuzilaria de tiros.

Enquanto se deslocavam pelo bosque até a posição do pelotão de I&R, surpreenderam-se ao esbarrar em Bouck e no cabo Risto Milosevich: o comandante ficara impaciente e saíra para procurar seus homens pessoalmente. Na verdade, eles deixaram de encontrar McGehee, Silvola e Robinson por poucos metros; tinham se cruzado sem perceber por entre as árvores.

McGehee e os companheiros chegaram à cidade e ao celeiro no qual Slape e Cregar tinham se escondido, mas viram que estavam isolados por uma metralhadora. Para voltar à floresta, era necessário que o metralhador se deslocasse; parecia que teriam de esperar bastante.

PRIMEIRO ATAQUE

Bouck voltou à posição do pelotão bem a tempo. Alguns alemães se aproximavam, mas davam a impressão de estar meio perdidos. Parecia que o grupo diante do pelotão era formado de oficiais que discutiam a situação. O pelotão se preparou para abrir fogo mas, assim que iam começar, uma menina correu para a estrada. Os americanos suspenderam o fogo, e os alemães mergulharam para se proteger quando a menina fez um gesto na direção da posição de Bouck por razões não muito claras. Outros elementos da força alemã abriram fogo sobre o pelotão de I&R, mas atiraram para cima, sem mira. Bouck berrou para Springer pedir apoio de artilharia e se uniu a seus homens para responder ao fogo. Os alemães que ainda estavam em campo aberto foram derrubados. Para espanto de Bouck, os alemães restantes atacaram diretamente morro acima, sem nenhuma tentativa de flanquear o pelotão. Como tinham pouquíssima cobertura, os americanos conseguiram infligir muitas baixas. Depois de várias tentativas, Springer conseguiu obter algum apoio de artilharia e algumas granadas caíram entre os alemães, provocando mais baixas ainda. O fogo de artilharia parou quase na mesma hora, deixando Springer irritadíssimo. Ele foi informado de que a demanda de apoio de artilharia era tão intensa que os canhões só podiam atirar algumas granadas antes de mudar de alvo. Hoje, com a vantagem de sabermos o que acontecia, isso parece a tentativa muito sensata da artilharia de apoiar o máximo possível de unidades; mas é fácil compreender o incômodo de Springer com a aparente incompreensão da situação desesperadora em que se encontrava o pelotão de I&R. Os alemães continuaram a atacar e, antes de recuar, chegaram a 150 metros da posição do pelotão.

LUTA PARA SE AGUENTAR

Enquanto a batalha se desenrolava, McGehee e seus dois companheiros perceberam que a metralhadora que bloqueava a linha de retirada fora embora. Eles saíram com a intenção de chegar à linha ferroviária que levava à estação de Buchholz na esperança de acom-

Prisioneiros de guerra americanos passam em fila por um tanque alemão. Os alemães gostavam de fotografar as filas de prisioneiros para manter o moral da população em casa, mas é difícil avaliar a eficácia dessa estratégia nesse estágio da guerra.

Um mensageiro recebe um cigarro dos homens na traseira de um tanque Tiger II. Os homens no tanque levam uma interessante variedade de armas, principalmente o que está em pé mais perto da câmera, com uma Sten Gun britânica capturada.

panhá-la e se unir à companhia ali localizada (eles avaliaram corretamente que agora seria impossível retornar ao local do pelotão de I&R). Enquanto avançavam pelo bosque, foram avistados por alemães do 27º Regimento de Fuzileiros. Os três americanos sabiam que não tinham opção além de abrir fogo, embora estivessem em desvantagem numérica desesperadora. Vários alemães sucumbiram ao fogo, mas seus camaradas reagiram. Saviola foi atingido no ombro, Robinson ferido na perna. Por muita sorte McGehee não foi atingido, mas ficou sem munição. Como não fazia sentido resistir, ergueu as mãos com relutância. Os alemães aprisionaram os três americanos e levaram McGehee, enquanto paramédicos tratavam de Saviola e Robinson juntamente com suas baixas.

Depois da retirada dos alemães, Bouck fez uma avaliação rápida da posição e ordenou a redistribuição de munição entre os integrantes do pelotão, prevendo outro ataque. Em seguida, enviou um relatório da situação ao quartel-general. Havia pouco que o quartel-general pudesse dizer além de acusar o recebimento do relatório e estimulá-lo a se aguentar. Isso convenceu Bouck de que o quartel-general do regimento ainda não entendera a escala do ataque em Lanzerath. Não havia mais nada a fazer além de encorajar os homens e aguardar o ataque seguinte, que certamente aconteceria.

Às 11h, os alemães reapareceram e fizeram um segundo ataque. Bouck ficou perplexo com a tática, uma réplica exata daquela usada no primeiro ataque. Os alemães avançaram morro acima e foram varridos por uma onda de fogo do pelotão de I&R. Mais uma vez, houve muitas baixas, e, quando os alemães recuaram outra vez, o terreno diante da posição americana estava coberto de mortos e feridos. Por volta das 11h45, os alemães pediram permissão a Bouck para que seus paramédicos removessem os feridos do campo de batalha. Bouck concordou, e durante a hora seguinte os americanos observaram os enfermeiros fazerem uma série de viagens de ida e volta para prestar os primeiros socorros aos feridos antes de levá-los embora. Bouck não ficou ocioso durante esse período, já que tentava obter do quartel-general reforços e apoio de artilharia; não conseguiu, assim como Springer, que tinha dificuldade de convencer a artilharia de que enfrentava

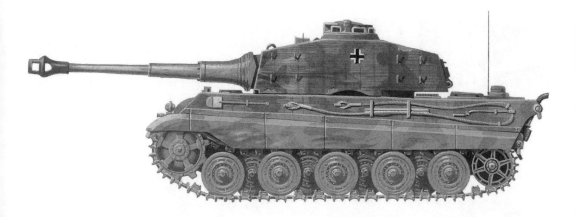

O Tiger II era uma evolução do Tiger I. A intenção era produzir um tanque ainda mais poderoso, capaz de enfrentar qualquer tanque soviético pesado futuro. Era difícil de manobrar no campo de batalha, o que limitava a eficácia do projeto.

um ataque de forças muito substanciais. Terminadas as tentativas, tudo o que os americanos podiam fazer era esperar.

TERCEIRA ONDA

Às 14h, os paraquedistas alemães começaram o terceiro assalto. A essa altura, Bouck começava a alimentar sérias dúvidas sobre os comandantes alemães, já que foi mais um ataque frontal. Novamente, o pelotão de I&R, com imensa desvantagem numérica, provocou muitas baixas, mas o peso dos ataques alemães começava a se fazer sentir. Agora os homens de I&R também sofriam baixas, e o monofone do rádio de Bouck foi atingido por uma bala; ele não podia mais se comunicar com ninguém fora de Lanzerath. Dois integrantes do pelotão foram instruídos a tentar alcançar o 3º Batalhão

---

TANQUES PESADOS PANZERKAMPFWAGEN VI TIGER E TIGER II

Como o Panther, o Tiger teve origem no reconhecimento, antes mesmo da guerra, de que o Mark IV precisaria ser substituído na produção (e é claro que nunca foi). As primeiras encomendas foram feitas em 1941, e o tanque entrou em serviço em setembro de 1942. Era um tanque excelente para a época e provocou grande alarme entre as guarnições de blindados aliados desde sua primeira ação em serviço, na campanha tunisiana, até o fim da guerra. A blindagem frontal era praticamente invulnerável aos canhões dos tanques aliados, e o canhão principal de 88 milímetros podia derrotar qualquer blindado inimigo. Embora o Tiger fosse uma arma temível, mesmo quando começou a ser produzido já havia planos de substituição, e o resultado foi o Tiger II ou Königstiger (Rei Tigre). O Rei Tigre tinha como desvantagem a baixa razão entre potência e peso, que o tornava ainda menos manobrável do que seria desejável. Também era pouco confiável e de mobilidade difícil no campo de batalha, desvantagens que se tornaram óbvias na Batalha do Bulge. Como nos primeiros Tigers, a blindagem do Rei Tigre lhe dava proteção quase total contra os canhões dos tanques aliados, enquanto seu armamento principal de 88 milímetros podia destruir todos os tanques britânicos e americanos a uma distância considerável. O peso e a pouca quantidade, somados à escassez incapacitante de combustível nos últimos estágios da guerra, fizeram do Rei Tigre uma arma muito menos temível do que poderia ter sido.

Prisioneiros americanos capturados em consequência do avanço alemão. A variedade de uniformes indica que eram de unidades diferentes. Os prisioneiros de guerra enfrentavam uma difícil viagem até os campos, vulneráveis a ataques aéreos e com pouca comida. Alguns aproveitaram a oportunidade para tentar fugir, mas poucos conseguiram.

ou o quartel-general do 394º Regimento. Eles partiram, mas não conseguiram romper; depois de passar três dias escondidos num celeiro, foram encontrados pelos alemães e aprisionados.

ORDEM DE PARTIR

Depois do fim do terceiro assalto, Bouck avaliou a posição mais uma vez. O pelotão de I&R estava agora em situação desesperadora: havia apenas doze homens contando Bouck, e as duas metralhadoras estavam fora de ação. A de calibre .30 parou de atirar quando o cano superaqueceu e ficou visivelmente torto. A metralhadora de .5 polegada, montada num dos jipes do pelotão, recebera tiros de fuzil e também estava avariada. Além disso, restava pouquíssima munição. Bouck decidiu que não havia opção além de recuar. Ordenou que seus homens se preparassem para o sinal (três toques de apito). Enquanto os homens tomavam providências para a partida, Bouck resolveu ficar e defender a

Um meia-lagarta alemão abre caminho em terreno acidentado e passa por um caça-tanques M10 destruído. Embora os alemães fizessem uso intenso de meias-lagartas, até o fim da guerra grandes setores do exército continuaram a depender de tração animal.

posição; afinal de contas, essa era a sua tarefa. Felizmente, Tsakanikas passou por Bouck depois de incapacitar os jipes. Ao perceber que havia algo errado, perguntou o que era ao oficial; Bouck lhe disse que ficaria. A veemente reação de Tsakanikas foi dizer a Bouck, em termos claríssimos, que, se ele ficasse, o resto do pelotão ficaria também. Bouck cedeu e concordou em partir com os homens, mas, na hora em que se preparava para dar o sinal, um dos homens gritou: os alemães atacavam o flanco esquerdo. Em seguida, outro grito: soldados alemães se aproximavam pela direita também.

Essa mudança de tática ocorreu devido a um processo de planejamento bastante incomum. Enquanto debatiam o passo seguinte, os oficiais paraquedistas foram abordados por um dos praças. O *Feldwebel* Vincent Kuhlbach era um dos poucos homens experientes em todo o regimento de paraquedistas, e ficara cada vez mais exasperado com o modo como os oficiais organizaram os ataques. Sem rodeios, ele informou aos oficiais que sua abordagem fora francamente ridícula e explicou que os americanos poderiam ser desalojados se os ataques frontais quase suicidas fossem abandonados a favor de um ataque pelos flancos. Os oficiais pareceram contentes ao receber a nova sugestão; antes que dissessem alguma coisa, Kuhlbach saiu e informou aos homens a tática do novo ataque.

Dessa vez, deu certo. O pelotão de I&R ficou em situação desesperadora, e os alemães logo estavam em cima deles. Bouck atirou em dois alemães, mas em poucos minutos mais dois soldados arrancaram a cobertura da trincheira na qual Bouck e Tsakanikas se abrigavam. Instintivamente, Tsakanikas apontou seu Garand para os soldados, mas um dos alemães deu uma rajada da submetralhadora MP40 quase à queima-roupa. Os tiros atingiram Bouck nas pernas e provocaram ferimentos gravíssimos em Tsakanikas: quando os alemães o tiraram da trincheira, um deles virou o rosto, horrorizado com o que via. O lado direito do rosto de Tsakanikas estava destruído; o globo ocular pendia da órbita. Incrivelmente, os ferimentos não mataram Tsakanikas, e enfermeiros alemães logo tentavam salvá-lo. Bouck foi abordado por um praça alemão, que reconheceu suas insígnias de oficial. Ele não precisou se render, já que sua posição caíra. Os alemães prenderam os membros do pelotão de I&R e deram voltas tentando encontrar seus camaradas. Bouck e Tsakanikas foram levados para o café local, onde o coronel von Hofmann instalara seu quartel-general. Era o fim da batalha épica do pelotão de I&R para defender Lanzerath.

O 394º REGIMENTO

Enquanto o pelotão de Bouck fazia sua última defesa, o resto do 394º Regimento ainda se aguentava. O major Moore não sofreu outros ataques na estação de Buchholz e aproveitou o tempo para avaliar a posição que seus homens enfrentavam. Às 14h30, ele conversou com seu oficial executivo e seu oficial de operações; juntos, eles concluíram que o local era indefensável. Portanto, Moore decidiu recuar para um lugar mais seguro. Iriam para o norte e se posicionariam do outro lado da estrada que ligava Losheimergraben a Büllingen (6 quilômetros a noroeste). A Companhia L iria primeiro, deixando a Companhia K para defender a posição em Buchholz. O capitão Simmons decidiu que seria útil mandar uma patrulha ao anoitecer para obter uma avaliação da situação que a companhia enfrentava. A patrulha nada viu, mas ouviu muita movimentação de tanques e veículos na estrada Losheimergraben-Lanzerath antes de voltar às linhas às 18 horas. Simmons passou a Moore as informações sobre movimentos na estrada, que as repassou ao quartel-general. Antes que Moore pudesse dar ordens para a Companhia K recuar para a nova posição, o coronel Don Riley, oficial comandante do 394º Regimento de Infantaria, lhe mandou novas ordens para a Companhia K deixar dois pelotões na estação de Buchholz como força de segurança. Moore não gostou dessa ordem e tentou convencer Riley a mudar de ideia, sem sucesso. Portanto, ele passou a nova instrução a Simmons, encarregado da tarefa nada invejável de cumpri-la. Depois de designar o tenente Joseph P. Rose para comandar os dois pelotões que ficariam para trás, ele partiu com o resto da companhia. Tudo estava em silêncio, já que os alemães não tinham continuado a atacar. A calma não duraria muito tempo.

CAPÍTULO 5

O SEXTO EXÉRCITO PANZER SE ATRASA

A resistência feroz enfrentada pelo Sexto Exército Panzer atrasou cada vez mais o avanço alemão. Enquanto blindados e infantaria lutavam pelo rompimento, uma combinação de azar, excesso de otimismo e atrasos provocados pelos americanos assegurou que os dois elementos mais audaciosos do plano de Hitler chegassem à beira do fracasso quase antes de acontecer.

LYLE BOUCK SENTOU-SE NO CAFÉ de Lanzerath, olhando em volta com certo espanto. O lugar estava cheio de alemães que descansavam depois dos combates encarniçados da tarde, e ele não entendeu por que os alemães tinham parado na cidade quando podiam facilmente ter continuado. Seus pensamentos foram perturbados por movimentos fora do café. A porta se escancarou e um homem todo vestido de preto entrou, exigindo saber quem estava no comando. O coronel von Hofmann se levantou e confirmou que era ele o comandante do sortimento de tropas que estavam na cidade e descansavam no café.

O recém-chegado estava claramente agitado, e com razão. Ele era um dos soldados mais incansáveis, dinâmicos e implacáveis produzidos pelo Terceiro Reich; para ele, a situação em Lanzerath

Nesta fotografia famosa, o homem no banco do passageiro, na frente do Scwhimwagen, costuma ser erradamente identificado como Joachim Peiper. Mas se sabe que ele nunca passou por este ponto. Na verdade, o fuzil pendurado na placa foi colocado ali pelo fotógrafo para manter a placa em posição.

120 A BATALHA DO BULGE

não era a que deveria ser. Ele foi diretamente até o coronel von Hofmann, parou a centímetros dele e se anunciou como tenente-coronel da SS Joachim Peiper. Não tivera um bom dia, e seu humor não melhorou com a discussão com Von Hofmann. Embora estivesse um posto abaixo de Von Hofmann, ficou bem óbvio que, para Peiper, isso não tinha importância: ele assumiria o comando.

Peiper exigiu saber por que Von Hofmann parara de avançar. Cansado, Von Hofmann explicou que a resistência americana fora grande. Ele achava que havia pelo menos um batalhão americano à frente, e temia que a estrada tivesse sido minada. Mostrou um mapa para explicar seu ponto de vista a Peiper. Este não se impressionou. Não conseguia ver o mapa direito na luz fraca, e fez o gesto dramático de pendurá-lo na parede do café com um punhal. Perguntou se Von Hofmann mandara patrulhas sondarem as posições americanas, e Von Hofmann admitiu que não, porque achou que estava escuro demais. Enquanto examinava o mapa, a irritação de Peiper aumentou. Von Hofmann tentou ajudar, mas Peiper voltou-se para ele e berrou que não havia nenhum americano diante dos paraquedistas e que Von Hofmann sequer se dera ao trabalho de mandar alguém verificar. Exigiu que Von Hofmann lhe passasse o comando dos batalhões de paraquedistas e acrescentou que começaria a tomar providências para um ataque às 4 horas da manhã seguinte. Com isso, deu meia-volta e saiu pisando forte.

Lyle Bouck assistiu a essa cena esquisita, mas não pensou mais no caso. Foi distraído pelo som do relógio, que dava meia-noite. Era 17 de dezembro de 1944, e Lyle Bouck tinha agora 21 anos. Ele não esperara passar as primeiras horas de seu aniversário num pequeno café como prisioneiro do exército alemão. Mas seu último dia com 20 anos fora significativo, e não só para ele. Embora ainda não soubessem, o pelotão de I&R, juntamente com seus companheiros do 394º Regimento de Infantaria, tivera papel importante na desorganização de toda a ofensiva alemã. Daí a irritação de Peiper com Von Hofmann, já que seus soldados deveriam ter um papel especial no avanço, formando parte da lança que se enfiaria rumo ao Mosa, trabalhando ao lado de alguns soldados de uma unidade especialmente criada chamada Panzerbrigade 150. A ação de retardamento

---

JOACHIM PEIPER

Joachim Peiper se tornou oficial da SS em 1936. Ele começou a guerra como oficial de estado-maior, mas depois foi transferido para o regimento Leibstandarte Adolf Hitler. Foi condecorado por bravura nas campanhas da França e da Iugoslávia e recebeu a Cruz de Cavaleiro pelas ações na Rússia. Na época da ofensiva das Ardenas, fora promovido a coronel. Os massacres realizados pelo Kampfgruppe Peiper em seu avanço levaram ao julgamento de Peiper por crimes de guerra. Condenado à morte, sua pena foi comutada para prisão perpétua em 1951; ele foi libertado em janeiro de 1957. Refugiou-se na França, mas a revelação de seu endereço num jornal local provocou ameaças de morte. Ele mandou a família voltar para a Alemanha, mas, antes de se unir a ela, a casa foi alvo de bombas incendiárias no Dia da Bastilha de 1976. O corpo de Peiper foi encontrado nas ruínas, com um fuzil e uma pistola ao lado: ficou claro que morreu lutando.

O tenente-coronel da SS Joachim Peiper, comandante do 1º Regimento Panzer SS Leibstandarte Adolf Hitler nas Ardenas. Aqui, Peiper usa sua Cruz de Cavaleiro com Folhas de Carvalho, conferida por ações na frente russa.

do 394º Regimento prejudicara muitíssimo o avanço de Peiper e destruíra os planos já frágeis da Panzerbrigade 150 antes mesmo que fossem postos em prática.

KAMPFGRUPPE PEIPER

Quando o plano da *Wacht am Rhein* foi apresentado ao Sexto Exército Panzer, em 6 de dezembro de 1944, discutiu-se o papel do exército. Como já observado, as divisões Panzer não seriam usadas no assalto inicial, a ser realizado pela infantaria. No entanto, era muito claro que algum tipo de assalto blindado seria necessário para assegurar o avanço rápido até as pontes do Mosa. Isso levou à decisão de empregar grupos de combate especiais do I SS-Panzerkorps para atingir esse objetivo. O estado-maior do Sexto Exército Panzer não estava satisfeito com o setor a ele designado para o ataque, já que o terreno era muito desfavorável para os tanques: coberto de florestas e com estradas ruins. O pedido de deslocar o ataque mais para o sul, onde se encontrariam estradas melhores, foi negado, e isso levou à decisão de empregar os grupos especiais de combate blindado. Um deles ficou sob o comando do *SS-Sturmbannführer* Herbert Kuhlman, enquanto o outro foi entregue a Joachim Peiper.

Peiper era de uma destacada família militar e, aos 29 anos, chegara na SS ao posto equivalente ao de tenente-coronel. Sua escolha para comandar um grupo de combate era quase inevitável. Dietrich o conhecia bem e, enquanto comandava a Divisão Panzer SS Leibstandarte na frente

Tanques Panther avançam por uma estrada coberta de neve no começo da ofensiva. Embora geralmente fossem superiores aos aliados, os tanques alemães não eram suficientes, e o que fez diferença no final foi a quantidade disponível, não a qualidade.

JAGDPANZER IV

O primeiro Jagdpanzer IV entrou em serviço em 1943 e logo ficou extremamente popular entre as guarnições. Armado com um poderoso canhão de 75 milímetros e com boa blindagem, a maioria deles foi empregada na frente oriental, mas os usados na Europa Ocidental se mostraram adversários temíveis.

oriental, ficara muito impressionado com o desempenho de Peiper. Em certo momento de acirrado combate, tinham pedido a Dietrich que auxiliasse a 302ª Divisão de Infantaria, que tentava recuar em meio a um ataque soviético. Dietrich escolheu um batalhão de Panzergrenadier comandado por Peiper e o mandou para ajudar a infantaria. Contra feroz resistência, Peiper atravessou o Rio Donets e rechaçou uma série de contra-ataques enquanto avançava rumo à 302ª Divisão. Ele se juntou à unidade de infantaria que estava sendo muito pressionada, e eles recuaram até o Donets. A divisão conseguiu atravessar o rio congelado, mas Peiper enfrentou problemas: o gelo era fino demais para o peso de seus veículos. Peiper não entrou em pânico; fez sua unidade dar meia-volta e abriu caminho pelas unidades do Exército Vermelho à frente e cortou-as até os Panzergrenadiers encon-

> Soldados da frente ocidental!
> Sua hora chegou! Hoje, poderosos exércitos de assalto foram combater os anglo-americanos.
> Não preciso lhes dizer mais nada. Todos vocês podem sentir. Agora, é tudo ou nada.
> Levem consigo o dever sagrado de dar tudo e serem super-homens pela pátria e pelo Führer!
>
> *Marechal de campo Gerhard von Rundstedt, Ordem do Dia de 16.12.44, Oberbefehlshaber West*

trarem uma ponte. Eles a atravessaram e voltaram para sua unidade. Peiper recebeu a mais elevada medalha de bravura da Alemanha, a Cruz de Cavaleiro. Sua unidade ganhou fama pelo desempenho em combate, mas também alguma notoriedade pela disposição do comandante de incendiar aldeias russas à mais leve provocação. Em 1944, a fama de Peiper aumentara seu profundo reservatório de autoconfiança, e ele não temia contradizer generais se achasse que suas ideias estavam erradas; com a proteção de Dietrich (velho amigo de Hitler, é preciso lembrar), conseguia fazer isso sem enfrentar a ameaça de ação disciplinar dos generais frustrados. É claro que isso fez com que o inexperiente Von Hofmann (apenas um posto acima do autoconfiante Peiper) sempre recebesse ordens do subordinado.

ORDENS QUESTIONADAS

Essa mistura de arrogância, competência e pura brutalidade fez com que não fosse difícil decidir que Peiper comandaria um dos mais importantes grupos táticos da ofensiva das Ardenas. Apesar de toda a consideração de que gozava, Peiper não foi imediatamente incluído no processo de planejamento do ataque, embora tenha ficado com a impressão de que algo importante se preparava quando foi abordado pelo *SS-Brigadeführer* Fritz Krämer, chefe do estado-maior do Sexto Exército Panzer. Krämer fez três perguntas curiosas. A primeira: o que Peiper pensava da ideia de um ataque na região do Eifel? A segunda: quanto tempo achava que um regimento Panzer levaria para avançar oitenta quilômetros? Finalmente: isso poderia ser feito à noite? Peiper não fazia ideia e, adivinhando que a primeira pergunta dependia da resposta às outras duas, tomou uma providência mais prática do que a consulta a um mapa: pegou

O Jagdpanzer IV era um caça-tanques construído sobre o chassi do Panzer IV, com uma nova superestrutura soldada de perfil baixo. Isso o tornava muito adequado para táticas de emboscada.

um tanque Panther e fez um trajeto noturno com a distância exigida. Ele voltou a Krämer com a informação de que era possível para um único tanque, em rota limpa, percorrer a distância exigida numa noite. Krämer ficou satisfeito e voltou para levar essa informação ao resto do estado-maior do exército Panzer. A suspeita de Peiper de que a questão era importante se confirmou quando lhe deram instruções para a ofensiva em 13 de dezembro.

Peiper não ficou muito satisfeito com as ordens. A rota que lhe designaram era uma estrada secundária, e ele reclamou que não era adequada para tanques. Foi interrompido e lhe disseram que o próprio Hitler escolhera a rota, que simplesmente não podia ser alterada, por menos transitável que os encarregados de cumprir as ordens soubessem que era. Ele também não gostou de saber que boa parte do combustível que deveria ter chegado à sua unidade ainda estava na área de reunião e que talvez fosse obrigado a recorrer a combustível capturado.

O Kampfgruppe Peiper, como a maioria das unidades blindadas alemãs, compunha-se de uma variedade de tanques e canhões antiaéreos autopropulsados Wirbelwind (com quatro canhões de 20 milímetros). Duas companhias do grupo eram equipadas com tanques Panther e outras duas com Panzer IV, mais antigos mas ainda muito eficazes. Além dessas unidades, as forças de Peiper incluíam certo número dos formidáveis e muito temidos tanques Tiger II, além de canhões de assalto (StuGs) e alguns caça-tanques Jagdpanther. Peiper pretendia empregar as duas companhias de Panzer IV na vanguarda, seguidas pelos Panther. Estes seriam acompanhados pelos meias-lagartas que transportavam os Panzergrenadiers, com unidades de engenharia e artilharia atrás. Os Tiger cobririam a retaguarda; embora fossem armas temíveis, eram pesados, com pouca mobilidade. Peiper concluiu que não eram muito adequados ao avanço rápido que deveria fazer, daí sua decisão de deixá-los na retaguarda da formação. Quando a ofensiva começou, Peiper não estava em seu posto de comando, mas no da 12ª Divisão Volksgrenadier, acompanhando o avanço da infantaria. Assim que a infantaria forçasse uma brecha nas linhas americanas, ele se uniria a seu Kampfgruppe e avançaria. Mas logo ficou claro que a infantaria enfrentava dificuldades; às 14 horas,, Peiper decidiu partir para seu posto de comando.

AVANÇO

O Kampfgruppe Peiper começara a se deslocar da área de reunião mas encontrara um imenso engarrafamento e agora estava parado. Quando chegou, Peiper ficou furioso com a falta de organização que fizera suas unidades se envolverem naquele caos, e deu instruções para que sua coluna avançasse assim mesmo. O que aparecesse pelo caminho teria de ser empurrado para fora da estrada. Quando avançaram ao longo da estrada, os soldados de Peiper viram o problema: a ponte sobre o corte da ferrovia, cerca de 2 quilômetros a leste de Losheimergraben, fora destruída durante a retirada alemã e não tinha sido reconstruída. O tráfego se acumulara à espera de que surgissem unidades de engenharia alemãs para cobrir a brecha. Peiper passou algum tempo tentando organizar os procedimentos e descobrir como fazer seus homens avançarem imediatamente. Logo ficou óbvio que parte do corte, a 50 metros da ponte explodida, era transponível com certo cuidado. Peiper ordenou que seus tanques descessem com atenção a rampa do corte, o que conseguiram fazer. Em seguida, os tanques subiram a rampa do outro lado e puseram-se a caminho outra vez. À noite, Peiper estava perto de Losheim, e às 22 horas até os Tiger, difíceis de manobrar, o tinham alcançado. A coluna se atrasou ainda mais junto a Losheim porque os americanos haviam enterrado grande número de minas, o que tornava o movimento quase impossível. Peiper esperou que a unidade de engenharia chegasse com detetores de minas, mas quando soube que ainda estavam a alguns quilômetros de distância, ordenou que seus homens continuassem, apesar do risco. Alguns tanques foram destruídos ou avariados, mas a maioria conseguiu passar; isso poupou horas, mas os engarrafamentos e a falta de progresso da infantaria já tinham

Prisioneiros americanos vão para o cativeiro em consequência do avanço alemão. A variedade de uniformes demonstra que os homens são de unidades diferentes. Os prisioneiros de guerra enfrentavam uma caminhada longa e árdua até os campos, vulneráveis a ataques aéreos e com pouca comida.

retardado um avanço que deveria ser rápido — e se espalhou que esse atraso era um golpe fatal à probabilidade já pequena de atravessar o Mosa e avançar sobre Antuérpia. Para Peiper, isso já era bastante ruim, mas para as unidades da Panzerbrigade 150 a situação era ainda pior.

OS COMANDOS GREIF

Hitler podia estar totalmente desligado da realidade quanto ao efetivo e ao potencial de combate de suas forças, mas compreendia algumas das questões básicas que teriam afetado as forças que fossem realmente capazes de avançar sobre Antuérpia. Ele compreendia muito bem a importância vital das pontes do Mosa e sabia que nem os grupos táticos especiais conseguiriam surpresa suficiente para capturá-las intactas. Se os aliados entendessem o que estava acontecendo, havia o risco considerável de que destruíssem as pontes e detivessem a ofensiva de repente. Sem as pontes do Mosa, Antuérpia não passaria de um sonho distante (na realidade, é claro que, sem as pontes do Mosa, capturar o porto seria ainda mais impossível do que já era). Mas, como sempre, Hitler tinha a solução.

Em 21 de outubro, Otto Skorzeny, provavelmente, era seu soldado especial favorito, respondeu à convocação para visitar o quartel-general da Toca do Lobo. Skorzeny fizera fama com um ataque ousado para resgatar Mussolini do cativeiro na Itália e, desde então, mantivera a reputação de ousadia. Na reunião, Hitler o congratulou pelas façanhas recentes, entre as quais o sequestro do filho do regente húngaro e a tomada da sede do governo em Budapeste. Depois que Skorzeny fez seu relatório, Hitler lhe disse que seria promovido a tenente-coronel da SS. Skorzeny achou que era o fim da audiência, mas Hitler lhe disse que ficasse e informou-o da ofensiva iminente (ou seja, talvez Skorzeny tenha sido o primeiro comandante de campanha a conhecer o plano). Ele explicou que as pontes do Mosa eram fundamentais para a ofensiva e instruiu Skorzeny a criar uma unidade especial para ocupá-las. Como seria impossível a essa unidade cumprir a tarefa abertamente, seus integrantes usariam fardamento americano para avançar rumo às pontes por trás das linhas inimigas. Assim que a ofensiva começasse, eles trocariam o uniforme americano pela farda normal de combate, com exceção de um pequeno grupo que continuaria disfarçado para se movimentar por trás das linhas inimigas. Os que voltassem a usar fardamento alemão defenderiam as pontes até os elementos de vanguarda do avanço ocuparem seu lugar, enquanto o grupo que permanecesse disfarçado passaria a provocar confusão junto ao inimigo, com sabotagem e desinformação.

PROBLEMAS

Skorzeny saiu da reunião sabendo que tinha pouquíssimo tempo para criar a unidade especial, cuja missão recebeu o nome de Operação Greif. Ele logo descobriu que a tarefa era ainda mais difícil do que pensara. Como a missão era importantíssima, seu nível de sigilo era alto. Essa era a primeira dificuldade. Skorzeny precisava obter grande quantidade de equipamento americano capturado e, com a mesma importância, homens que soubessem falar inglês a ponto de se passarem por americanos. O único modo de encontrar o pessoal necessário em prazo tão curto era dar uma ordem para que falantes de inglês se apresentassem como voluntários. Infelizmente, o modo como isso era feito contrariava todos os princípios básicos de segurança operacional. Em 25 de outubro, o OKW transmitiu uma ordem a todos os comandos que afirmava claramente que se requisitavam recrutas que tivessem conhecimento de inglês e, principalmente, do dialeto americano. Skorzeny ficou irritadíssimo e exprimiu imediatamente seu desprazer enviando uma mensagem direta a Hitler. Argumentava que a operação estava fatalmente comprometida e deveria ser adiada. No entanto, isso não aconteceria. Parece que ninguém teve coragem de levar a Hitler a mensagem que revelava o erro. Era melhor deixar na imaginação a fúria inevitável de Hitler ao descobrir que o erro causaria o cancelamento de uma parte da ofensiva considerada por ele uma das mais importantes (para não dizer *a* mais importante). O OKW se solidarizou com Skorzeny, tentou acalmá-lo e lhe disse que continuasse.

ALEMÃES IANQUES

Esse não era o único problema de Skorzeny. Ele exprimiu profunda preocupação com o uso de uniformes aliados, o que parecia ir contra as leis da guerra. O general Westphal estava especialmente preocupado com essa questão, já que para ele era óbvio que a única maneira de obter rapidamente as fardas seria retirá-las de prisioneiros de guerra. A legalidade disso era duvidosa (embora, é claro, tais questões não preocupassem todos os comandantes alemães durante a guerra), principalmente por ser inverno. Portanto, Westphal vetou esse meio de obter as fardas, observando também que consegui-las dessa maneira poderia ter repercussões negativas para os prisioneiros de guerra alemães. A questão era insignificante comparada ao efetivo da unidade a ser formada Skorzeny fizera seus planos com o pressuposto de que, como se chamava Panzerbrigade 150, sua unidade teria o mesmo efetivo de uma brigada regular, mas ficava cada vez mais óbvio que ele não conseguiria obter homens suficientes. Uma avaliação da tarefa também deixava claro que ele precisaria de apoio blindado para manter as pontes do Mosa até chegarem reforços. Esse era um problema dificílimo, pois os blindados precisariam ter origem americana; os alemães simplesmente não tinham tanques americanos capturados em quantidade suficiente. Numa investigação mais profunda, Skorzeny descobriu que só havia tanques Sherman para equipar uma seção, não uma brigada. Ou seja, ele teria de modificar seus planos, reorganizar a criação prevista da Panzerbrigade 150 para que tivesse duas companhias blindadas, cada uma com dez tanques (embora fosse difícil imaginar quais seriam), três compa-

Otto Skorzeny, um dos mais famosos comandantes de grupos de ação tática da Segunda Guerra Mundial e favorito de Hitler. Foi escolhido pelo Führer para comandar a Operação Greif, a tentativa ousada de ocupar as pontes do Rio Mosa com soldados disfarçados, mas logo percebeu que seria impossível cumprir a tarefa.

nhias de reconhecimento blindado com dez carros blindados cada e o resto formado por unidades antiaéreas, anticarro e de infantaria.

Enquanto Skorzeny enfrentava essa questão, ficou claro que o planejamento continuaria teórico se ele não conseguisse recrutar mais homens. Era óbvio que os 3.300 soldados do efetivo da brigada não seriam todos capazes de falar inglês, e a falta de sucesso inicial na obtenção de homens fez Skorzeny achar que só conseguiria formar dois grupos de combate em vez dos três que pretendia.

Em 28 de outubro, Skorzeny estava cada vez mais pessimista com a probabilidade de sucesso. Havia apenas dez novos recrutas que sabiam falar inglês com fluência suficiente para se passarem por soldados americanos. Cerca da mesma quantidade de homens falava inglês com fluência, mas o sotaque não era americano; também usavam expressões idiomáticas britânicas e não americanas. Uma terceira categoria de 120 homens falava um inglês passável, mas nunca seriam confundidos com americanos, enquanto o quarto e maior grupo de 200 homens mal passava de *"yes"* e *"no"*. Skorzeny foi forçado a adaptar seus planos: a maioria dos homens teria de avançar em silêncio mal-humorado e evitar situações em que fosse necessário falar.

FALTA DE CONTINGENTE

Os homens foram reunidos na área de treinamento da Panzerbrigade 150 em Grafenwöhr e submetidos a medidas estritas de segurança quando a instrução começou. Muitos voluntários vinham de setores não combatentes do exército e até da Luftwaffe, sem experiência nenhuma de combate de infantaria. Skorzeny logo percebeu que seria impossível moldar esses homens numa força de combate efi-

caz, e pediu que algumas unidades existentes os apoiassem. Designaram-lhe batalhões de paraquedistas, uma companhia Panzer e uma unidade de comunicações. Duas companhias reforçadas da unidade comandada pelo próprio Skorzeny, o Fallschirmjägerbataillon 600, completaram a formação. Agora ele estava um pouquinho satisfeito, mas para o total inicialmente pretendido faltavam 800 homens, ainda que ele conseguisse afinal os três grupos táticos que planejara. Também havia falta drástica de fardas e equipamento.

As dificuldades para obter uniformes e equipamento eram variadas. Em primeiro lugar, como no caso dos blindados, simplesmente não havia alguns itens em quantidade suficiente. Outra dificuldade era o fato de que a ordem para que as unidades entregassem o equipamento capturado não ressaltava que isso era importante. Muitas unidades tinham capturado fardamento, armas e veículos americanos, mas não deram atenção à mensagem. Tinham boa razão para isso; na falta de equipamento próprio, tinham posto em uso tudo o que tinham conseguido e relutavam em entregá-lo. Outras unidades se confundiram com os termos vagos da redação da ordem e enviaram equipamento soviético.

FALTA DE EQUIPAMENTO

Finalmente, Skorzeny foi forçado a pedir ajuda a Westphal: em 9 de novembro, foi dada a ordem para a entrega a Skorzeny de dez tanques, vinte carros blindados, um número semelhante de canhões autopropulsados e mais de cem jipes, ao lado de caminhões e uniformes britânicos e americanos. Isso ajudou um pouco, mas parte do equipamento que chegou tinha qualidade duvidosa. Boa parte estava avariada e, embora o suprimento de armas americanas melhorasse, não

A caminho da linha de frente, dois tanques M4 Sherman param numa cidade belga recentemente libertada e muito avariada. A camuflagem aplicada na frente e nas laterais é notável. Os dois tanques estão equipados com a metralhadora pesada M2 Browning, seu armamento-padrão.

havia munição suficiente. Se os americanos usassem munição de 9 milímetros em suas submetralhadoras, a situação talvez fosse um pouco melhor, já que o estoque alemão poderia ter sido usado; mas até essa leve possibilidade se desfez, porque todas as armas de serviço americanas usavam munição de calibre diferente das armas alemãs, e só havia disponível o que fora capturado.

Outra busca localizou equipamento capturado esquecido em vários depósitos na Alemanha, mas isso só acrescentou um ou dois itens numa longa lista de exigências. Finalmente, Skorzeny admitiu a derrota e requisitou tanques Panther que seriam disfarçados para se parecerem um pouco com os caça-tanques M10 americanos. O disfarce não resistiria a um exame atento, mas era melhor do que nada. Conforme a data da ofensiva se aproximava, ficou claro para Skorzeny que a unidade criada era bem diferente daquela que se propusera a montar. Em vez de uma brigada secreta completa, ele tinha uma formação mista composta, efetivamente, de infantaria convencional e alguns homens que poderiam fingir ser americanos para provocar confusão atrás das linhas inimigas com a disseminação de más notícias e desinformação ou chegar às pontes do rio sem serem identificados como os alemães que eram.

COMEÇO DA OPERAÇÃO
Depois de todas as dificuldades para formar e equipar a Panzerbrigade 150, talvez não

Soldados americanos olham um soldado alemão morto vestido com fardamento americano. Nem sempre era fácil dizer se os alemães com equipamento americano eram dos grupos Greif ou não, já que muitos soldados comuns usavam o uniforme para se aquecer.

seja ironia que apenas um pequeno número dos homens de Skorzeny tenham realmente operado da maneira prevista. No final de novembro, Skorzeny explicou a tarefa aos comandantes de sua formação. Os dois grupos de combate avançariam com os grupos táticos que seguiam para as pontes do Mosa. Depois que os americanos começassem a recuar, as unidades especiais passariam pela linha de frente alemã e se misturariam ao inimigo. Despois de alcançar as pontes do Mosa, eles as ocupariam e aguardariam o reforço das primeiras unidades blindadas. O plano era ousado, mas parecia simples. Mas, em 16 de dezembro, quando a ofensiva começou, o ritmo lento do avanço fez com que os planos começassem a não dar certo. A Panzerbrigade 150 passou o dia esperando que o rompimento previsto ocorresse e foi forçada a suportar o imenso engarrafamento. Em vez de avançar rumo às pontes do Mosa, os homens da Panzerbrigade 150 ficaram praticamente esperando sentados. Alguns penetraram nas linhas americanas e tentaram provocar confusão, mas estavam fora de contato. Sem alguma melhora drástica da situação, os comandos Greif corriam o risco de nem participar da luta.

ÚLTIMA DEFESA NA ESTAÇÃO DE BUCHHOLZ

Pouco antes das 4 horas, os homens de Peiper acordaram os paraquedistas do 1º Batalhão de Von Hofmann. Os paraquedistas se puseram de pé e começaram a subir nos tanques de Peiper, que os levariam para a batalha contra os americanos na estação de Buchholz. Assim que todos se reuniram, os meias-lagartas de Peiper foram para a vanguarda da coluna e partiram.

Tanques alemães avançam em terreno aberto. O terreno das Ardenas era difícil para tanques, e os alemães tiveram de recorrer a um número limitado de rotas. Algumas eram quase inadequadas para a tarefa, o que provocou numerosos engarrafamentos e prejudicou o avanço no primeiro dia do ataque.

Na estação, o tenente Rose começou a receber dos comandantes de seu pelotão notícias de que escutavam veículos inimigos, inclusive tanques, se deslocando na direção deles. Esses relatórios logo foram seguidos por outras rápidas transmissões afirmando que se escutavam vozes claramente alemãs. Rose acusou o recebimento e instruiu seus homens a não abrir fogo antes que ele desse a ordem, por mais tentador que fosse iniciar o contato: se a força alemã fosse enorme, talvez os soldados americanos conseguissem recuar. A falta de fogo das posições americanas trazia outro benefício: irritava alguns soldados alemães menos experientes, que faziam comentários ansiosos enquanto avançavam sem oposição. Mas Rose sabia que finalmente não teria opção além de ordenar que seus homens atirassem. O inimigo cercava todas as suas posições, e havia pouca razão para manter silêncio. A ordem foi dada, e o fim da madrugada foi estilhaçado por uma fuzilaria intercalada com disparos de bazuca. Os paraquedistas se espalharam quando o fogo americano os atingiu, mas o grupo de Peiper tinha todas as vantagens. Um dos tanques antiaéreos Wirbelwind foi mandado à vanguarda e começou a enfrentar os americanos com fogo rápido do canhão, contra o qual não tinham resposta. O peso do fogo do Wirbelwind era tamanho que os americanos foram obrigados a ficar de cabeça baixa, permitindo que os paraquedistas se lançassem contra as posições da

Companhia K. Irrompeu um combate corpo a corpo desesperador, e as posições defensivas começaram a se desfazer, apesar do esforço dos americanos. Nisso, Peiper mandou seus tanques avançarem para atirar com suas metralhadoras e o armamento principal. As granadas passaram a chover no prédio da estação, e era evidente que o fim estava próximo. No posto de comando do 3º Batalhão, o major Norman Moore escutou, frustrado, os relatórios enviados pela estação de Buchholz. Então o sargento Alvin Rausch, operador de rádio do tenente Rose, relatou calmamente que os alemães tinham entrado no posto de comando e aprisionado o tenente. Ele continuou com o mesmo tom de voz, pediu fogo de artilharia imediato sobre a posição e anunciou sua intenção de destruir o rádio para que não caísse em mãos alemãs. Ele desligou e o con-

Um caça-tanques M10 e um M4 Sherman. O M10 está camuflado com folhagens, e a metralhadora na traseira da torreta está coberta. Observe o cano de exaustão estendido na traseira do Sherman, indicando que pode ter sido modificado para ser capaz de "nadar".

tato por rádio cessou. A estação de Buchholz finalmente caíra, ocupada pelos alemães quase 24 horas depois do planejado.

SITUAÇÃO DESESPERADORA

As mensagens dramáticas de Rausch pelo rádio também foram ouvidas pelo tenente-coronel Robert Douglas no posto de comando do 1º Batalhão; de lá, ele também escutava o ruído da batalha a menos de um quilômetro. Douglas sabia que os alemães logo avançariam para sua posição no importantíssimo cruzamento de Losheimergraben.

> "05h30: Ordens curtas dadas em toda a área da frente de ataque. A companhia se alinha em formação aberta, voltada para oeste. Trememos de empolgação. Faz tempo que os relógios foram sincronizados [...] 20 segundos... 10 segundos 5, ... 4, ... 3, ... 2, ... 1, ... Fogo! O cano de vários milhares de canhões, obuseiros e lançadores de foguete urram juntos, quase como se fossem uma única detonação. Os relâmpagos das bocas de fogo iluminam o céu a leste, atrás dos paraquedistas, e fica quase tão claro quanto o dia... [...] 6h: De uma vez só, esse barulho dos infernos para! Então é dada a ordem: 'Atacar.' Começamos a correr à frente!"
>
> *Paraquedista Rudi Frühbeisser, 1. Kompanie, Fallschrimjägerregiment 9*

Seu batalhão tinha apenas metade do efetivo. Com base nos relatórios recebidos das patrulhas enviadas, das quais algumas não tinham voltado, ele decidiu transferir o posto de comando para os prédios da alfândega, à beira da estrada, para ver melhor o campo de batalha. Às 6h40, pouco depois de terminar a transferência, os homens do 48º Regimento Grenadier do tenente-coronel Osthold seguiram seu comandante para a luta contra os remanescentes do batalhão de Douglas.

O ataque fez algum progresso mas, quando parecia que o sucesso seria obtido, os canhões de assalto que ele esperava não apareceram. O avanço alemão empacou e, para aumentar as dificuldades de Osthold, a artilharia parou de atirar vários minutos antes da hora marcada para o fim da barragem. Enquanto os homens de Osthold se detinham, o 27º Regimento de Fuzileiros do tenente-coronel Heinz-Georg Lemm atacou a Companhia B, que resistiu com ferocidade. Os alemães pararam numa linha de trincheiras, aguardando a oportunidade de continuar seu avanço. Apesar da intensa resistência, Douglas percebeu que

O CAÇA-TANQUES

O conceito básico do caça-tanques como veículo diferente do tanque propriamente dito nasce de duas filosofias complementares baseadas numa mistura de doutrina e conveniência. A primeira delas defendia que o caça-tanques especializado seria usado apenas contra tanques inimigos, enquanto os tanques seriam empregados no apoio à infantaria, além de engajar quaisquer blindados inimigos que encontrassem. A ideia de veículos específicos contra blindados devia muito ao pensamento americano do entreguerras de que o caça-tanques, equipado com um canhão de alta velocidade e com facilidade de manobras, seria um meio de vencer formações cerradas e velozes de blindados inimigos. A experiência da Segunda Guerra Mundial demonstrou que os tanques normais eram tão eficazes nesse papel quanto seus irmãos especializados. O segundo conceito se baseava na conveniência. A demanda de tanques com armamento principal maior não podia ser atendida pela oferta, já que a instalação de armas maiores em tanques era limitada pela estrutura da torreta. Caso a torreta não suportasse a arma mais pesada, seria preciso elaborar um projeto novo. Projetar um tanque inteiramente novo no meio da guerra era impraticável, e uma das soluções foi converter chassis existentes para aceitarem uma superestrutura fixa na qual se pudesse instalar um canhão de calibre maior. Para a Alemanha nazista, o conceito se tornou atraente com o avanço da guerra. Os primeiros projetos improvisados foram superados por caça-tanques especializados que podiam ser construídos muito mais depressa no mesmo chassi do que um tanque com torreta. Isso deu aos alemães a capacidade de pôr mais blindados em campo: em 1944, essa era uma consideração fundamental.

Os caça-tanques americanos não seguiram a mesma rota dos projetos sem torreta; uma rápida avaliação da superioridade de usar tanques para combater tanques inimigos fez com que seus caça-tanques não fossem utilizados como armas especializadas, mas como blindados convencionais.

---

sua situação era desesperadora: ele entrou em contato com o coronel Riley e pediu permissão para recuar para oeste, onde poderia estabelecer uma posição defensiva melhor. Riley ponderou alguns instantes sobre o pedido antes de dar sua aprovação. Douglas passou a informar ao batalhão que recuariam, mas isso foi dificultado porque o contato entre o posto de comando e parte da unidade se perdera. As instruções foram enviadas por mensageiros, e os homens do 1º Batalhão começaram a escapulir o mais silenciosamente possível.

RENDIÇÃO HONROSA

Os ataques alemães recomeçaram, mas, apesar da retirada de muitos adversários, os homens de Osterhold enfrentaram resistência vigorosa de um grupo de americanos que ainda se mantinham perto dos prédios da alfândega: não tinham recebido a mensagem de Douglas. O ataque começou a se atrasar, e Osterhold correu à frente para ver por quê. Mais uma vez, a falta de canhões de assalto era o problema. Os canhões que tinham começado a se deslocar contra as posições americanas receberam fogo pesado de bazucas. O comandante dos canhões de assalto estava caído numa vala ao lado da estrada, seus ferimentos sendo tratados, e logo ficou óbvio que os canhões não poderiam apoiar essa parte do ataque. Osterhold pensou numa forma de superar o problema e recordou que seus homens tinham capturado certo número de minas americanas. Ele deu ordem para que elas fossem trazidas à vanguarda, juntamente com espoletas de retardo alemãs; planejava instalar as espoletas nas minas e usá-las como grandes granadas de mão improvisadas contra os prédios da alfândega. Homens foram e voltaram correndo com os itens necessários. Enquanto as minas eram preparadas, Osterhold obteve os serviços de dois praças que fariam com ele o ataque aos prédios. Eles pegaram as minas e atravessaram a estrada correndo. Osterhold preparou-se para lançar as minas no prédio, mas algo o fez parar: ele viu que agora seus homens controlavam o cruzamento, e parecia inútil matar os americanos quando os Grenadiers já tinham cumprido seu objetivo. Ele pousou as minas e chamou os americanos, contente por falar bem inglês. Algumas ofensas confirmaram que os homens no porão do prédio conseguiam ouvi-lo, e ele continuou. Como os alemães controlavam a área toda e como a posição dos americanos não tinha mais esperanças, não haveria desgraça na rendição. Se não aceitassem sua oferta, ele lançaria as minas no prédio, que desmoronaria inevitavelmente. Ele não queria isso; os americanos fariam o favor de desistir?

CATANDO PINOS
Os soldados americanos no porão perceberam que a oferta de Osterhold fazia sentido. Arranjaram uma bandeira branca e um

Um soldado alemão passa pelos restos de um comboio americano. Os detritos no chão indicam que os suprimentos devem ter sido alvejados para não serem úteis. A perigosa situação de suprimentos enfrentada pelos alemães os deixava ansiosos para usar quaisquer suprimentos inimigos que encontrassem.

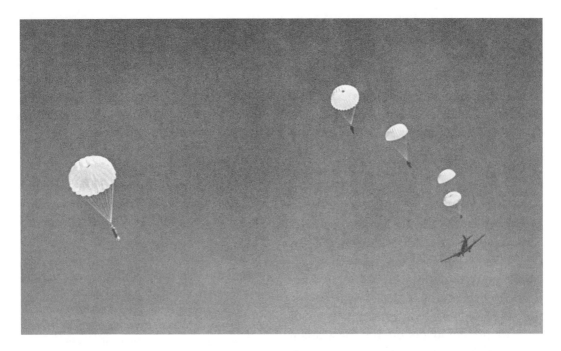

Acima: Paraquedistas alemães deixam seu avião de transporte Ju 52. Observe o primeiro paraquedas, que leva um caixote de provisões. Na Batalha do Bulge, muitos desses soldados eram inexperientes a ponto de nunca ter saltado de um avião em voo. Não admira que a missão fracassasse.

À direita: O tamanho de um Tiger II fica bem ilustrado pelo número de homens na traseira. O que está prestes a jogar o maço de cigarros leva uma metralhadora MG42. Um dos melhores projetos da história, a arma foi modificada para empregar munição 7,62 milímetros e ainda é usada pelo exército alemão.

dos homens foi ao encontro do comandante alemão. Osterhold o seguiu de volta para aceitar a rendição. Assim que chegou lá, houve um momento de comédia quase fatal. Ficou claro que vários americanos estavam prestes a lançar granadas quando Osterhold berrou seu apelo à rendição. Elas não tinham sido lançadas mas, como não esperavam usá-las de novo, eles tinham largado os pinos de segurança. Osterhold percebeu que estava no meio de um grupo equipado com granadas armadas. Um dos americanos tentou ajudar sugerindo que as lançassem pelas janelas, mas Osterhold observou, com sensatez, que isso convenceria seus homens de que o comandante fora emboscado, e eles atacariam. Só havia uma opção: Osterhold pegou a lanterna e, à luz fraca do porão, um grupo de prisioneiros americanos e um tenente-coronel alemão saíram de gatinhas pelo chão, procurando os pinos de segurança das granadas. Depois que todas foram travadas, Osterhold levou os americanos para fora e deixou que seus homens os prendessem. Ele berrou com alguns de seus homens que tentaram tirar cigarros dos americanos e deixou muito claro que quem tentasse privar os cativos de seus pertences teriam de responder a um irritadíssimo comandante de batalhão. Quando os americanos foram levados, Osterhold examinou a estação de Buchholz, pensando na luta acirrada necessária para desalojar o inimigo. Agora eram 15 horas de 17 de dezembro, e o Sexto Exército Panzer estava bem atrasado. Embora não

soubessem na época, a luta enérgica dos americanos no caminho do Sexto Exército Panzer (e, é preciso dizer, não só dos elementos do 394º Regimento de Infantaria ali concentrados) praticamente assegurou que o plano de ocupar as pontes do Mosa nunca se realizasse.

FRACASSO DOS PARAQUEDISTAS

Enquanto o 394º Regimento de Infantaria ganhava para os aliados tempo valioso atrasando os alemães, alguns elementos da força atacante não tinham conseguido dar nenhuma contribuição. Como já contado, a maior parte da Panzerbrigade 150 ficou um bom tempo presa num engarrafamento no primeiro dia da ofensiva, com seu comandante cada vez mais convencido de que os soldados não conseguiriam cumprir sua missão. Para os paraquedistas comandados pelo tenente-coronel Von der Heydte, a situação era ainda pior. Na viagem para o campo de pouso de onde partiriam os aviões de transporte, alguns veículos que os levavam pararam por falta de combustível. Às 22 horas de 15 de dezembro, apenas um terço dos 1.200 homens que deveriam ser lançados tinha chegado. O lançamento teria de ser adiado. Enquanto esperava, Von der Heydte conheceu o esquadrão de Junkers Ju 52 de transporte que os levaria. A unidade tinha boa reputação, pois apoiara os alemães sitiados em Stalingrado, mas eram glórias passadas. O único membro do esquadrão que participara dessas missões era o comandante. Nenhum de seus homens

Uma coluna de prisioneiros alemães é conduzida para a retaguarda e passa por uma aldeia belga destruída. Tanto os guardas quanto os prisioneiros estão cansados e desgrenhados depois do combate acirrado. Conforme a Batalha do Bulge se aproximava do fim, essas cenas se repetiram com frequência, as colunas de alemães cada vez mais compridas.

lançara paraquedistas numa batalha nem, aliás, fizera missões de combate. Para completar essa triste história, o comandante do esquadrão revelou ser o único que já voara à noite. Von der Heydte ficou horrorizado e torceu pelo cancelamento da operação. Seu desejo não se cumpriu. O quartel-general do Sexto Exército mandou um oficial investigar por que a missão não começara, e o general Krämer ordenou que o lançamento acontecesse na noite de 16 para 17 de dezembro. Pouco antes da meia-noite, uma armada de Ju 52 decolou das pistas de dois campos de pouso rumo à zona de lançamento. No avião da frente, Von der Heydte ficou mais confiante, pois tudo parecia se desenrolar tranquilamente. Na zona de lançamento, foi ele o primeiro a saltar, como exigia a tradição.

Von der Heydte tinha a desvantagem de estar com o braço direito entalado, e era difícil controlar o paraquedas. Quando se aproximou do chão, uma lufada de vento atingiu seu velame, e ele pousou com muita força. O impacto foi suficiente para deixá-lo desmaiado, e ele ficou algum tempo caído no chão, sem consciência do que acontecia. Finalmente, recobrou os sentidos e descobriu que estava totalmente sozinho. Sem entrar em pânico com a solidão, ele puxou a bússola e calculou qual era a direção do ponto de encontro. Caminhou decidido naquela direção, sabendo que seus homens estariam à sua espera. Quando chegou ao cruzamento de estradas designado como ponto de encontro, viu um pequeno grupo de homens. Aproximou-se: eram vinte os soldados que o aguardavam. Era tudo o que havia. Dos 1.200 homens, os 21 parados no cruzamento de Belle Croix eram os únicos que tinham pousado mais ou menos onde deveriam. Embora os pilotos se esforçassem ao máximo, a formação se desfizera com o forte vento transversal, e eles lançaram sua carga numa grande área. Mais alguns homens chegaram, depois mais outros. Von der Heydte mandou pequenos grupos de busca caçarem os colegas que tivessem caído na floresta circundante. Acharam mais alguns, mas depois que todos retornaram ficou claro que mais ninguém apareceria. Outra contagem revelou que agora havia 350 homens. Seria totalmente impossível para os paraquedistas cumprir a missão original. Para piorar ainda mais a situação, o pelotão de comunicação desaparecera completamente, e o rádio pessoal de Von der Heydte se destruíra na descida. Além de perder mais de dois terços do efetivo, os paraquedistas estavam praticamente isolados do mundo exterior.

O comandante supremo general Dwight D. Eisenhower (visto aqui preparando-se para o desembarque na Normandia) dirigiu as operações aliadas na Europa Ocidental. Ele insistia que seus comandantes vissem a ofensiva das Ardenas como oportunidade e não como revés.

140 A BATALHA DO BULGE

Von der Heydte decidiu que faria o máximo possível com sua pequena força, adotando táticas de guerrilha contra todas as pequenas unidades americanas que encontrasse, para dar a impressão de serem uma unidade muito maior. Ele não sabia que, enquanto planejava fazer o possível numa péssima situação, os americanos tinham chegado a uma conclusão bem diferente sobre a eficácia de suas forças.

CONFUSÃO

O fracasso do lançamento de paraquedistas depois da ampla dispersão do lançamento foi um bônus para os alemães, porque confundiu os americanos que não souberam exatamente o que acontecera. Eles passaram boa parte da manhã de 17 de dezembro (e algum tempo depois) capturando paraquedistas perdidos em toda a extensão da frente. Isso confundiu o alto-comando americano. A luta desesperada fez com que não tivessem um quadro completo da situação em terra, apenas uma imagem incompleta baseada em relatórios de ações em numerosos locais, envolvendo grande número de unidades: pequenos grupos de americanos lutando até o último homem; soldados e civis em retirada engarrafando as estradas; e indícios preocupantes de que alemães com uniforme americano agiam como sabotadores. Além disso, havia notícias de paraquedistas em toda a extensão da frente. A explicação lógica era que os alemães tinham lançado um número considerável de homens, mas a ideia de que, na verdade, era um pequeno número de homens lançados em toda a extensão da frente graças à mistura de mau planejamento, mau tempo e má sorte simplesmente não lhes passou pela cabeça. Naquela situação, um grupo tático de um batalhão de reserva passou uma semana no papel de combate a paraquedistas, sem ver nada e deixando de lutar onde sua utilidade seria muito maior.

EINHEIT STIELAU

As notícias de alemães com fardamento americano também contribuíram com a confusão. É claro que a maior parte da Panzerbrigade 150 passara boa parte de 16 de dezembro parada no engarrafamento; no dia seguinte, Skorzeny decidiu que seus homens não teriam possibilidade de executar a tarefa original; se queriam chegar ao Mosa, teriam de se misturar a um exército quase derrotado. Embora os americanos estivessem recuando, a resistência rígida que o ataque encontrara significava que provavelmente os grupos táticos seriam avistados. Na tarde do dia 17, Skorzeny sugeriu que a operação fosse cancelada e que seus homens fossem usados como soldados convencionais. A sugestão foi aceita, e a Operação Greif terminou antes de começar. No entanto, uma parte da missão teve algum sucesso sob a forma de pequenos grupos que operaram como previsto. Eram os membros do Einheit Stielau, único elemento da Panzerbrigade que

---

JAGDTIGER

O Jagdtiger representou o ponto máximo dos caça-tanques no que diz respeito a tamanho e armamento, mas fora isso era um veículo de combate inferior ao Jagdpanther. Baseado no chassis do Rei Tigre, era pesadíssimo e totalmente inadequado à guerra móvel. Seu canhão de 128 milímetros foi o maior canhão antitanque instalado num veículo de combate durante a guerra. Embora fossem os tanques mais bem armados e protegidos da época, o motor era fraco. Essa falta de mobilidade os tornou inúteis na ofensiva das Ardenas. Foram designados para apoiar os paraquedistas do coronel Von der Heydte; mesmo que o lançamento tivesse obtido sucesso, há dúvidas de que os Jagdtigers pudessem chegar lá, dado o terreno acidentado e nada propício.

O enorme Jagdtiger foi a suprema expressão da obsessão de Hitler por tanques pesados. Embora armado com um impressionante canhão de 128 milímetros e com blindagem de até 250 milímetros de espessura, era um veículo taticamente ineficaz, devido à dificuldade de manobra.

trabalharia disfarçado. Compunha-se dos homens que tinham demonstrado mais conhecimento de inglês e recebido fardamento, armas e jipes americanos. Sem experiência prévia em operações secretas, sua profunda desvantagem era a falta de tempo para desenvolver a necessária noção de que um passo que parecesse boa ideia poderia ser simplesmente arriscado demais para pôr em prática. Também não tiveram tempo suficiente para estudar os americanos com profundidade, e correram o grave risco de cometer erros básicos que demonstrariam que não eram, na verdade, quem pareciam ser.

COMO OBTER AS RESPOSTAS CERTAS

Quase sessenta anos depois dos fatos, é difícil saber exatamente quantos homens do Einheit Stielau conseguiram cumprir sua tarefa, já que os americanos ficaram quase paranoicos com a ameaça de um grupo que, na realidade, era minúsculo. O problema aumentava com os muitos soldados alemães comuns que, durante a Batalha do Bulge, utilizaram roupas americanas saqueadas simplesmente para se aquecer; foram muitas vezes confundidos com agentes do Greif quando na verdade não eram nada disso. Vários incidentes foram atribuídos aos homens de Skorzeny, inclusive a troca de placas para mandar os reforços americanos na direção errada, fingir-se de homens em retirada, dar alertas assustadores da aproximação de forças alemãs a pequenos grupos de americanos e neutralizar cargas de demolição.

O comandante capturado de um grupo Greif aumentou o caos ao afirmar que os grupos táticos tinham a missão de sequestrar Eisenhower, e que ele estava confinado num hotel para sua própria segurança. Os soldados americanos começaram a adotar medidas de segurança próprias; em vez de apenas pedir uma senha, faziam perguntas cuja resposta só americanos saberiam. O general Bruce Clarke foi brevemente aprisionado por um guarda porque não conseguiu responder em que liga jogavam os Chicago Cubs, enquanto o próprio Omar Bradley teve de responder a perguntas sobre capitais de estados e futebol americano. Ele não conseguiu dizer quem era o marido de Betty Grable (o músico Harry James), mas o guarda o deixou passar mesmo assim — talvez ao perceber que era improvável que os alemães mandassem um impostor disfarçado de general Bradley. Há a história — que, infelizmente, deve ser inverídica — de que algumas unidades receberam a ordem de mandar que recitassem o terceiro verso do hino nacional americano, com base em que, se o interrogado soubesse, seria muito improvável que fosse americano. O destino dos capturados era o pelotão de fuzilamento, e a presença dos grupos táticos por trás das linhas americanas teve um resultado infeliz para muitos soldados alemães: quando se soube que os americanos estavam fuzilando qualquer alemão que usasse fardamento dos Estados Unidos, várias unidades alemãs receberam ordens de não usar nenhuma peça do uniforme americano e que quem as tivesse teria de se desfazer delas. Os soldados alemães que tinham obtido esses itens com a intenção de se aquecer foram então forçados a passar frio outra vez, o que não era nada bom para o moral.

A confusão (e os atrasos dela decorrentes) provocada pelos grupos de ação tática era totalmente desproporcional a seu número, apesar do fato de não terem efeito decisivo na batalha. Sua contribuição nas primeiras 24 horas da Batalha do Bulge foi relativamente limitada, mas ainda assim eles conseguiram semear a dúvida na mente de soldados americanos de todos os postos. Foi um aspecto importante de sua contribuição à batalha, embora não se possa esquecer de que eles deveriam formar a vanguarda das forças que ocupariam as pontes do Mosa — e não conseguiram.

O PRIMEIRO DIA DO SEXTO EXÉRCITO PANZER

O primeiro dia do ataque do Sexto Exército Panzer produziu resultado heterogêneo. Hitler ficou eufórico e falou do "bom amigo Dietrich" que teria forçado a brecha do vale de Losheim. No entanto, essa imagem não era verdadeira. A resistência teimosa dos americanos atrasara gravemente o avanço alemão. Talvez o exemplo mais espetacular tenha sido o pelotão de I&R de Lyle Bouck,

O avanço da 1ª Divisão Panzer SS era o foco do esforço alemão para romper as linhas aliadas e avançar para o Mosa e Antuérpia. Apesar das vantagens da surpresa e da concentração de forças, a divisão não cumpriu as metas estabelecidas para o primeiro dia.

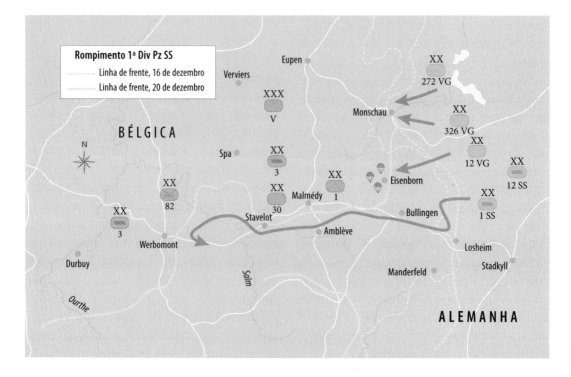

mas a 99ª Divisão detivera o avanço em Höfen e ao longo da autoestrada internacional. Além disso, o uso de paraquedistas fracassara redondamente, enquanto a Panzerbrigade 150 fora obrigada a abandonar seu papel supostamente importantíssimo e ser usada como unidade convencional. Isso não significava que o avanço alemão tivesse sido completamente detido; longe disso. O ímpeto implacável de Joachim Peiper dera aos alemães a oportunidade de atravessar o vale de Losheim, enquanto a leste de Krinkelt-Rocherath a 12ª Divisão Panzer SS estava pronta para atacar. Apesar desses possíveis ganhos, o Sexto Exército Panzer não conseguiu cumprir nenhum dos objetivos designados para o primeiro dia. No principal esforço de Hitler, ainda havia muito trabalho a fazer para comprovar que a ideia de tomar Antuérpia poderia se realizar; como os fatos subsequentes provariam, isso não aconteceria.

CAPÍTULO 6

ATAQUE DO QUINTO EXÉRCITO PANZER

As unidades do Quinto Exército Panzer não estavam tão bem equipadas quanto as do Sexto, que fariam o assalto principal, no entanto, estavam sob o comando de um dos generais mais capazes da Alemanha. Principalmente devido à sua capacidade, foi o Quinto Exército Panzer que impôs as maiores dificuldades aos americanos. Em seu caminho estava a inexperiente 106ª Divisão de Infantaria, e o desastre viria a seguir.

O GENERAL HASSO VON MANTEUFFEL, comandante do Quinto Exército Panzer, era um dos mais destacados defensores do uso de blindados e, ao contrário de alguns comandantes que Hitler tinha em alta conta, era bem capacitado para sua tarefa na ofensiva. Von Manteuffel era um homem singular, não só por medir apenas 1,57 metros. Quando estudava para ser oficial, a baixa estatura fez com que sua espada fosse encurtada para que ele não tropeçasse ao andar, mas essa foi praticamente a única deficiência observada pelos instrutores. Ele forjou uma carreira de sucesso no exército, embora não tivesse muito amor pelo Partido Nazista (e adotasse a posição de que oficiais do exército não deveriam se meter na política). Sua carreira sofreu um breve revés quando discordou de Walter Model, o favorito de Hitler, na frente russa. Model ordenara que Von Manteuffel, então coronel, lançasse um ataque, mas a neve era tão

Uma coluna de tanques Panther avança por terreno devastado rumo à zona de combate. O Panther foi um dos melhores tanques da guerra, mas simplesmente não existia em quantidade minimamente suficiente perto do fim dos combates e não pôde deter o inexorável avanço aliado.

profunda que os homens de Von Manteuffel mal conseguiam se mover. O coronel suspendeu o ataque, provocando a fúria de Model, e a destituição parecia certa. Mas, antes que ela acontecesse, Von Manteuffel foi transferido para a França; depois, comandou uma divisão com grande distinção no norte da África, antes de ser mandado para comandar a divisão de elite *Grossdeutschland* na frente oriental. Seu desempenho foi tão impressionante que Hitler decretou que Von Manteuffel assumisse o comando do Quinto Exército Panzer, embora não tivesse sido comandante de um corpo, o que normalmente se exigia antes de comandar um exército.

Von Manteuffel não se convencera totalmente da qualidade do plano apresentado por Hitler e expusera seus temores. Conseguira convencer Hitler de que seria melhor para seu exército buscar alguns objetivos com táticas de infiltração, sem o uso de grande bombardeio preliminar, conclusões baseadas em observação própria depois que ele se juntou a alguns homens da linha de frente para reconhecer a área. Ele observou que as posições da 28ª Divisão americana, do outro lado do Rio Our, não eram muito bem defendidas: o 110º Regimento de Infantaria recuava de suas posições à noite, enquanto as brechas entre as posições defendidas pelo 112º Regimento de Infantaria convenceram Von Manteuffel de que seus homens conseguiriam passar pelos americanos sem a necessidade de alertá-los com uma grande barragem. Ele esperava que, quando os americanos percebessem a ameaça, seus soldados tivessem conseguido flanqueá-los, ganhando no processo uma imensa vantagem enquanto seguiam para o morro chamado pelos americanos de "Skyline Drive".

Todos esses planos visavam a permitir que o Quinto Exército Panzer atingisse o objetivo principal de ocupar Saint-Vith. A cidade era fundamental para o ataque porque, se a capturassem, os alemães teriam acesso à rede rodoviária, permitindo a chegada muito mais fácil ao Mosa e às importantíssimas pontes.

28ª DIVISÃO

Os pontos fracos da defesa da 28ª Divisão nada tinham a ver com falta de atenção aos detalhes ou de lógica militar básica por parte de seus comandantes e tudo a ver com

Bom comandante, o general Hasso von Manteuffel passou a encabeçar o Quinto Exército Panzer em 1º de setembro de 1944. Seu planejamento meticuloso levou o Quinto Exército Panzer a ser, comprovadamente, o mais bem-sucedido dos três exércitos alemães empregados nas Ardenas.

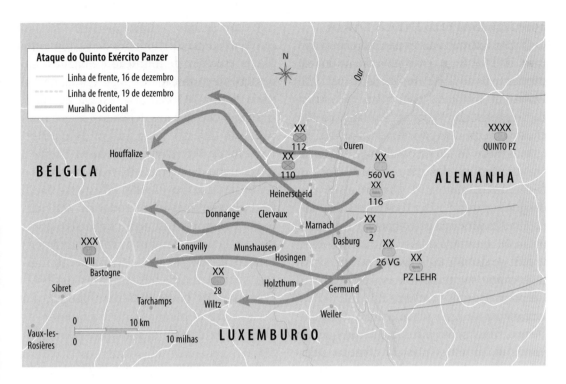

atrito e falta de efetivo. Depois de sofrer pesadas baixas no Hürtgenwald, a divisão fora transferida para um setor tranquilo da frente onde pudesse se recuperar. Ali, a extensão que defendiam era tão grande que os dois corpos Panzer do Quinto Exército Panzer teriam, na verdade, uma vantagem de dez para um sobre o inimigo nos locais onde pretendiam atacar.

O 112º Regimento de Infantaria estava posicionado de costas para o rio, tornando difícil a retirada em caso de ataque inimigo, enquanto o 110º Regimento de Infantaria guarnecia os 24 quilômetros de frente no centro das posições da 28ª Divisão com apenas dois batalhões, já que o terceiro era a reserva de infantaria da divisão. Isso fez com que o coronel Hurley Fuller, comandante do regimento, tivesse opções limitadas para posicionar os soldados. Defender a linha inteira era impossível; assim, ele assegurou que seus homens guarnecessem pequenos postos avançados ao longo do rio, cada um deles com um esquadrão.

O ataque do Quinto Exército Panzer foi marcado pelo uso de táticas inovadoras que contribuíram para seu sucesso. As posições defensivas americanas também eram frágeis. Apesar disso, os soldados americanos lutaram com vigor, e foi preciso muito esforço para o ataque alemão desalojá-los.

Depois de defender as posições do rio durante o dia, eles patrulhavam as encostas de Skyline Drive à noite. A serra propriamente dita seria defendida pelo expediente simples de pôr uma força de bloqueio nas cinco estradas que subiam do vale do Our. Os soldados tinham algum apoio de artilharia, mas seu batalhão de apoio fora forçado a espalhar as peças porque seria impossível concentrá-las todas num só lugar: se isso fosse feito, alguns setores da linha de frente ficariam fora de alcance. Embora isso representasse uma redução drástica no peso de fogo que poderia ser lançado sobre alguns setores, a dispersão dos canhões era preferível a deixar setores da linha sem nenhum apoio de artilharia.

106ª DIVISÃO DE INFANTARIA

O Quinto Exército Panzer não enfrentava apenas a 28ª Divisão, já que o setor diante dos elementos mais ao norte era defendido pela 106ª Divisão de Infantaria, comandada pelo brigadeiro general Alan W. Jones. No entanto, a 106ª era totalmente inexperiente. Partira dos Estados Unidos em 20 de outubro de 1944 e, ao chegar à Europa, deslocara-se para a linha de frente. Assim como a 99ª Divisão, a 106ª fora designada para uma área tranquila onde poderia obter experiência patrulhando e realizando operações limitadas antes de entrar em combate com os alemães num avanço maior. A divisão ocupou sua posição à esquerda do VIII Corpo do general Middleton em 11 de dezembro, menos de uma semana antes do ataque alemão. Totalmente inconsciente de que um imenso ataque estava prestes a começar, a desvantagem da 106ª Divisão em imensa. Jones e seu estado-maior tinham apenas começado a avaliar as necessidades de defesa; não tinham sido capazes de fazer nenhuma alteração da disposição nem tiveram oportunidade de elaborar um plano coordenado para a defesa em conjunto com as unidades vizinhas.

Como se não bastasse, a 106ª Divisão também sofria dificuldades de suprimento. Havia escassez de munição de bazuca, e o estoque de munição de 0,3 polegada, necessária para a M1 Carbine, estava baixo. A munição chegava aos depósitos, mas o mais próximo deles ficava a 64 km do quartel-general da 106ª Divisão, em Saint-Vith, e a longa linha de suprimento fazia com que o reabastecimento rápido não fosse fácil. Embora não tivesse havido tempo suficiente para elaborar um plano defensivo completo, o general Jones estava suficientemente preocupado para solicitar minas antitanque para melhorar a defesa. Mas elas levaram mais de cinco dias para chegar, e a divisão ainda não as instalara quando os alemães iniciaram seu ataque. A inexpe-

A guarnição de um canhão autopropulsado M7 se prepara para atirar em apoio à defesa. Observe a grosseira escada de embarque improvisada. Em 16 de dezembro de 1944, as guarnições dos M7 caíram sob ataque da infantaria alemã em toda a extensão da linha de frente, mas deram apoio enquanto foi possível.

riência da 106ª Divisão também reduziu o número de armas automáticas disponíveis. A experiência demonstrara que as armas automáticas eram de grande ajuda, tanto no ataque quanto na defesa, e muitas divisões mais experientes tinham aproveitado a oportunidade para aumentar o número de fuzis automáticos BAR e metralhadoras leves à disposição. Isso significava ignorar o padrão de suprimento dessas armas como estabelecido na documentação do exército, mas parece que houve pouca oposição à ideia de que a experiência prática deveria superar o que "o livro" dizia a respeito da questão. Infelizmente, a 106ª ainda não estava em condições de descobrir que essa flexibilidade dos regulamentos era necessária, e mantinha nas fileiras a proporção recomendada de fuzis e armas automáticas. Dado que cuidava de uma frente de 34 km, isso foi lamentável, porque a defesa contra unidades inimigas atacantes seria muito mais difícil; em geral, rajadas de fogo automático eram mais eficazes do que tiros de fuzil, por melhor que fosse a pontaria.

A única vantagem possível da 106ª era o terreno, bastante desfavorável aos atacantes em seu setor, porque em muitos pontos o inimigo seria forçado a estreitar a largura do ataque e possivelmente correria mais risco de se expor ao fogo defensivo.

CAVALARIA

O último componente das defesas americanas era o 14º Grupamento de Cavalaria do coronel Mark A. Devine. A unidade estava na infeliz posição de defender uma área cortada pela fronteira entre o Quinto e o Sexto Exércitos Panzer, posicionada, portanto, ao lado da 99ª Divisão de Infantaria. Como já vimos, elementos da 99ª Divisão, sob a forma do pelotão de I&R de Lyle Bouck, operavam na área do 14ª Grupamento de

Homens da Companhia B do 630º Regimento de Caça-Tanques se entrincheiram perto de Wiltz depois de perder os veículos nos primeiros estágios do ataque alemão. A disposição dos soldados especialistas americanos de combater como infantaria dificultou a penetração dos alemães nas defesas.

150   A BATALHA DO BULGE

Cavalaria, e, na história da batalha, isso podia provocar alguma confusão quanto ao exército Panzer que combatia elementos da cavalaria: para os americanos, a distinção entre as formações alemãs que enfrentavam era um detalhe que podia ser deixado aos historiadores; estavam enfrentando uma situação grave, para eles muito mais importante.

No comando do coronel Devine, o 18º Esquadrão de Reconhecimento da Cavalaria defendia o vale de Losheim com apenas 800 homens. Eles estavam concentrados em "ilhas" defensivas nas pequenas aldeias rurais espalhadas pela região, já que essa parecia a melhor maneira de aproveitar seu efetivo limitado. Devine também estava preocupado porque faltava ao 18º Esquadrão uma de suas três tropas (que equivalem a uma companhia na cavalaria americana), enviada para reforçar as defesas na outra ponta do Schnee Eifel. Por outro lado, os cavalarianos tinham o apoio de doze canhões antitanque rebocados de 3 polegadas (76 milímetros), dois pelotões de reconhecimento do 820º Batalhão de Caça-tanques e alguns canhões autopropulsados do 275º Regimento Blindado.

Assim, em termos gerais, as forças americanas diante do Quinto Exército Panzer estavam abaixo do efetivo e, em alguns ponto, em grave risco de serem cercadas por um ataque.

O ATAQUE

Como Von Manteuffel fora contrário a uma pesada barragem de artilharia, os ataques alemães nessa área começaram com companhias de assalto infiltrando-se cautelosamente pelas posições americanas. No setor do Quinto Exército Panzer, em torno do vale de Losheim, as unidades alemãs de vanguarda começaram esse processo entre Weckerath e Roth bei Prüm. Um batalhão

Volksgrenadier avançou pela brecha rumo à aldeia de Auw, de onde partiam estradas para o Our e o Skyline Drive. A leste, ao longo da linha, o ataque à aldeia de Kobscheid enfrentou dificuldades, pois os americanos tinham estabelecido uma defesa eficaz reforçada com o uso de metralhadoras de 0,5 polegada retiradas de carros blindados. O peso do fogo dessas armas tornou relativamente fácil manter os alemães a distância durante a maior parte do dia 16 de dezembro.

A situação em Roth não era tão promissora para os americanos. Os soldados alemães fizeram um esforço vigoroso para desalojar os defensores, já que a importância da aldeia era clara: era necessário controlar as estradas que partiam do povoado para o avanço de soldados, blindados e suprimentos em apoio aos que já tinham contornado a aldeia como parte da infiltração alemã. Roth era defendida pelo pelotão do quartel-general da Tropa A do 18º Esquadrão de Reconhecimento da Cavalaria (comandado pelo capitão Stanley E. Porché) e dois canhões antitanque rebocados. Sua posição difícil estimulou o coronel Devine a mandar, para reforçar a aldeia, um pelotão de tanques leves, que encontraram oposição e não conseguiram o rompimento. No fim da manhã, os tanques leves não tinham conseguido avançar mais, e parecia que a posição defensiva em Roth logo se tornaria insustentável.

Mais além da linha, em Weckerath, o quartel-general da Tropa C defendia a

> Se não fosse a força de vontade e a determinação desses homens de deterem as forças superiores do exército alemão, um capítulo da história diferente do atual teria sido escrito.
>
> *General de brigada Troy H. Middleton, comandante do VIII Corpo*

aldeia. Ali, um pelotão de tanques leves conseguiu forçar o rompimento para ajudar, mas, quando ele apareceu, uma coluna de cerca de quinze canhões de assalto alemães e um batalhão de infantaria foram vistos se aproximando. Logo ficou óbvio que essa formação não seguia diretamente para os americanos e pretendia contornar a aldeia. Embora caísse sob fogo, a coluna alemã continuou com pouca preocupação visível. Os americanos lutaram vigorosamente, mas os alemães conseguiram um avanço metódico nesse setor, com poucos obstáculos em muitos pontos.

Para piorar a situação, o 14º Grupamento de Cavalaria não conseguiu confirmar um plano defensivo coordenado com a 106ª Divisão de Infantaria. A chegada recente da divisão fez com que, em visita ao quartel-general da divisão em Saint-Vith, o coronel Devine encontrasse os oficiais de estado-maior tentando resolver os detalhes do estabelecimento das posições da 106ª Divisão, com pouco tempo para discutir a coordenação com a cavalaria. Devine aguardou algum tempo, mas assim que ficou claro que não conseguiria falar com o general Jones, voltou a seu quartel-general para elaborar um plano próprio. Assim que a 106ª Divisão se instalou nas novas posições, esse plano seria superado pelo elaborado entre ela e o 14º Grupamento, mas esse entendimento fora superado pelos fatos.

RETIRADA DA CAVALARIA

O plano de Devine era realizar uma retirada em combate até a serra junto à qual ficava a aldeia de Manderfeld. Então ele avançaria o 32º Esquadrão de Reconhecimento

Abaixo: Saint-Vith era um objetivo essencial para os alemães devido à posição de importante eixo rodoviário das Ardenas. Para a velocidade da campanha, era fundamental que fosse capturada nas primeiras horas da ofensiva, mas a linha defensiva americana se aguentou.

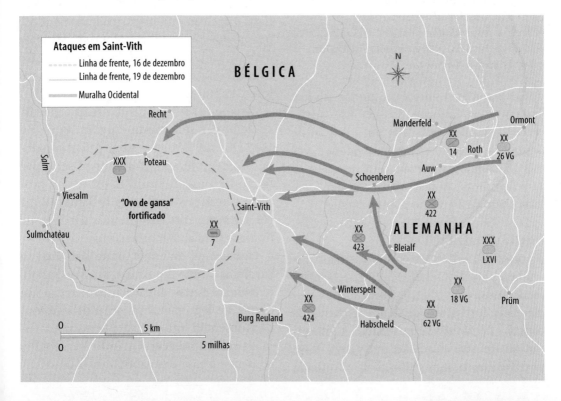

Acima: Aqui, no fotograma de um filme de propaganda, soldados alemães passam por um carro blindado M8 abandonado. Embora posada, a fotografia dá uma boa ideia do padrão de farda e equipamento dos soldados alemães no fim da guerra.

de Cavalaria para iniciar um contra-ataque, enquanto os homens do 18º Esquadrão recuassem ainda mais. Portanto, em 16 de dezembro, quando aconteceu o ataque alemão, Devine ordenou que o 18º recuasse às 11 horas,, hora em que esperava que o 32º já teria chegado à área do contra-ataque.

PEDIDO DE AJUDA

As reações à ordem de recuar variaram. As unidades de Kobscheid e Roth relataram ser impossível, porque a posição dos alemães era fortíssima: qualquer tentativa de recuar à luz do dia seria suicida. A guarnição de Kobscheid achava que talvez fosse possível à noite, mas a situação em Roth era grave. O capitão Porché relatou que os canhões de assalto inimigos estavam a apenas 70 metros de seu posto de comando e que a posição era insustentável. Minutos depois, Roth foi ocupada, e os americanos tiveram de se render. Oitenta e sete homens foram capturados.

Devine percebeu que não seria capaz de se defender sem ajuda e pediu auxílio à 106ª Divisão. A resposta não foi estimulante: o general Jones lamentou não ser capaz de ajudar, porque o inimigo provocava problemas terríveis em torno de Saint-Vith, e ele simplesmente não podia abrir mão de homens para ajudar a cavalaria.

Consciente de que a ajuda não viria, a cavalaria começou a recuar. Em Weckerath, Krewinkel e Afst, os cavalarianos recuaram diante de fogo pesadíssimo, e os soldados de Kobscheid lutaram para segurar os alemães até o anoitecer. Quando a escuridão começou a cair, eles sabotaram seus veícu-

Infantes de uma das posições americanas atacadas em 16 de dezembro de 1944 contam a história de sua fuga a colegas interessados. Embora os alemães fizessem muitos prisioneiros durante a ofensiva, vários grupos pequenos de americanos escaparam do inimigo usando como proteção a floresta densa.

los para negá-los ao inimigo e partiram da aldeia, seguindo para a floresta próxima. Passaram as próximas 72 horas abrindo caminho com cautela pelas árvores até chegarem a Saint-Vith.

No decorrer do dia, ficou óbvio que os alemães tentavam flanquear as posições na Serra de Manderfeld. Devine despachou uma tropa do 32º Esquadrão de Reconhecimento de Cavalaria para Andler, pequena aldeia na linha da entrada do Vale do Our, enquanto outra tropa do 32º Esquadrão, apoiada por caça-tanques do 18º Esquadrão de Reconhecimento de Cavalaria, seguia para Lanzerath na tentativa de proteger o flanco norte das posições americanas. A força-tarefa do flanco norte não conseguiu romper, e ficou claro que a posição do 14º Grupamento de Cavalaria corria algum perigo. Devine sopesou as opções e decidiu que, como o flanco norte não podia ser mantido, era preciso recuar. Ele mandou uma mensagem ao quartel-general da 106ª Divisão pedindo permissão para a retirada. A cavalaria recuou para o morro seguinte e estabeleceu seu flanco sul em Andler, para retardar a entrada dos alemães no Vale do Our. Embora a retirada fizesse todo sentido, no mapa parecia que a decisão cortaria o vínculo entre o 14º Grupamento de Cavalaria e o 422º Regimento de Infantaria da 106ª Divisão, com o risco de expor o flanco norte desta última. Na verdade, a retirada não teve esse efeito, já que os alemães tinham penetrado tão profundamente nas linhas americanas entre a cavalaria e o 422º Regimento que o flanco já estava exposto. A 106ª Divisão estava diante de um desastre.

O DESASTRE DA 106ª DIVISÃO

A barragem inicial contra a 106ª Divisão não foi tão intensa quanto a lançada contra posições americanas em outros pontos da frente, mas foi eficaz. A artilharia causou grandes danos às linhas de comunicação, aos depósitos de munição e às bases de suprimentos. Em minutos, o 423º Regimento de Infantaria perdeu o contato telefônico com o quartel-general da divisão e teve de recorrer ao rádio. Pior ainda, a pouca visibilidade tornava impossível ver o avanço dos soldados alemães antes que estivessem quase em cima das posições americanas, dando aos defensores pouco tempo para reagir.

O primeiro golpe caiu contra as posições do 424º Regimento de Infantaria, ao norte de Heckhuscheid. Defendidas pelas companhias K e L, esta última estava posicionada num pequeno grupo de casas no cruzamento das estradas, num declive, enquanto a Companhia K defendia uma linha que partia das casas de Heckhuscheid propriamente dita. Os alemães conseguiram ocupar as casas com bastante rapidez e usaram os prédios como base de fogo para apoiar o ataque às posições nos morros. A Companhia L recuou, reagrupou-se para contra-atacar e recuperou sua posição, fazendo duzentos prisioneiros. A Companhia K caiu sob fogo pesado de artilharia e morteiros, mas conseguiu rechaçar vários ataques alemães e capturou o primeiro documento que citava a Operação Greif — cuja divulgação criou parte do pânico já citado entre oficiais de segurança. Várias centenas de metros ao sul, na vizinhança de Grosskampenberg, as outras posições de vanguarda

Infantes americanos examinam um tanque alemão destruído por um caça-tanques M10 perto de Wirtzfeld, em 17 de dezembro de 1944. A fotografia demonstra de forma cabal que o mito popular de que os canhões de tanques aliados não conseguiam provocar avarias graves nos tanques alemães era totalmente inexato.

Infantes americanos avançam cautelosamente pela mata, sabendo que pode haver soldados alemães à espera em algum ponto entre as árvores. A floresta tornava relativamente fácil deslocar-se sem ser notado, fator que foi usado com vantagem por ambos os lados.

do 424º Regimento cobraram um preço alto das forças da 116ª Divisão Panzer, que passou em diagonal pelo flanco do batalhão, permitindo que os defensores lhe despejassem fogo intenso.

Em Eigelscheid, os americanos enfrentavam a 62ª Divisão Volksgrenadier, que esperava penetrar pelas linhas americanas e avançar rapidamente para Saint-Vith com um batalhão de ciclistas para ocupar a cidade e tomar o suprimento de combustível. Na verdade, não havia suprimento substancial de combustível em Saint-Vith; e, quanto à primeira meta, a inexperiência dos soldados alemães dificultou seu cumprimento. Quando atacaram depois do amanhecer, a inexperiência ficou óbvia: eles correram à frente em grupos bem unidos (transformando-se em alvos fáceis) e atiraram sem nenhum esforço visível de mirar alvos específicos. A Companhia de Canhões, comandada pelo capitão Joseph Freesland, conseguia escutar os cabos e sargentos alemães tentando impor alguma ordem ao ataque, com pouco efeito. Freesland pediu fogo de artilharia, que provocou pesadas baixas. Os alemães não desanimaram, e toda vez que o fogo de artilharia se interrompia eles se reagrupavam e avançavam, mesmo atingidos por fogo pesado; a Companhia de Canhões tomara emprestadas várias metralhadoras do batalhão de reserva para reforçar a defesa. Mais artilharia era pedida e os alemães recuavam, e o processo todo se repetia. Embora sua defesa se aguentasse, Freesland podia ver que a situação não era promissora. Ele pegou um jipe e foi ao quartel-general do regimento pedir ajuda do batalhão de reserva, que, contudo, fazia parte da reserva da divisão; o regimento só poderia liberá-lo com a improvável

156 A BATALHA DO BULGE

permissão do general Jones. Freesland voltou a seus homens e descobriu que a situação se deteriorara: a tropa de reconhecimento da divisão fora derrotada em Grosslangenfeld, permitindo aos alemães atacar vindos de outra direção; com eles, vieram quatro canhões de assalto.

Freesland voltou ao quartel-general do regimento para pedir ajuda outra vez, e teve mais sorte. O coronel Alexander D. Reid, comandante do regimento, estava com o general de brigada Herbert T. Perrin, segundo no comando de Jones. Quando ouviu o relatório de Freesland, Perrin não esperou para falar com Jones e ordenou que a Companhia C da reserva avançasse para ajudar. Enquanto a Companhia C seguia para Eigelscheid, Perrin entrou em contato com Jones para pedir a aprovação do avanço do batalhão da reserva. Jones concordou, mas quando os reforços chegaram os alemães estavam quase ocupando a aldeia. Freesland ordenou que seus homens recuassem, e os sobreviventes da Companhia de Canhões, juntamente com os reforços recém-chegados, voltaram a Winterspelt para se unir à defesa do 1º Batalhão. Pouco depois do anoitecer, os Volksgrenadier retomaram o ataque e avançaram para Winterspelt. Agora o perigo era claro: se o 424º Regimento fosse forçado a recuar mais, os alemães estariam em condições de cercar ambos os regimentos no Schnee Eifel.

O SETOR NORTE

Ao norte do 424º, o 423º Regimento de Infantaria estava em situação um pouco melhor no final de 16 de dezembro, embora "melhor" seja um conceito relativo. Após perder a comunicação telefônica durante a barragem de artilharia, o 423º foi atacado ao longo de toda a linha. Às 6 horas,, a Companhia Antitanque do regimento caiu sob fogo de armas pequenas em Bleialf, local

> Meus batalhões de assalto se infiltraram rapidamente pela frente americana — como pingos de chuva. Às 4 horas da tarde, os tanques avançaram...
>
> *General Hasso Von Manteuffel descreve as ações do Quinto Exército Panzer em 16 de dezembro de 1944*

importantíssimo por dar acesso à rota para o sul em torno da floresta de Schnee Eifel. Os elementos de vanguarda do 293º Regimento Volksgrenadier (18ª Divisão Volksgrenadier) começaram a se infiltrar na própria Bleialf, enquanto outro grupo avançava entre as posições de canhões antitanques e a Tropa B do 18º Esquadrão de Reconhecimento de Cavalaria, destruindo pelo caminho o pelotão à direita da Companhia Antitanque. O coronel Charles C. Cavender, comandante do 423º Regimento, telefonou ao general Jones para pedir que seu 2º Batalhão voltasse à ativa e deixasse de fazer parte da reserva da divisão. Jones solidarizou-se com Cavender, mas se sentiu incapaz de liberar metade de sua escassa reserva. Cavender reuniu uma tropa improvisada com homens da Compa-

CANHÃO ANTICARRO DE 3 POLEGADAS M5

O canhão anticarro de 3 polegadas (76.2 milímetros) era uma arma bastante incomum que combinava componentes de várias armas existentes para formar uma nova. O cano era de um canhão antiaéreo, enquanto a culatra e o reparo eram do obuseiro M2A1 de 105 milímetros. O canhão era bastante pesado, geralmente rebocado por um caminhão 6×6; isso dificultava o deslocamento rápido. Ainda assim, o M5 era eficaz e foi muito usado na Batalha do Bulge. Permaneceu em serviço durante alguns anos depois da Segunda Guerra Mundial.

ATAQUE DO QUINTO EXÉRCITO PANZER

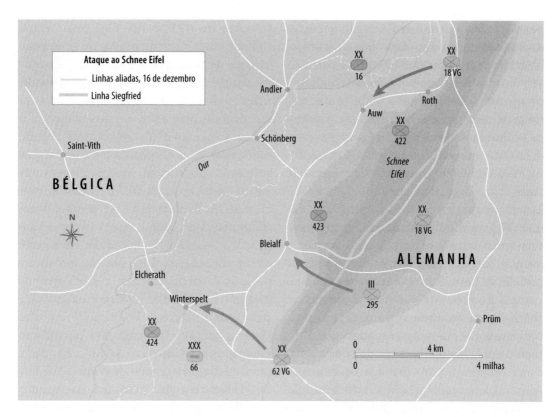

A ofensiva alemã na área do Schnee Eifel foi atrapalhada pelo terreno, favorável aos defensores. No entanto, a linha era defendida de forma frágil: os soldados americanos defendiam o triplo da extensão considerada sensata pela doutrina do exército dos Estados Unidos.

nhia de Serviço do regimento, da Companhia B do 81º Batalhão de Engenharia de Combate e todos os que conseguiu tirar do serviço do quartel-general da companhia. Alguns homens da Companhia de Canhões foram acrescentados para completar a pequena tropa, mandada para Bleialf. Depois de encarniçado combate casa a casa, os alemães foram quase totalmente expulsos da aldeia, a não ser pelos que conseguiram se aguentar em algumas casas próximas à ferrovia.

RETIRADA DO 422º REGIMENTO

O último regimento de infantaria da 106ª Divisão era o 422º, que caiu sob ataque prolongado do 294º Regimento Volksgrenadier pelo flanco e pela retaguarda. A Companhia A do 81º Batalhão de Engenharia de Combate se envolveu tanto na luta quanto seus colegas da Companhia B, porque estavam alojados em Auw, com sua importantíssima rede de estradas. A unidade de engenharia engajou a vanguarda da coluna alemã, mas os canhões de assalto os forçaram a recuar. A retirada foi desesperadora: o 1º Pelotão foi o último a partir, com os alemães chegando a poucos metros. O cabo Edward S. Withee ficou para trás para cobrir a retirada do pelotão, armado apenas com uma submetralhadora. Apesar da mínima probabilidade, Withee conseguiu ganhar tempo suficiente para que os colegas escapassem e, quase por milagre, dada a oposição, sobreviveu e foi aprisionado; mais tarde, recebeu a Cruz de Distinção em Serviço.

Ao meio-dia, os alemães começaram a se deslocar de suas novas posições em Auw para atacar as posições de artilharia nos dois lados da estrada Auw-Bleialf, com o objetivo de impedir que os canhões atirassem contra o ataque ao Vale do Our propriamente dito. A primeira onda de ataques foi rechaçada pelos artilheiros, que usaram os canhões em tiro tenso com disparo rápido a cada um ou dois segundos. Em seguida, veio a tentativa americana de recapturar Auw, para a qual o coronel George L. Descheneaux Jr., oficial comandante do 422º Regimento de Infantaria, despachou uma força-tarefa por volta das 13 horas. O avanço começou nas garras de uma tempestade de neve, mas, assim que fez contato com as posições de vanguarda alemãs, a força-tarefa recebeu ordem de parar e seguir para o posto de comando do regimento em Schlausenbach, onde criaria uma linha defensiva para proteger o quartel-general, ameaçado pela infantaria inimiga. Ele tinha a opção de permitir que o ataque continuasse ou proteger o quartel-general, já que, se este caísse, a coesão do regimento poderia se desfazer, porque o comando central se perderia. As forças contra-atacantes foram chamadas de volta. Quando a força-tarefa desengajou em Auw para cumprir a nova ordem, os alemães laçaram outro ataque contra a artilharia da estrada Auw-Bleialf, dessa vez apoiados por canhões de assalto. Alguns artilheiros usaram bazucas para enfrentar os canhões de assalto, enquanto os colegas ficavam nas bocas de fogo, atirando na infantaria. O ataque foi rechaçado, mas os artilheiros sofreram pesadas baixas.

REFORÇOS

Quando o Sol se pôs no dia 16, os soldados da 106ª Divisão de Infantaria tinham perdido relativamente pouco terreno. Isso não disfarçava o fato de que os alemães conseguiram penetrações significativas entre as posições do 423º e do 424º Regimentos; tinham também manobrado até uma posição que deixava expostos os flancos e a retaguarda do 422º. Quando a noite caiu, os alemães voltaram a atacar, mantendo os americanos ocupados e aumentando sua fadiga, enquanto soldados alemães descansados iam até a vanguarda para um ataque revigorado na manhã seguinte. Agora eles ameaçavam cercar os dois regimentos americanos no Schnee Eifel. O general Jones tinha mandado toda a reserva para a vanguarda e aguardava a chegada de reforços. A difícil situação da 106ª Divisão provocara iniciativas apressadas do VIII Corpo, do Primeiro Exército e do 12º Grupo de Exércitos para reunir reforços. O Primeiro Exército liberou, para o VIII Corpo, o Comando de Combate B (CCB) da 9ª Divisão Blindada, comandado pelo general de brigada William H. Hoge, o que permitiu ao general Middleton mandar à frente sua reserva, o Comando de Combate R, para apoiar a 28ª Divisão. O Comando de Combate B foi designado para a 106ª. Hoge partiu para Saint-Vith pouco depois das 18 horas e che-

A guarnição de um tanque alemão pega uma carona sobre o bloco do motor de um Panther. Parecem relativamente alegres, e seus uniformes limpos levam a concluir que não estavam sendo levados de volta às linhas amigas depois de perder seu veículo em combate.

Um Jagdpanzer IV avança em terreno acidentado. A infantaria alemã recorria ao apoio de canhões de assalto e caça-tanques durante o avanço, e o número relativamente pequeno desses veículos à disposição da ofensiva deixou muitos soldados atolados.

gou ao quartel-general de Jones meia hora depois. Jones disse a Hoge que deslocasse o CCB para o vale de Losheim, em Manderfeld, de onde lançaria um contra-ataque para combater a penetração inimiga que ameaçava a posição no Schnee Eifel.

Pouco depois de dar instruções a Hoge, Jones recebeu um telefonema de Middleton com a notícia de que ele também enviava um grupo de combate da 7ª Divisão Blindada para ajudar. A unidade chegaria às 7 horas do dia seguinte (17 de dezembro) e seria seguido por toda a divisão. Essa era uma avaliação excessivamente otimista da rapidez com que a força se deslocaria. Embora os elementos de vanguarda do grupo tático conseguissem chegar a Saint-Vith às 7 horas, o fato de ser preciso percorrer quase cem quilômetros em poucas horas fez que o grosso dos reforços prometidos só aparecesse mais tarde. Aparentemente sem saber disso, Jones decidiu alterar o papel do CCB, que agora defenderia Winterspelt. Fazia sentido, já que isso tiraria o CCB de Saint-Vith propriamente dita, impedindo o excesso de soldados quando as unidades da 7ª Divisão Blindada chegassem. Jones também pensou na sensatez de deixar dois regimentos sozinhos no Schnee Eifel. Telefonou a Middleton para propor a retirada, mas a linha telefônica ruim e a interrupção das comunicações por alguns segundos fizeram Jones entender que Middleton lhe ordenara que deixasse os soldados onde estavam, embora o comandante do VIII Corpo tivesse concordado com a decisão de recuar. O 423º e o 422º Regimentos de Infantaria corriam grave perigo.

AUMENTA A AMEAÇA

A posição desses regimentos só fez piorar com os fatos ocorridos com a cavalaria no fim da tarde de 16 de dezembro. Por volta das 18h30, o 18º Esquadrão de Reconhecimento de Cavalaria recuou para Wereth, deixando a Tropa A do 32º Esquadrão de Reconhecimento de Cavalaria em posição perigosamente exposta. O comandante da tropa tentou obter permissão para recuar, mas não conseguiu atingir o quartel-general. A avaliação da situação indicou que a posição do 32º era cada vez mais frágil, e ele decidiu recuar para Honsfeld. O 32º retirou-se devidamente para essa aldeia e para a área de responsabilidade da 99ª Divisão.

Enquanto isso, a Tropa B do 32º Esquadrão era atacada em Andler por uma força alemã formada por tanques Tiger e infantaria. Na verdade, eram elementos do Sexto Exército Panzer que se deslocaram para a área do Quinto Exército Panzer em busca de estradas capazes de aguentar o peso dos Tigers. A Tropa B recuou apressada, deixando isolados em Herresbach os homens do 32º Esquadrão; eles também foram forçados a recuar. A Tropa B rumou para Schönberg, mas foi prontamente atacada pelo 294º Regimento alemão, que empurrou a tropa para oeste. Ela recuou em busca de um local onde pudesse estabelecer uma base firme para retardar os alemães. Acabou encontrando um ponto adequado numa curva fechada da estrada perto de Heuem, e combateu os alemães que a perseguiam durante duas horas, até receber instruções de recuar para Saint-Vith.

SKYLINE DRIVE

Os ataques do Quinto Exército Panzer contra elementos da 28ª Divisão que defendia o outro lado da linha de frente começaram com a infiltração de tropas de choque por brechas na linha. As posições de morteiros perto de Sevenig caíram sob fogo, mas os atacantes foram rechaçados. O ataque a um

Uma coluna americana passa por uma aldeia destruída, numa cena deprimente reencenada nas Ardenas no inverno de 1944-45. O chão está enlameado, o tempo frio e nublado, e os soldados estão cercados por cenas de destruição onde quer que olhem.

ATAQUE DO QUINTO EXÉRCITO PANZER

162   A BATALHA DO BULGE

pelotão que fazia fila para o desjejum teve mais sucesso e forçou os americanos a fugir. Essas pequenas indicações de um ataque foram seguidas, à luz do dia, pela imagem de soldados alemães marchando rumo às linhas americanas. Uma das companhias de choque atacantes apresentou-se como alvo para elementos do 424º Regimento de Infantaria, que prontamente fizeram em pedacinhos os atacantes. Esse padrão foi seguido durante boa parte do dia, e um contra-ataque do 2º Batalhão do 112º Regimento pela aldeia de Ouren, no início da tarde, expulsou os alemães de suas posições arduamente conquistadas e restaurou a linha de frente. No fim do dia, o 112º Regimento conseguira retardar uma das duas colunas principais do Quinto Exército Panzer.

Enquanto o 112º tinha um dia de sucesso na defesa, o 110º Regimento de Infantaria enfrentou dificuldades. A neblina densa facilitou que os soldados da 26ª Divisão Volksgrenadier passassem pelas posições defensivas do Skyline Drive sem serem vistos. Embora escutassem os Volksgrenadiers, os defensores não podiam ter certeza de que eram amigos ou hostis e não ousaram abrir fogo. Um pelotão da Companhia K foi derrotado quando os alemães saíram da neblina à queima-roupa, mas os Volksgrenadier não aproveitaram a vantagem quando chegaram à aldeia de Hosingen. O ataque perdeu o ímpeto e foi rechaçado. Para os alemães, não terem tomado Hosingen foi importante porque não poderiam contorná-la; a aldeia controlava as melhores rotas para oeste e rumo à ponte de Gemünd.

Mais ao norte, os alemães que atacavam Marnach enfrentaram dificuldades quando deram com um campo minado americano logo depois de atravessar o Our. Marnach, como Hosingen, não podia ser contornada, devido ao acesso que oferecia a uma estrada importante, a de Clervaux. Depois de se desembaraçarem do campo minado, os alemães seguiram para a aldeia, mas chegaram quando a neblina subia. Os defensores os avistaram e abriram fogo. Embora o ataque fracassasse, outras unidades alemãs passaram em marcha pela aldeia rumo a Clervaux, enquanto os atacantes se reagrupavam para novo assalto.

DEFESA DO RIO

O coronel Fuller teve alguma dificuldade para entrar em contato com o quartel-general da divisão, mas pouco depois das 9 horas, quando conseguiu, disse imediatamente ao brigadeiro general Cota que precisava que seu 2º Batalhão (que servia de reserva da divisão) lhe fosse devolvido. Cota se opôs porque não queria se desfazer da reserva antes de saber direito o que acontecia com todas as suas forças. Mas ele mandou duas companhias de tanques Sherman do 707º Batalhão Blindado para dar alguma ajuda a Fuller. Os 34 tanques

TANQUE LEVE M3/M5

O tanque leve M3 teve mais uso no teatro europeu como veículo de reconhecimento, porque seu armamento principal, um canhão de 37 milímetros, era incapaz de vencer a blindagem dos tanques alemães. O primeiro uso generalizado do M3 não foi com os americanos, mas com os britânicos, que chamavam o tanque de "Stuart" ou "Honey". Na época da Batalha do Bulge, o M3 recebeu a companhia de uma evolução do projeto original, o M5, que se diferenciava por ter dois motores Cadillac em vez do motor único do M3. Como o canhão de 37 milímetros estava superado, não era raro que a torreta fosse removida para ajudar a camuflagem e metralhadoras a mais fossem carregadas no lugar da arma principal.

eram uma força poderosa, mas Fuller foi obrigado a dividi-los em grupos menores para atender aos pedidos de ajuda que vinham de toda a frente do regimento. Dois pelotões foram para Marnach, que Fuller considerava a área mais importante a defender. Infelizmente, os fatos conspiraram contra o despacho rápido dos tanques. O tenente coronel Donald Paul mandara uma patrulha da Companhia A de seu 1º Batalhão ajudar Marnach, mas ela fora obrigada a recuar pelas tropas inimigas que contornavam a aldeia. Então, Paul ordenou que sua reserva, a Companhia C, expulsasse os alemães do sul de Marnach. A companhia começara a marchar quando o coronel Paul soube que os tanques do 707º Batalhão estavam a caminho da aldeia. Então ele requisitou que fossem primeiro para Munshausen, onde se encontrariam com a Companhia C. Esta, contudo, caiu sob fogo pesado e resolveu continuar seu avanço fora da estrada. Os tanques não a encontraram e seguiram para Marnach. Quando soube que a Companhia C não chegara ao destino previsto, Paul ordenou que um dos pelotões blindados voltasse para procurar a companhia desaparecida; depois disso, deveria se unir à defesa de Munshausen. O outro pelotão blindado foi mandado para Hosingen. Os defensores de Marnach ficaram sem nenhum apoio de tanques.

Enquanto o 110º Regimento se defendia com desespero, unidades de engenharia alemãs construíam pontes sobre o Our. A obra era demorada porque as pontes tinham de ser robustas para aguentar o peso dos tanques Panther. Levar o equipamento necessário até a margem do rio era difícil devido ao terreno íngreme, e o rio propriamente dito estava cheio com as chuvas e a neve recentes. A primeira ponte ficou pronta pouco depois das 13h, mas o décimo primeiro tanque a atravessá-la perdeu o controle, bateu na ponte e caiu no rio. A ponte teve de ser consertada, e só às 16 horas a travessia recomeçou. Ao mesmo tempo, outra ponte ficou pronta em Gemünd, permitindo que os alemães levassem seus blindados para a batalha. Enquanto a engenharia se ocupava com as pontes sobre o Our, os alemães mantinham forte pressão em toda a linha, e a defesa logo começou a sofrer. Com homens que, por acaso, estavam de licença em Clervaux, o coronel Fuller foi forçado a organizar uma companhia de infantaria provisória e mandá-la bloquear a estrada entre Marnach e Clervaux, enquanto o estado-maior se punha a trabalhar para defender o quartel-general. Pouco depois do anoitecer, os defensores de Marnach mandaram a última mensagem, dizendo que a aldeia estava sob forte ataque de infantaria apoiada por meias-lagartas. Os disparos continuaram pela noite adentro com a defesa dos últimos bolsões. No fim do dia, o coronel Fuller conseguiu do general Cota a liberação de seu 2º Batalhão, e planejou retomar Marnach com ele. Embora a situação fosse grave, os alemães não tinham avançado muito. Cerca de dois mil americanos tinham segurado pelo menos dez mil atacantes, uma realização e tanto. Mas houvera um custo, porque os americanos sofreram centenas de baixas e a munição era pouca. Para piorar a situação, pouco depois da meia-noite de 17 de dezembro os tanques alemães começaram a se reunir em Marnach, agora firme em suas mãos, preparando-se para o ataque a Clervaux.

O DESTINO DA 106ª DIVISÃO

No fim das 24 primeiras horas da ofensiva alemã, o 422º e o 423º Regimentos de Infantaria enfrentavam graves problemas. Os alemães estavam em condições de impedir que chegassem a lugar seguro e,

A guarnição de um Panther conversa com colegas na base de operações. O Panther tem o canhão voltado para a retaguarda, de modo que, ao se aproximar, os soldados amigos possam ver que não é uma ameaça. As guarnições tomavam essa precaução para não serem confundidos com um tanque hostil e alvejados.

para piorar a situação, a comunicação com o quartel-general da 106º Divisão de Infantaria era, na melhor das hipóteses, inconstante. As tentativas de ajudá-los fracassaram e, no início da manhã de 18 de dezembro, eles foram realmente cercados. O general Jones deu a ordem de romperem com luta e atacar o inimigo em Schönberg. Embora o fizessem no dia seguinte, era uma tarefa impossível de cumprir. Os dois regimentos perderam o contato entre si enquanto avançavam rumo ao objetivo e caíram sob fogo intenso. No fim da tarde, tanto o coronel Cavender quanto o coronel Descheneaux entenderam que sua posição era insustentável e, com relutância, organizaram a rendição dos homens. Cerca de oito mil soldados americanos foram para o cativeiro, e a 106ª Divisão de Infantaria foi destruída como uma força de combate coesa.

O 110º REGIMENTO DE INFANTARIA EM CLERVAUX

Pouco depois da meia-noite de 17 de dezembro, o fogo de artilharia alemão começou a cair em Clervaux, dando cobertura às patrulhas alemãs que atacavam posições americanas na cidade. Embora de escala relativamente pequena, a luta foi suficiente para que, por prudência, a artilharia em Clervaux (Bateria B do 109º Batalhão de Artilharia de Campanha) recuasse, embora não pudesse apoiar o proposto contra-ataque de Fuller, porque agora os canhões estavam fora de alcance. A Bateria A do 109º Batalhão teve destino ainda pior, pois suas posições foram tomadas por alemães que tinham avançado por trás do Skyline Drive. Isso deixou apenas a Bateria C e a Companhia de Canhões do 110º Regimento em condições de apoiar o contra-ataque, mas, como já estavam engajadas no apoio à defesa do Skyline Drive, era muito improvável que pudessem contribuir.

SITUAÇÃO GRAVÍSSIMA

O 2º Batalhão começou a avançar e imediatamente enfrentou dificuldades. A Companhia F deu de cara com soldados alemães que saíam da floresta próxima e levou duas horas para rechaçá-los, enquanto a Companhia E conseguia avançar um pouco mais, mas também encontrou alemães. Os soldados estavam engajados em luta encarniçada quando o coronel Fuller ordenou que um pelotão bloqueasse a estrada Marnach-Clervaux, por onde avançavam os blindados alemães. O pelotão pouco pôde fazer para impedir o avanço inimigo. Os tanques do 707º Batalhão Blindado encontraram caça-tanques alemães e perderam rapidamente oito de seus dezoito veículos, enquanto foguetes Panzerfaust antitanque

Bastogne, estratégica por ser um importante centro rodoviário, foi cercada pelos alemães poucos dias depois do início da ofensiva. Suprida pelo ar quando o tempo melhorou, a 101ª Divisão Aerotransportada fez uma defesa épica da cidade.

> Fracassamos porque nosso flanco direito, perto de Monschau, deu de cara com a parede.
>
> General Hasso-Ecard von Manteuffel

disparados pela infantaria deram cabo de outros três. A situação era gravíssima, porque a 2ª Divisão Panzer ganhara ímpeto e seguia para Clervaux na tentativa de fazer um ataque pela retaguarda e não de frente. Os homens em posição defensiva fizeram o possível, mas foram forçados a recuar.

A situação em Clervaux propriamente dita era um pouco melhor. Por volta das 9h30, avistaram-se tanques alemães que se aproximavam pela estrada de Marnach, e Fuller enviou sua reserva de cinco Sherman para enfrentar o avanço: houve uma cruel troca de fogo, na qual três Sherman foram destruídos. Os alemães perderam quatro tanques, e os sobreviventes recuaram. Os dois tanques americanos partiram para buscar munição no quartel-general de sua

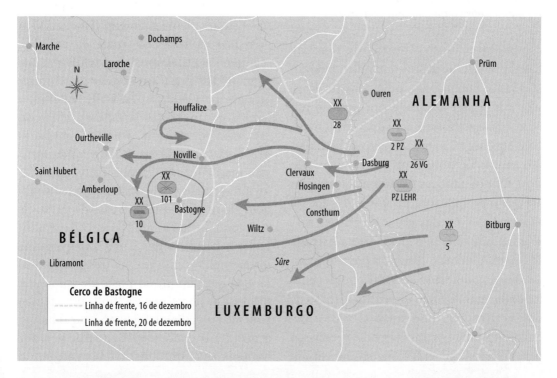

Um M4 do 23º Batalhão Blindado cai na cratera de uma bomba. A legenda oficial da fotografia explica que a guarnição do tanque deu ré ao cair sob o fogo de um canhão alemão e não percebeu que a cratera estava logo atrás. Na mesma hora o tanque caiu no buraco.

companhia, e isso os retirou do resto da batalha. Fuller ordenou que outro pelotão blindado, comandado pelo tenente Raymond E. Fleig, saísse de sua posição em Munshausen e fosse para Clervaux. Quando Fleig chegou ao cruzamento de estradas, um Panzer IV voltado para Clervaux abriu fogo. Os dois tanques trocaram alguns tiros até que o artilheiro de Fleig deu o golpe de misericórdia. Os destroços do Panzer formaram um bloqueio perfeito na estrada Marnach-Clervaux. Nenhum outro blindado alemão poderia se deslocar por ali rumo à cidade, mas isso não impediria ataques de outras direções. Enquanto a tarde caía, Fuller se sentiu obrigado a pedir permissão para recuar. O general Cota enfrentava um dilema: não queria deixar que um regimento fosse destruído, mas sabia muito bem que era necessário impedir que os alemães chegassem a Bastogne. E recusou a permissão. Por volta das 18h30, Fuller soube que seis tanques alemães tinham flanqueado as posições na serra ao norte da aldeia e seguiam para Clervaux. Isso significava que agora o 110º Regimento estava prestes a ser atacado pela retaguarda. Fuller telefonou para o coronel Jesse L. Gibney, chefe do estado-maior de Cota, e novamente pediu permissão para recuar. Gibney ainda recusou, mas, enquanto os dois falavam, Fuller foi interrompido pela notícia de que os tanques alemães se aproximavam do posto de comando, localizado no Hotel Claravallis. Fuller voltou à conversa, mas foi novamente interrompido, dessa vez por três granadas de tanque que caíram no posto de comando. Ele disse a Gibney que não tinha mais tempo para falar e desligou; foi a seu quarto buscar a arma e o encontrou ocupado por dez homens seus que buscavam proteção; o cômodo foi atingido pelo foguete de um *Panzerfaust* que feriu metade deles. Enquanto Fuller punha uma atadura nos olhos cegos de um homem, um policial do exército apareceu para lhes mostrar como deixar o prédio pela saída de incêndio. Assim que chegaram a lugar seguro, Fuller parou para recuperar o fôlego e levou o grupo (agora com 14 homens) até a aldeia de Esselborn, onde tinha esperança de encontrar um telefone; mas não encontrou. No quartel-general da 28ª Divisão, o primeiro indício da perda de Clervaux foi o aviso do operador de que um tanque acabara de enfiar seu armamento principal no saguão do hotel e que ele achava melhor desligar o aparelho. Quando 17 de dezembro chegou ao fim, os alemães estavam em condições de avançar até Bastogne: eles encontrariam à sua espera a 101ª Divisão Aerotransportada e participariam de uma batalha que se tornaria tema de lendas.

CAPÍTULO 7

SÉTIMO EXÉRCITO

A última formação alemã envolvida na ofensiva foi o Sétimo Exército, mal equipado e com parcos recursos. Hitler mostrara pouca preocupação com esse elemento do ataque, convencido de que seus outros exércitos avançariam com tanto ímpeto que o papel do Sétimo Exército não passaria de uma formalidade. Ele estava tristemente enganado.

O SÉTIMO EXÉRCITO, comandado pelo *General der Panzertruppen* Erich Brandenberger, era de longe o mais mal equipado dos três exércitos que atacavam a linha de frente das Ardenas. Brandenberger tinha três divisões Volksgrenadier e uma divisão de paraquedistas sob seu comando, com as quais teria de proteger o flanco sul da ofensiva, da fronteira alemã ao Rio Mosa. Se o exército atingisse o objetivo de chegar ao rio, cada divisão teria de defender um setor de 32 km de extensão. Isso dificilmente seria obstáculo para um ataque decidido do Terceiro Exército de Patton. Para aumentar os problemas do Sétimo Exército, ele dependia de tração animal para o transporte e não podia se deslocar com a velocidade que seria possível com veículos motorizados. Hitler não demonstrara muita preocupação com os problemas enfrentados pelo Sétimo Exército, pois acreditava que o Quinto e o Sexto Exércitos Panzer estariam do outro lado do Mosa antes que os americanos conseguissem organizar um contra-ataque.

Essa opinião não era a mesma de muitos generais de Hitler. Eles sabiam muito bem que a solução comprovada para lidar com ofensivas inimigas era segurar os "ombros" (as forças nos flancos do avanço principal, ou "cabeça"), porque isso impediria que a penetração inimiga se alargasse. Assim que os ombros do ataque fos-

Embora feita na frente oriental em 1943, esta fotografia ilustra um grande problema do exército alemão, ou seja, a falta de transporte motorizado. Boa parte da logística do exército dependia de cavalos, que eram lentos e exigiam grande quantidade de forragem.

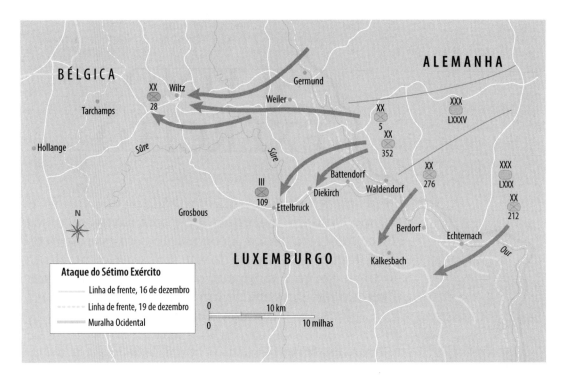

Em termos de efetivo e equipamento, o Sétimo Exército era o "primo pobre" dos outros exércitos atacantes, e dizem que Hitler não se preocupou com os detalhes do plano. Von Rundstedt e Model não conseguiram convencer o Führer de que o sucesso exigiria mais soldados.

sem paralisados e a linha de frente se estabilizasse, o passo seguinte seria cortar a penetração pela base. Se o Sétimo Exército não tivesse força suficiente para impedir que os americanos avançassem através dele, a ofensiva seria cercada. Tanto Von Rundstedt quanto Model insistiram com Hitler para que reforçasse as tropas de Brandenberger, mas foram ignorados. Isso deixou Brandenberger com um exército que sofria de falta de homens e de equipamento essencial. Ele dispunha de menos da metade das bocas de artilharia e lançadores de foguete do Sexto Exército Panzer: meros 30 canhões de assalto e nenhum tanque. Com forças tão limitadas, como cumprir as metas estabelecidas por Hitler? Sua resposta muito simples foi que não cumpriria. Provavelmente obteria uma penetração limitada usando um de seus corpos na região de Echternach, e então posicionaria suas forças como barreira defensiva a 16 km de Luxemburgo. As outras unidades, se ficassem bem próximas do Quinto Exército Panzer, poderiam obter ímpeto suficiente com o avanço para chegar ao sul de Bastogne, onde conseguiriam estabelecer posições defensivas. Brandenberger não tinha a mínima ilusão de chegar ao Mosa: ele achava que seria impossível.

Na ala norte dos alemães, o assalto seria encabeçado pelo LXXXV Corpo, comandado pelo general de infantaria Baptist Kneiss. Sua 5ª Divisão de Paraquedistas (mais uma vez, operando como infantaria e com relati-

A infantaria americana ocupa uma posição defensiva rasa. Falta a essas trincheiras cobertura superior, valorizada quando a batalha começou. A explosão de granadas entre as árvores cobria o chão de lascas fatais de madeira.

CARRO BLINDADO LEVE M8

O M8 foi o carro blindado americano mais importante da guerra; quando a produção terminou em abril de 1945, 11.667 deles tinham sido fabricados. O M8 era um veículo espaçoso com quatro soldados na guarnição. O principal armamento, um canhão de 37 milímetros, ficava acomodado numa torreta aberta, enquanto uma metralhadora de 0,5 polegada costumava ser levada numa montagem em anel acima da torreta. Os britânicos também usaram o M8 (que chamavam de "Greyhound"), mas o consideravam vulnerável demais a minas. Essa era uma desvantagem relativamente pequena, superada pela capacidade do M8 de transpor quase qualquer terreno que encontrasse.

vamente poucos paraquedistas qualificados) atravessaria o Rio Wiltz, seguiria para oeste pela cidade de mesmo nome e contornaria o quartel-general da 28ª Divisão. Em seguida, ocuparia uma posição de bloqueio ao sul de Bastogne. A outra divisão do LXXXV Corpo, a 352ª Volksgrenadier, cruzaria o Our, avançaria até o lado oeste do Rio Sûre e depois construiria posições defensivas no terreno elevado além do rio. Para ajudar a atingir esses objetivos, a maior parte dos canhões de assalto foi designada para apoiar o LXXXV Corpo, além de dois terços da artilharia disponível no Sétimo Exército, que bombardeariam as posições do 109º Regimento de Infantaria.

VULNERABILIDADES

Quanto à ala sul, o LXXX Corpo usaria sua 276ª Divisão Volksgrenadier para atravessar o Sûre e, depois de destruir as forças americanas à frente, ocuparia o terreno elevado onde também construiria posições defensivas. O local exato dessas posições não foi especificado porque Brandenberger não podia ter certeza da profundidade em que a 276ª Volksgrenadier conseguiria penetrar. Ele esperava que a linha ficasse 13 km ao sul da cidade de Luxemburgo, mas estava disposto a alterar o local caso necessário. A consideração mais importante era a necessidade de uma posição de bloqueio, e isso não precisava ser feito no ponto exato que Brandenberger esperava alcançar. A outra divisão do LXXX Corpo era a 212ª Divisão Volksgrenadier, que Brandenberger considerava a melhor. Portanto, deu-lhe a tarefa de ancorar o flanco sul do exército e fornecer o regimento de reserva. Embora não houvesse dúvida de que fosse mais capaz que as outras — depois da surra na frente oriental, ela fora refeita com oficiais e praças experientes e soldados considerados acima da média —, a 212ª Divisão Volksgrenadier tinha apenas quatro canhões de assalto e apoio limitado de artilharia.

Mas nem tudo ia mal para Brandenberger. Embora sua força fosse menor do que gostaria, pelo menos ele tinha mais homens do que as unidades americanas à frente. Essas eram o 109º Regimento de Infantaria (terceiro regimento da 28ª Divisão, além do 110º e do 112º), o 12º Regimento de Infantaria da 4ª Divisão de Infantaria e o 60º Batalhão de Infantaria Blindada da 9ª Divisão Blindada. Este último defendia um platô entre o Sûre e um riacho chamado Ernz Noire. O barranco do Ernz Noire não beneficiava os defensores, porque três estradas o cruzavam, uma delas dando diretamente na retaguarda do quartel-general do batalhão, em Beaufort. Para o tenente coronel Kenneth W. Collins, comandante do batalhão, era muito preocupante o fato de o Ernz Noire não fazer parte da área de responsabilidade do 60º Batalhão de Infantaria Blindada; sua defesa cabia ao 12º Regimento de Infantaria, que cobria área tão extensa que havia apenas um punhado de homens para bloquear o avanço alemão barranco acima.

O flanco norte também preocupava o tenente coronel Collins, porque havia uma brecha de mais de 1,6 km entre seus homens e as posições mais próximas do 109º Regimento. Portanto, ele mandou um esquadrão fechar a brecha, embora não tivesse ilusões de que, diante de um ataque, os homens pudessem fazer algo além de dar o alarme. O resto da linha era menos preocupante porque a maioria das posições de Collins tinha bom campo de fogo sobre o vale do Sûre, o que lhe dava certa vantagem contra a superioridade numérica dos atacantes alemães. Mais além na linha, o 109º Regimento conseguira deslocar um batalhão para a reserva com a chegada do 60º Batalhão de Infantaria Blindada, enquanto uma companhia de tanques médios do 707º Batalhão Blindado fora designada para apoiar o 109º. Quanto ao 12º Regimento de Infantaria, ele tinha a possibilidade de obter apoio de dois regimentos que defendiam a linha ao sul, mas o comandante da divisão, brigadeiro general Raymond O. Barton, teria de levar em conta a probabilidade de um ataque alemão em sua parte da linha e talvez não pudesse liberá-lo para apoiar o 12º.

PRIMEIRO ASSALTO

A falta de artilharia à disposição do Sétimo Exército fez com que o grosso dos canhões e foguetes fosse designado para apoiar o ataque do LXXXV Corpo, e a maior parte do fogo caiu no setor do 109º Regimento de Infantaria, atingindo o quartel-general e as posições de artilharia. As companhias de assalto avançaram sob a proteção da neblina densa que cobria toda a linha de frente, e, como em outros pontos, conseguiram se deslocar sem serem avistadas pelos defensores. Em alguns lugares, os americanos só

souberam do ataque alemão quando receberam o fogo de soldados inimigos a poucos metros de distância. Sempre que possível, os paraquedistas que operavam junto à ala norte do 109º Regimento seguiram as instruções de contornar o adversário. Em Vianden, a Companhia F não viu os paraquedistas, que os deixaram em paz enquanto se deslocavam para a parte sul do Skyline Drive. Outra coluna de soldados entrou na aldeia de Walsdorf, deixada sem defesa. À tarde, eles avançaram rumo à aldeia de Brandenbourg, quartel-general do 2º Batalhão do 109º Regimento. Isso fez o tenente-coronel James E. Rudder, comandante do batalhão, solicitar uma companhia da reserva do regimento para apoiar os soldados do quartel-general. Rudder também precisava se preocupar com a Companhia E, que defendia a aldeia de Fouhren. A estrada que passava por lá levava ao vale do Sûre e à cidade de Diekirch, e era necessária para os alemães. No entanto, a aldeia ficava na fronteira entre a 5ª Divisão de Paraquedistas e a 352ª Divisão Volksgrenadier, e parece ter havido alguma confusão no lado alemão a respeito de quem cuidaria dela. Pequenos grupos fizeram incursões contra a aldeia, mas não houve ataque coordenado, e a Companhia E mantinha a posse da aldeia quando o dia terminou. Embora não fossem ameaça tão grande assim para os defensores de Fouhren, os alemães não precisavam obrigatoriamente ocupar a aldeia; eles tomaram duas aldeias pequenas e não defendidas que lhes davam acesso rodoviário ao vale do Sûre. O coronel Rudder sabia que, se avançassem para o vale, os alemães cortariam a rota de suprimentos do 3º Batalhão. Pouco depois do meio-dia, ele mandou uma companhia do batalhão de reserva, apoiada por um pelotão de tanques, remover os alemães das aldeias. Mais tarde, ele acrescentou os últimos elementos da reserva para apoiar

Um caminhão alemão usa uma ponte construída por unidades de engenharia americanas e abandonada na retirada. Os alemães destruíram muitas pontes quando recuaram rumo à sua fronteira, mas descobriram que precisariam delas para a ofensiva.

essa força. As duas companhias da reserva chegaram aos arredores das duas aldeias antes que o inimigo se entrincheirasse e bloquearam as estradas que levavam ao vale do Sûre. No entanto, os alemães mantiveram o controle das aldeias, de onde tinham certeza de que sairiam em breve.

O próprio 3º Batalhão foi atacado, mas suas posições defensivas eram boas. O assalto alemão foi vigoroso, mas acabou rechaçado. A falta de progresso e de ocupação do terreno fez com que os observadores de artilharia pudessem direcionar o fogo sobre as unidades de engenharia que tentavam montar uma ponte sobre o Our. Quando o dia terminou, o 109º Regimento parecia em boa posição e não sofrera pesadas baixas em homens nem em blindados.

PROGRESSO LENTO

Enquanto isso, o 60º Batalhão de Infantaria Blindada não foi submetido a uma barragem muito pesada quando a ofensiva começou, e a maioria das granadas caiu sobre o quartel-general, em Beaufort. Quando a neblina subiu, ficou óbvio que certo número de alemães atravessava o Sûre, e pediu-se fogo de artilharia. Embora intenso, ele não impediu que o inimigo atravessasse o rio e ocupasse rapidamente posições na aldeia de Hogenberg. No fim do dia, como no caso do 109º Regimento, as posições do 60º Batalhão ainda estavam intactas. Isso também aconteceu com o 12º Regimento. Os alemães fizeram progressos iniciais perto de Echternach, como esperara Brandenberger, mas enfrentaram problemas quando os americanos recuaram de seus postos avançados para as defesas principais em Osweiler e Dickweiler. Em Osweiler,

> Na noite de 16 de dezembro de 1944, o Sétimo Exército estava satisfeito com os sucessos táticos obtidos. Embora fosse verdade que as metas atingidas — acima de tudo no centro e na ala esquerda — não eram as planejadas e esperadas, também era verdade que a penetração na frente inimiga, em especial na ala direita e estrategicamente importante do exército, fora obtida.
>
> *General Erich Brandenberger*

o ataque foi rechaçado com a perda de cinquenta homens, enquanto em Dickweiler a tentativa alemã não teve ímpeto. Isso foi retificado por outro assalto no fim da tarde, mas nisso a defesa fora reforçada com três tanques, que enfrentaram os alemães à queima-roupa. Cinquenta morreram, 35 se renderam e os outros recuaram. Embora parecesse precária, a posição da Companhia F em Berdorf ainda estava segura quando o dia terminou.

No fim de 16 de dezembro, o Sétimo Exército não conseguira tomar nenhuma ponte necessária para levar os blindados para o outro lado do rio, mas todas as unidades atacantes tinham rompido a frente americana em algum ponto da linha, mesmo quando não desalojaram os defensores de suas posições. Brandenberger acreditava que a causa disso era que os americanos haviam conseguido usar suas reservas, de modo que agora o Sétimo Exército tinha a oportunidade de romper antes que chegassem mais. Mas, enquanto Brandenberger assim pensava, o general Middleton dizia pelo telefone ao general Barton que estava enviando um grupo de combate da 10ª Divisão Blindada para ajudar a defesa que partiria ao amanhecer de sua área de reunião.

O grupo de apoio enviado para ajudar a 106ª Divisão de Infantaria foi atrapalhado pela distância que teria de percorrer, mas o que foi para a 4ª Divisão teria de se deslocar apenas 56 km pela zona do Terceiro Exército para chegar ao 12º Regimento. Os soldados de Brandenberger enfrentariam oposição muito mais forte do que esperavam.

Um esquadrão de soldados alemães avança ao longo de uma vala e passa por uma coluna de veículos americanos abandonados. Essa é outra foto de propaganda: finge mostrar soldados alemães durante a batalha, mas foi tirada algum tempo depois do engajamento do comboio.

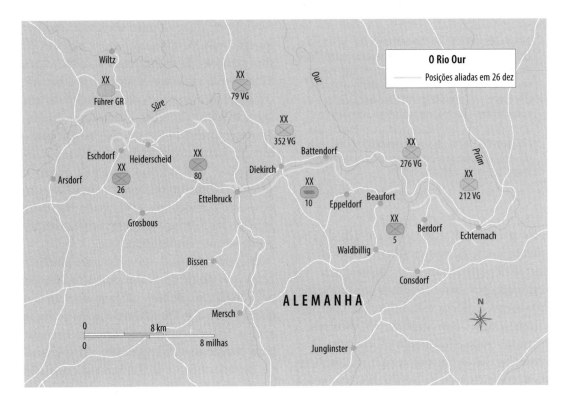

17 DE DEZEMBRO

Brandenberger subestimara o efetivo da posição americana, porque o coronel Rudder ainda tinha uma companhia de tanques do 707º Batalhão Blindado que não entrara em combate. Enquanto isso, os alemães tinham dificuldade de levar suas forças à frente porque, no amanhecer de 17 de dezembro, as unidades de engenharia ainda não tinham conseguido construir pontes sobre o Sûre e o Our. Isso tirava dos alemães seu apoio de fogo.

A leste do Ernz Noire, o batalhão de reserva do 12º Regimento foi enviado para defender a estrada que ligava Echternach à cidade de Luxemburgo, o que deixou o comandante do batalhão, coronel Robert H. Chance, sem mais soldados na reserva. Em compensação, o general Barton conseguiu que uma companhia de tanques médios do Comando

O Rio Our tinha papel importantíssimo no plano da ofensiva, já que a captura das pontes sobre o rio era fundamental para os alemães avançarem sobre Antuérpia. Embora com algum sucesso, o avanço foi lento demais, o que deu aos aliados tempo para reagir.

de Combate A da 9ª Divisão Blindada desse apoio e trouxe à vanguarda o batalhão de reserva do 22º Regimento de Infantaria (sua unidade mais ao sul). O Comando de Combate A da 10ª Divisão Blindada também começou a abandonar sua posição para entrar em combate, e estaria pronto para começar a lutar no amanhecer de 18 de dezembro. A possibilidade desse apoio fez com que Barton e os comandantes de sua unidade resolvessem usar o dia 17 de dezembro para aliviar a pressão sobre unidades que tinham sido cercadas, reforçar a defesa em áreas que pareciam ameaçadas e bloquear as saídas da garganta do Ernz Noire.

Um soldado americano observa atentamente movimentos inimigos em sua posição defensiva. A fotografia dá uma imagem especialmente boa do fuzil Ml Garand, arma-padrão das forças americanas. O Garand era uma arma precisa e foi usado durante boa parte da década de 1950.

TENTATIVA DE RESGATE

No setor do 109º Regimento, o coronel Rudder tentou resgatar os homens da Companhia E presos em Fouhren. O resgate não aconteceu de acordo com o planejado. Embora fossem enviadas para libertá-los, duas companhias, apoiadas por um pelotão de tanques, não conseguiram passar pelas posições alemãs. A coluna de resgate recuou, e Rudder ordenou que uma patrulha tentasse chegar à aldeia ao anoitecer, mas também não deu certo. Finalmente, na manhã do dia 18, um tanque e uma patrulha do pelotão de I&R do 109º Regimento alcançaram uma posição de onde podiam observar a aldeia. O posto de comando da companhia fora destruído, e os alemães na aldeia eram muitos. No meio do dia, ficou claro que seu avanço não poderia ser detido, porque eles simplesmente se deslocavam pelas brechas entre as posições americanas. No dia seguinte, o coronel Rudder decidiu que tinha de recuar para uma nova linha, e para isso obteve permissão do general Cota.

O 60º Batalhão de Infantaria Blindada enfrentava o problema do avanço alemão pelas estradas que levavam à retaguarda de suas posições, o que fez o coronel Thomas L. Harrold, oficial comandante do Comando de Combate A da 9ª Divisão Blindada, mandar uma companhia de tanques leves proteger o flanco norte. Uma tropa de tanques recebeu a tarefa de patrulhar a estrada entre o Ernz Noire e Beaufort, enquanto outra, com uma companhia de caça-tanques, foi bloquear as duas outras estradas que subiam da garganta. Embora fossem extremamente sensatos, esses passos não impediriam os alemães de se infiltrar entre as posições americanas. Primeiro eles tomaram a aldeia de Mullerthal, que lhes dava acesso a uma estrada que cortava a garganta e a capacidade de ameaçar as posições de fogo das bocas de artilharia americanas. A tentativa de desalojar os alemães fracassou no início da tarde, pois o tanque de vanguarda foi destruído e bloqueou a estrada. Ao anoitecer, os alemães entraram em Beaufort, e o coronel Collins deu a ordem de retirada.

LUTA PARA SE AGUENTAR

O 12º Regimento estava em posição bem melhor, porque, com a chegada do batalhão de reserva, tinha agora igualdade numérica com os alemães e mais artilharia e blindados. A 212ª Divisão Volksgrenadier dispunha apenas de quatro canhões de assalto, que ainda estavam no outro lado do rio. Embora suas unidades de engenharia tentassem duas vezes construir uma ponte sobre o Sûre, a primeira tentativa foi destruída pelo fogo de artilharia antes que um único veículo conseguisse atravessar, e a outra, depois do anoitecer de 16 de dezembro, foi abortada quando os soldados caíram sob pesado fogo de artilharia; seriam necessárias mais 24 horas para a ponte ser terminada.

Depois da queda de Mullerthal, que não ficava longe, e enquanto os alemães aguardavam seus blindados, o general Barton mandou reforços para o terreno elevado acima do Ernz Noire. Isso foi feito com a criação da Força-Tarefa Luckett, comandada pelo coronel James S. Luckett, que se unira ao estado-maior do quartel-general da divisão depois de comandar o 12º Regimento de Infantaria. Ele recebeu oito tanques Sherman para apoiar sua tropa improvisada, juntamente com o pelotão de morteiros do batalhão blindado. Eles também poderiam usar o batalhão de reserva do vizinho 8º Regimento de Infantaria.

Mas, quando chegou, a tropa parou sem nada entender, porque o inimigo não fez nenhum esforço para atacar o 12º Regimento; os americanos não sabiam que, na verdade, aqueles soldados alemães eram da 276ª Divisão Volksgrenadier, que atacava

Uma patrulha de infantes americanos avança pela neve perto de Wiltz, no início de 1945. O homem mais perto da câmera leva uma submetralhadora Thompson, seu colega uma M1 Carbine. As duas armas eram apreciadas pelos usuários, embora a longo alcance fossem menos eficazes que o Garand.

M7 "PRIEST": REPARO, MOTOR, 105 MILÍMETROS

O exército americano começou a procurar um obuseiro autopropulsado antes mesmo da entrada na guerra e montou obuseiros de 105 milímetros em veículos meia-lagarta. A experiência inicial com essas montagens mostrou que um reparo com lagarta total seria uma opção melhor, o que levou à decisão de produzir um veículo com base no chassi do tanque M3. Os primeiros exemplares do M7 foram para o exército britânico, que deu ao veículo o apelido de "Priest" ("padre") devido ao "púlpito" destacado que abrigava a metralhadora de 0,5 polegada. Os exemplares seguintes se uniram ao exército americano e foram empregados durante o restante da guerra. Ao contrário da decisão alemã de usar canhões autopropulsados no papel de assalto, os americanos usaram o Priest como artilharia móvel de campanha para dar fogo de apoio indireto.

em outro eixo. O resto do 12º Regimento passou o dia tentando resgatar as unidades que precisavam de ajuda ou reforçando a linha onde parecesse que os alemães estavam em posição vantajosa.

A Companhia B, acompanhada por quatro Sherman e um pelotão de tanques leves, foi resgatar a Companhia F em Berdorf. Ela abriu caminho casa a casa pela aldeia até chegar aos soldados que defendiam o hotel local. Embora rechaçados, os alemães não foram expulsos da aldeia antes que o anoitecer interrompesse as hostilidades. Embora os homens de Berdorf fossem reforçados, os de Echternach continuaram isolados, pois as Companhias A e G não conseguiram avançar muito antes que a noite caísse.

No final das primeiras 24 horas de batalha, os americanos ainda se aguentavam, embora tivessem sido forçados a ajustar a linha defensiva. As posições de Osweiler e Dickweiler eram mantidas com firmeza, a ponto de os alemães desistirem de novos ataques ali, e a Força-Tarefa Luckett conseguiu firmar a linha de frente ao longo do Ernz Noire. O ponto mais fraco da defesa americana ficava no centro da posição, pois era claro que havia uma brecha ao longo da estrada que ia da cidade de Luxemburgo a Echternach.

Mas os reforços estavam a caminho, e a posição não era tão exposta assim. Seria demasiado dizer que o assalto alemão fora detido, porque o Sétimo Exército ainda estava em condições de continuar atacando. Na verdade, os americanos não tinham se esfacelado diante do ataque, deixando a situação dúbia para ambos os lados. Em vez do avanço rápido previsto por Hitler (mas talvez não por seus generais), o Sétimo Exército, assim como o Quinto e o Sexto Exércitos Panzer, avançara, mas não o suficiente para indicar que as metas de Hitler seriam cumpridas.

AVALIAÇÃO DE 16 E 17 DE DEZEMBRO

Os planos de Hitler para a ofensiva das Ardenas eram excessivamente otimistas, fato admitido por quase todos os seus oficiais comandantes. Eles entendiam perfeitamente que era improvável os americanos serem acometidos pela paralisia prevista por Hitler e avaliaram que isso criava muitos problemas. Embora capazes de reunir nas Ardenas uma força atacante mais numerosa que os defensores, os generais sabiam que a tarefa de tomar Antuérpia era quase impossível. Mas conseguiriam dar aos aliados motivos de preocupação, e talvez chegassem ao Rio Mosa. Havia a possibilidade de os alemães desferirem um golpe considerável que criaria grandes problemas para a tentativa aliada de invadir a Alemanha pelo oeste. Portanto, a ofensiva não estava condenada caso não conseguisse tomar Antuérpia. As 24 primeiras horas do ataque indicariam até que ponto os alemães se aproximariam de seu objetivo. O resultado mostrava que teriam mais dificuldade do que Hitler previra. Em 16 e 17 de dezembro de 1944, os alemães fizeram um ataque pesado contra posições americanas levemente defendidas em toda a extensão da frente. Os engarrafamentos que afetaram o Sexto Exército Panzer eliminaram a Operação Greif antes mesmo que começasse e tiveram efeito prejudicial sobre o Kampfgruppe Peiper. Alguns ataques fracassaram por lhes faltar vigor suficiente; outros, por várias razões, como falta de blindados ou puro azar.

No entanto, o obstáculo mais poderoso à meta alemã de rompimento rápido no primeiro dia foi o soldado americano. Apesar da natureza bastante frágil de suas posições, os americanos ofereceram teimosa resistência. A imagem de unidades

O obuseiro autopropulsado M7B1 foi a principal arma de apoio móvel aliada a partir de 1942. Baseava-se no chassi do clássico tanque M4 Sherman.

Um Kübelwagen alemão passa pelos escombros da guerra numa aldeia belga. Os estojos de granadas que cobrem o primeiro plano indicam que a artilharia, provavelmente americana, esteve recentemente na área.

americanas que perdiam a coesão e fugiam diante de um inimigo decidido persistira, mas não se baseava em fatos. Talvez indivíduos tenham desertado e pequenos grupos de soldados tenham recuado em desordem, mas os três exércitos alemães não atingiram muitos objetivos no primeiro dia e o avanço se atrasou. Esse atraso foi importante, porque deu aos aliados tempo para organizar a reação e os deixou em condições de enfrentar a ameaça inimiga. Isso não é afirmar que a Batalha do Bulge foi vencida e perdida no primeiro dia. As primeiras 24 horas da batalha não foram decisivas, e dizer que é possível adivinhar o resultado final da ofensiva pelos acontecimentos de 16 e 17 de dezembro seria impor aos fatos históricos um fardo maior do que sustentam. Mas é possível dizer o seguinte: os fatos do dia demonstraram que os generais alemães estavam certos quando supuseram que a ofensiva seria difícil e que os objetivos grandiosos eram quase impossíveis de atingir. Mas quanto a chegar ao Mosa, só o tempo diria. O primeiro dia da Batalha do Bulge demonstrou que a luta não acabaria depressa e seria dura e sangrenta.

CAPÍTULO 8
OS DIAS SEGUINTES

O fracasso em cumprir os objetivos do primeiro dia não significou que a ofensiva tivesse desmoronado. Ainda durante alguns dias, os aliados continuaram preocupados com várias partes importantes da frente, principalmente na área próxima a Bastogne. A bravura da ação da 101ª Divisão Aerotransportada americana ali se tornou uma das lendas militares e serviu de trampolim para a derrota final dos planos de Hitler.

DEPOIS DE ELIMINAR AS POSIÇÕES inimigas na estação de Buchholz, os soldados de Peiper avançaram rumo a Honsfeld. Seus tanques encontraram veículos americanos que também iam para a cidade, e se uniram ao tráfego. Os veículos americanos entraram em Honsfeld numa torrente contínua, sem perceber que o inimigo estava, literalmente, alguns metros atrás. A coluna passou por um carro blindado situado pouco além da última casa de Honsfeld, ali posicionado para avistar veículos inimigos que se aproximassem. Seu comandante, o sargento George Creel, teve de olhar duas vezes para ter certeza de que seus olhos não o enganavam: bem à sua frente estava um homem com uma bandeira branca conduzindo um tanque alemão pela estrada na escuridão anterior à aurora. Creel pulou para dentro de seu carro blindado, mas este levava um reboque que bloqueava o campo de fogo do canhão. Mais adiante na estrada soaram disparos quando americanos e alemães entraram em contato. Sem blindados, a infantaria tinha pouca probabilidade de sucesso e seguiu para a retaguarda. Creel e sua guarnição abandonaram o veículo e correram de volta a Honsfeld para dar o alarme, mas não conseguiram chegar ao centro da aldeia.

Homens da 101ª Divisão Aerotransportada saem da aldeia de Haufelige para ocupar posições defensivas em Bastogne, 19 de dezembro de 1944. Entre os veículos ao fundo há dois meias-lagartas e pelo menos um M7 Priest. Apesar do esforço alemão, a 101ª Divisão se recusou a ceder.

184 A BATALHA DO BULGE

> Depois do fracasso nas Ardenas, Hitler começou uma guerra digna de um cabo. Não havia grandes planos, apenas uma miríade de lutas picadinhas.
>
> *General Hasso von Manteuffel*

Os dois primeiros tanques Panther entraram na aldeia, seguidos por três meias-lagartas. Quando se aproximaram do centro de Honsfeld, abriram fogo contra casas, veículos estacionados e quaisquer soldados americanos que tivessem o azar de estar no caminho. Os elementos de vanguarda foram seguidos por outros meias-lagartas que traziam os Panzergrenadiers. Os americanos da aldeia foram pegos de surpresa, e alguns não tiveram possibilidade de escapar. Alguns se renderam, mas os soldados da SS agora na cidade não estavam dispostos a obedecer às obrigações legais relativas aos prisioneiros de guerra e fuzilaram alguns a sangue frio. Um grupo de cem soldados do 612º Batalhão Caça-Tanques que se rendeu foi alvejado, e testemunhas afirmaram que pelo menos trinta morreram. Essas cenas violentas não foram a primeira ocasião em que as SS atuaram sem respeito algum às leis da guerra, muito menos a última; o Kampfgruppe Peiper daria sua contribuição a essa série de crimes de guerra.

Depois de ocupar Honsfeld, Peiper seguiu para Büllingen pela rota designada para a 12ª Divisão Panzer SS (e conseguiu porque essa unidade ainda estava presa nos engarrafamentos próximos da linha de partida da ofensiva). Às 7 horas,, os homens de Peiper tinham vencido os americanos em Büllingen e usado os prisioneiros para ajudar a reabastecer seus veículos. A coluna se pôs outra vez em movimento, mas foi atingida por caças-bombardeiros americanos que aproveitaram uma pausa no mau tempo e destruíram alguns veículos e meia dúzia de caças alemães que tentaram interferir. Peiper restaurou a ordem em terra e seguiu para o cruzamento de Baugnez.

MASSACRE

No cruzamento, os tanques da vanguarda de Peiper encontraram a Bateria B do 285º Batalhão de Observação de Artilharia de Campanha e o atacaram com vigor. Os americanos, armados apenas com fuzis e metralhadoras, não puderam resistir e foram obrigados a se render. Os prisioneiros foram reunidos e levados a pé até um campo perto do cruzamento, onde foram deixados soltos, conversando. Havia cerca de 130 prisioneiros, e os alemães ordenaram que formassem filas, as mãos na cabeça. Dois Panzer IV se posicionaram diante dos americanos; então, para horror dos cativos, um oficial ordenou ao comandante de um dos tanques que abrisse fogo. Ele não o fez e passou a tarefa ao artilheiro assistente, soldado Georg Fleps, que atirou num homem, depois em outro. As metralhadoras dos tanques abriram fogo, e os prisioneiros começaram a cair no chão coberto de neve. Alguns sobreviveram, enterrados sob os cadáveres dos camaradas; os homens da SS, aparentemente satisfeitos com o serviço, continuaram. Durante algumas horas, alemães de passagem atiraram na pilha de corpos junto à estrada. Quando a área ficou em silêncio, os sobreviventes ouviram vozes alemãs. Tinham chegado homens do 3º Batalhão de Engenharia SS, que começaram a perambular entre as filas de mortos para atirar nos que achavam estar vivos. Quando os soldados da SS deixaram o campo, os sobreviventes restantes do massacre decidi-

Outra foto de propaganda tirada no local de um comboio americano emboscado: um praça da SS acena para seus homens avançarem contra um inimigo que não está presente. Armado com um fuzil de assalto StG 44, ele usa a túnica camuflada vista com frequência em fotografias da SS.

A Batalha do Bulge se destaca pelo número de atrocidades cometidas pelos soldados alemães. Essa imagem mostra civis belgas assassinados em Stavelot. A descoberta das atrocidades aumentou a determinação dos americanos de resistir e depois repelir o ataque alemão.

ram que tinham de fugir do local e se levantaram ao mesmo tempo, correndo o máximo possível. Alguns foram mortos quando corriam, enquanto outros seguiram para a aparente segurança do prédio de um café próximo, no qual os alemães puseram fogo; quando fugiram das chamas, os prisioneiros foram fuzilados.

Apesar do esforço considerável, os soldados da SS não conseguiram matar todos os prisioneiros. Os poucos sobreviventes não tiveram de esperar muito pelo resgate. Nos arredores da cidade vizinha de Malmédy, o tenente-coronel David E. Pergrin, oficial comandante do 291º Batalhão de Engenharia de Combate, ouviu os disparos e soube que a unidade de artilharia que acabara de ver fora atacada pelo inimigo. Quando os tiros acabaram, decidiu ver o que acontecera e foi para Baugnez em seu jipe, acompanhado pelo sargento de comunicações William Crickenberger. Eles desceram do jipe ao ver as chamas que subiam do café incendiado e andaram com cautela rumo à aldeia. Quando o fizeram, três sobreviventes surgiram da floresta e correram na direção deles. Pergrin e Crickenberger ajudaram os homens a embarcar no jipe e os levaram às pressas para Malmédy.

Os sobreviventes estavam sob profundo choque, e Pergrin levou mais de noventa minutos para entender o que acontecera. Imediatamente, ele passou a terrível notícia para o general Hodges. No fim do dia, mais sobreviventes saíram de seus esconderijos, andando, se arrastando ou cambaleando até posições amigas ou casas onde civis locais os ajudaram. No total, quarenta e três sobreviventes voltaram às linhas americanas. Oitenta e seis colegas jaziam mortos, a maioria no campo onde começaram os tiros. Seus corpos ficaram ao ar livre até dois dias antes do Natal, quando uma pesada nevasca os cobriu com uma mortalha branca.

A razão do massacre dos americanos nunca foi explicada direito: os homens da SS tinham matado alguns prisioneiros antes de chegar a Büllingen, mas não quando estavam lá; depois, na estrada uma vez mais, assassinaram o lote seguinte de cativos. Quaisquer que fossem, seus motivos foram contraproducentes. Em poucas horas, o relatório do general Hodges sobre o massacre circulou por todas as forças americanas nas Ardenas e além delas, enchendo os soldados de determinação ainda maior do que já tinham demonstrado no primeiro dia da ofensiva. Pouquíssimos soldados da SS sobreviveram como prisioneiros depois do massacre de Malmédy. A mensagem do general Hodges também chegou ao quartel-general do brigadeiro general Elwood "Pete" Quesada, comandante do IX Comando Tático Aéreo, que fez questão de que todos os pilotos de seus caças-bombardeiros soubessem do massacre. Eles ficaram revoltados. E o mau tempo, tão útil para os alemães em 16 de dezembro por manter os pilotos em terra, começava a clarear.

DEFESA DA ALA NORTE
No norte, a 99ª Divisão se defendia do ataque alemão. Embora o pedido do general Gerow, do V Corpo, de cancelar o ataque da 2ª Divisão na direção de Wahlerscheid e voltar à serra de Elsenborn não tivesse sido atendido, a 2ª Divisão mandou seus bata-

lhões de reserva às aldeias gêmeas de Rocherath e Krinkelt. Ali os alemães que avançavam enfrentaram rija resistência, e, em 18 de dezembro, as duas aldeias ainda não tinham caído. O general Priess, do I Corpo Panzer SS, lançou um ataque no início daquela manhã, e a luta feroz continuou pelo resto do dia. Embora os alemães fizessem algum progresso, a defesa aguentou firme, e eles foram rechaçados. Outro assalto no dia seguinte, auxiliado por uma nova divisão de Panzergrenadiers, foi detido antes de avançar, e uma terceira tentativa teve fim semelhante. A 12ª Divisão Panzer SS, que, em consequência da luta, estava agora 72 horas atrasada em relação ao cronograma e sofrera pesadas baixas, recebeu ordem de contornar Krinkelt e Rocherath e seguir na esteira do avanço de Peiper. Na noite de 19 de dezembro, os homens da 99ª, da 2ª e da 1ª Divisões americanas recuaram das aldeias para posições melhores de defesa no morro de Elsenborn, onde se entrincheiraram para defender o ombro norte do bolsão. Nunca foram desalojados.

REAÇÕES ALIADAS
Enquanto o avanço alemão continuava, o alto-comando aliado começou a avaliar o tamanho da ofensiva e a tomar providências para combatê-la. Quando a ameaça às cidades de Stavelot e Bastogne ficou óbvia, Eisenhower cedeu a Bradley duas divisões aerotransportadas. A ausência de vários comandantes superiores do XVIII Corpo Aerotransportado (montado quando os aliados estavam tranquilos e confiantes de que havia pouca ameaça de ataque) fez com que o jovem brigadeiro general James Gavin, da 82ª Divisão Aerotransportada, atuasse como comandante do corpo. Ele se reportava ao general Hodges, e recebeu ordem de mandar a 82ª se unir ao V Corpo em Werbomont, enquanto a 101ª Divisão iria para Bastogne. Na ausência do

Um praça da SS recupera rações de um carro blindado M8 abandonado, em mais uma fotografia de propaganda com o comboio americano emboscado. Sem querer, o homem aqui demonstra outro aspecto da guerra: sem rações, os alemães "liberavam" avidamente os suprimentos americanos.

general Maxwell D. Taylor, comandante da 101ª que estava em Washington, a unidade foi comandada pelo general de brigada Anthony C. McAuliffe, comandante da artilharia da divisão. Ele recebeu ordem de defender Bastogne dos alemães, e conquistaria seu lugar na história militar com o cumprimento da missão. Bastogne também teria a proteção de um batalhão de caça-tanques M36 recém--chegado; armados com canhão de 90 milímetros, esses derivados do caça-tanques M10 eram capazes de enfrentar qualquer tanque alemão que encontrassem.

Enquanto a 82ª e a 101ª Divisões se deslocavam para as novas posições, o general Hodges tirou da linha de frente o VII Corpo, que estava em Düren, e ordenou ao general Lawton J. Collins que se preparasse para um contra-ataque partindo do norte das Ardenas com duas divisões blindadas e duas de infantaria. No 21º Grupo de Exércitos, o marechal de campo Montgomery transferiu o XXX Corpo do general Brian Horrocks para uma posição de onde seria capaz de atacar qualquer alemão que atravessasse o Mosa, enquanto a 29ª Brigada Blindada foi proteger as pontes sobre o rio perto de Dinant.

Em 19 de dezembro, Eisenhower se reuniu com seus comandantes superiores para discutir a situação. Essa reação foi muito mais rápida do que Hitler previra. Eisenhower estava sem paciência para

OS DIAS SEGUINTES

Dois soldados alemães descansam debaixo de um carro blindado M8 abandonado. O homem mais perto da câmera foi identificado pelo historiador belga Jean Paul Pallud como o SS-Untersturmführer Steiwe, embora seu colega continue desconhecido.

> Depois de 24 de dezembro de 1944, pesados ataques aéreos impossibilitaram quase todo o transporte diurno, fosse de soldados, fosse de suprimentos. Até o reagrupamento de soldados em posições ocupadas se tornou dificílimo com o bombardeio.
>
> *Marechal de campo Gerd von Rundstedt*

pessimismo e disse aos subordinados que não queria ver cara feia em torno da mesa; no que lhe dizia respeito, a ofensiva alemã podia ser um revés temporário, mas representava uma ótima oportunidade para prejudicar os alemães, talvez fatalmente. Ele deixou claras suas intenções: não haveria retirada para além do Mosa, e Patton se prepararia para atacar o flanco sul alemão, enquanto o Nono Exército do general Simpson se prepararia para atacar o flanco norte. Patton lançaria o primeiro assalto e avançaria para Bastogne, onde faria contato com o Primeiro Exército. Eisenhower então se voltou para Patton e lhe perguntou quando achava que poderia atacar. Patton respondeu imediatamente "em três dias", e acrescentou que poderia fazê-lo com três divisões. Sem se impressionar, Eisenhower lhe disse para deixar de petulância, mas Patton falava seriíssimo. Ele explicou que já traçara três planos para resolver o problema e só precisava telefonar ao quartel-general e dar a ordem para executar o plano que incluía o avanço sobre Bastogne.

MONTGOMERY NO CONTROLE

No fim da reunião, Eisenhower voltou a seu quartel-general em Versalhes e foi recebido com a necessidade de outra decisão. Seus oficiais de estado-maior tinham chegado à conclusão de que o general Bradley estava longe demais do Primeiro e do Nono Exércitos para controlá-los em seu quartel-general, pois a penetração alemã o separara dessas formações. Eles sugeriram como solução transferir temporariamente a Montgomery o controle das tropas ao norte do bolsão, enquanto Bradley comandaria as tropas ao sul do avanço alemão. Era uma decisão delicada, porque poderia ser interpretada como crítica ao talento de Bradley como comandante. Havia também o risco de Montgomery usar uma ação dessas como munição em sua tentativa constante de obter o comando total da campanha terrestre no norte da Europa. Mas Eisenhower viu a

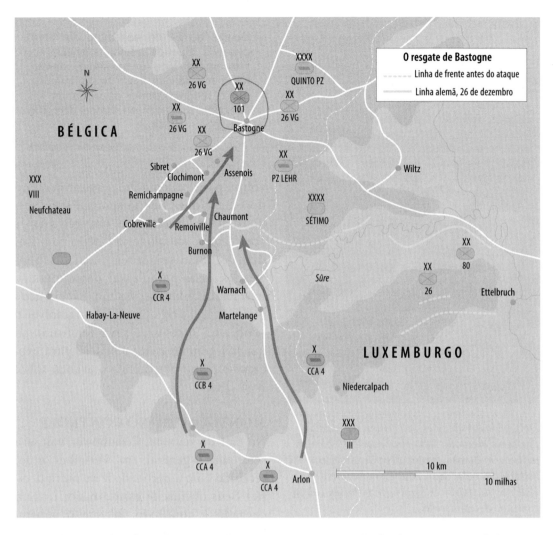

Depois de vários dias de combate acirrado, uma coluna de resgate americana parte do sul da cidade e se une à 101ª Divisão Aerotransportada no fim da tarde de 26 de dezembro de 1944. Isso assegurou que a cidade não caísse na mão dos alemães e lhes negou um importantíssimo eixo rodoviário.

sensatez da mudança, e deu seu consentimento. As ordens foram transmitidas na manhã seguinte, com resultado previsível. Bradley ficou furioso, enquanto Montgomery pareceu exultar o aumento de sua responsabilidade como comandante. Com a costumeira falta de tato, ele chegou ao quartel-general do Primeiro Exército "como Cristo quando foi limpar o templo", como disse um dos oficiais de seu estado-maior, confirmando a desconfiança (não totalmente indevida) que os americanos tinham em relação ao marechal de campo britânico. No entanto, nem Bradley nem Montgomery eram amadores e não poriam sentimentos pessoais acima do profissionalismo. Bradley admitiu que a decisão fazia sentido, e Montgomery moderou sua atitude. Embora achasse sensata a retirada de Saint-Vith, ele era sensível à opinião americana e não insistiu quando eles deixaram bem claro que pretendiam se manter ali.

GENERAL OMAR N. BRADLEY

Omar Bradley foi da mesma turma de Eisenhower em West Point, e sua carreira esteve inextricavelmente ligada à do amigo. Ele se destacou pela primeira vez no norte da África, onde Eisenhower o empregou para avaliar a qualidade das forças americanas. Bradley recomendou a demissão do comandante do II Corpo e se tornou vice-comandante de corpo de George Patton. Quando Patton deixou o posto, Bradley o sucedeu e comandou o II Corpo durante o resto da campanha norte-africana e, mais tarde, na Sicília, onde o corpo fez parte do Sétimo Exército de Patton. Em seguida, Eisenhower deu a Bradley o comando do Primeiro Exército dos Estados Unidos, e nesse posto ele supervisionou os desembarques americanos no Dia D. Em 1º de agosto, Bradley assumiu o comando do 12º Grupo de Exércitos, quando as forças americanas se expandiram com a chegada do Terceiro Exército de Patton. Como comandante do 12º Grupo de Exér-

citos, ele foi responsável pela reação americana à ofensiva alemã nas Ardenas, embora parte de seu Grupo de Exércitos fosse temporariamente entregue ao marechal de campo Bernard Montgomery para facilitar o comando mais rígido do setor norte do campo de batalha. O 12º Grupo de Exércitos se tornou a maior formação já comandada por um general americano. Bradley deixou esse posto em agosto de 1945. O presidente Truman o encarregou de administrar as instituições de veteranos. No início de 1948, ele sucedeu Eisenhower como chefe do estado-maior do exército e, depois de dezoito meses no cargo, Bradley se tornou o primeiro presidente do estado-maior conjunto. Serviu dois períodos nesse posto e foi promovido a general de exército (cinco estrelas). Ele supervisionou as operações americanas na Guerra da Coreia e foi para a reserva em 1953. Envolveu-se na indústria como consultor e morreu em abril de 1981, com 88 anos.

A DEFESA DE SAINT-VITH

As seis principais estradas que faziam de Saint-Vith o centro da rede rodoviária das Ardenas eram a razão de os americanos insistirem em ficar. Exatamente por isso, ela também era importante para os alemães. O Comando de Combate B da 7ª Divisão Blindada foi mandado para Saint-Vith em 17 de dezembro, mas enfrentou um engarrafamento imenso de veículos que recuavam para oeste. No fim do dia, estabeleceu-se uma posição defensiva em torno de Saint-Vith. Isso foi feito com alguma pressa, embora houvesse tempo para aproveitar ao máximo a situação, já que os alemães também enfrentavam dificuldades terríveis com engarrafamentos que os deixavam incapazes de avançar com a rapidez que gostariam. As defesas americanas se aguentaram, apesar de vários ataques pesados, e seu sucesso contribuiu para a decisão de recusar a suges-

tão de Montgomery de uma retirada para "limpar o campo de batalha" em 20 de dezembro. A decisão de Montgomery de não insistir nisso foi diplomática, mas a questão se tornou irrelevante no dia seguinte, quando o LXVI Corpo alemão lançou um ataque total. Ao anoitecer, os alemães tinham entrado em Saint-Vith, e uma nova linha defensiva teve se ser estabelecida a oeste da cidade. Ela se aguentou contra novos ataques, mas na manhã de 22 de dezembro os dois Comandos de Combate que faziam a defesa tinham perdido metade dos tanques (ambos eram Comando de Combate B, um da 7ª Divisão Blindada, o outro da 9ª). Realizou-se a retirada em contato com o inimigo; em 23 de dezembro, os americanos recuaram em boa ordem para além do Rio Salm. Os alemães não puderam aproveitar o sucesso porque as colunas de transporte ficaram irremediavelmente pre-

192 A BATALHA DO BULGE

sas nas ruas estreitas da cidade. Além disso, os soldados enregelados começaram a invadir as casas para roubar roupas e comida — e para ficar um pouco lá dentro. Isso fez as unidades perderem a coesão quando os homens passavam algum tempo sumidos. Para agravar o problema, elementos do Sexto Exército Panzer entraram em Saint-Vith na esperança de usá-la para contornar os engarrafamentos no vale de Losheim. O marechal de campo Model foi vítima de todo esse tráfego: teve de entrar em Saint-Vith a pé depois de abandonar o carro do estado-maior a alguns quilômetros.

BASTOGNE

O combate em Saint-Vith aconteceu em paralelo com a luta em torno do centro rodoviário igualmente importante de Bastogne. Em 19 de dezembro, antes mesmo que os defensores se posicionassem, Von Manteuffel começou a ter sérias dúvidas quanto à capacidade de cumprir sua tarefa. No dia seguinte, as forças que defenderiam Bastogne estavam prontas. O principal elemento da força defensora era a 101ª Divisão Aerotransportada, com pouco mais de dez mil homens. O Comando de Combate B da 10ª Divisão Blindada dava apoio, embora tivesse sofrido pesadas baixas quando dois de seus grupos táticos foram gravemente atingidos a leste de Bastogne. Ele ainda estava em melhores condições que o Comando de Combate R da 9ª Divisão Blindada, que tinha apenas seu batalhão de artilharia de campanha ainda quase inteiro. Os tanques ficaram sob o comando do capitão Howard Pyle e formaram a Equipe Pyle, enquanto os remanescentes do CCR, uma mistura de infantes, guarnições de tanques que tinham perdido veículos, pessoal de apoio e outros soldados sortidos, formaram outra força-tarefa improvisada. Com humor negro, essa unidade foi batizada de

Equipe SNAFU (em inglês, "Situation Normal, All Fouled Up", para não usar palavras de baixo calão, ou Situação Normal, Tudo Estragado, idem). Os defensores tinham superioridade de artilharia, pois estavam com a Companhia de Canhões da 101ª Divisão com obuseiros de 105 milímetros e obuseiros de montanha de 75 milímetros. Havia também quatro batalhões de canhões de 155 milímetros. Isso representava um total de cerca de 130 bocas de fogo. O general McAuliffe tomou o cuidado de posicionar as armas de modo a cobrir todas as partes do perímetro defensivo em torno de Bastogne, estendendo-se às aldeias circundantes que constituíam os postos avançados.

"AW, NUTS!"

Naquela tarde (20 de dezembro), o general McAuliffe visitou o general Middleton em seu quartel-general na vizinha Neufchateau. Quando lhe perguntaram por quanto tempo conseguiria defender Bastogne, McAuliffe respondeu que tinha confiança de manter a cidade por menos dois dias, caso os alemães a cercassem totalmente. No entanto, Middleton não tinha muita certeza de que a cidade pudesse ser defendida e era da opinião que seria importantíssimo que os alemães não ocupassem a estrada entre Neufchateau e Bastogne. Se isso acontecesse, a 101ª Divisão ficaria cercada. Quando partiu, McAuliffe ordenou ao motorista que fosse à toda, para o caso de a estrada já ter sido ocupada. Foi boa ideia: apenas meia hora depois de ele chegar ao quartel-gene-

Tirada em 22 de janeiro de 1945, esta fotografia demonstra a importância de Bastogne como centro rodoviário. Os veículos passam pela cidade para suprir a 90ª Divisão de Infantaria e levar embora os feridos. O apoio logístico disponível deu aos aliados vantagem sobre os adversários.

ral, a estrada foi ocupada por unidades alemãs. Bastogne estava cercada.

Nos dois dias seguintes, os alemães fizeram várias sondagens mas não atacaram, preferindo juntar forças para um assalto. Os homens da 101ª Divisão não se assustaram nem um pouco com a possibilidade de cerco: numa frase famosa, o capitão Richard Winters, do 506ª Regimento de Infantaria Paraquedista, disse que os paraquedistas *esperavam* ser cercados. No entanto, McAuliffe estava preocupado, porque era visível que o estoque de munição não era adequado, e a munição da artilharia teria de ser racionada. A comida e os suprimentos médicos estavam acabando. Ainda assim, os defensores esperaram. Então, por volta do meio-dia de 22 de dezembro, os homens nas posições de vanguarda se espantaram ao ver quatro soldados alemães se aproximarem com uma bandeira branca. Dois praças saíram do posto de comando levando consigo um soldado que falava alemão para descobrir o que os recém-chegados queriam.

Os quatro homens eram dois oficiais e dois soldados. Um dos oficiais explicou, em bom inglês, que eles desejavam falar com o general comandante das forças defensoras. Os alemães foram levados à casa de fazenda que servia de posto de comando daquele setor da linha. Lá os soldados foram deixados sob guarda, enquanto o tenente Leslie E. Smith levava os oficiais ao posto de comando da companhia. Eles entregaram um ultimato ao comandante, capitão James

Dois integrantes do 110º Regimento de Infantaria da 28ª Divisão, com aparência cansada, fazem uma rápida pausa no meio de Bastogne em 19 de dezembro, depois de recuar para a relativa segurança da cidade quando suas posições foram tomadas pelo inimigo.

O brigadeiro-general Anthony C. McAuliffe, lendário comandante da 101ª Divisão Aerotransportada em Bastogne. McAuliffe assumiu o comando enquanto o general de brigada Maxwell D. Taylor estava ausente e entrou na história com sua reação de uma só palavra à exigência alemã de rendição: "Nuts!"

F. Adams, insistindo que os americanos se rendessem. Caso contrário, os alemães arrasariam Bastogne com a artilharia. Era uma ameaça ousada, porque o Quinto Exército Panzer não tinha canhões para cumpri-la, mas McAuliffe não devia saber disso. A mensagem passou pela cadeia de comando e foi apresentada a McAuliffe por seu chefe do estado-maior, tenente coronel Ned D. Moore. McAuliffe perguntou o que era o ultimato.

— Querem que a gente se renda — disse Moore.

— *Aw, nuts!* ("Que besteira!" ou "Que saco!"), respondeu McAuliffe.

McAuliffe reuniu o estado-maior para perguntar como responder ao ultimato. Nenhum dos integrantes conseguia pensar numa resposta adequada, até que o oficial de operações, Maj Harry Kinnard, disse ao general que seria difícil uma resposta melhor do que seu primeiro comentário. O estado-maior concordou, e McAuliffe redigiu talvez a resposta mais famosa a um ultimato na história militar. Dizia:

Ao comandante alemão:
Nuts!
Do comandante americano

> A reiterada ordem do Führer de "ficar e aguentar" em posições avançadas provocou baixas pesadíssimas em blindados de combate e bocas de artilharia que não podiam ser retiradas. Aí estavam os germes do posterior colapso da frente ocidental.
>
> *Marechal de campo Gerd von Rundstedt*

Os emissários alemães foram levados de volta à casa de fazenda, acompanhados pelo coronel Joseph H. Harper, comandante do 327º Regimento de Planadores de Infantaria. Ele entregou a resposta aos alemães, que educadamente perguntaram qual era. Embora o oficial que falava inglês tivesse excelente domínio do idioma, sua compreensão não chegava à gíria americana. Harper notou sua estupefação e explicou que, em linguagem simples, *nuts!* era o mesmo que "vá para o inferno". Então, despediu-se dos alemães bastante perplexos e os mandou de volta a suas linhas.

O ultimato fora redigido sem o conhecimento de Hasso von Manteuffel, que ficou furioso quando soube. Como ressaltou ao oficial responsável, general Luttwitz do XLVII Corpo Panzer, ele não tinha canhões para cumprir a ameaça. Caso não o conseguisse, havia o grave perigo de ridicularizar os alemães. A única solução era pedir à Luftwaffe para bombardear Bastogne. Ele fez o pedido naquela noite.

PODER AÉREO

Embora Von Manteuffel estivesse ansioso para ver aviões sobre o campo de batalha, seu desejo não era nada comparado ao dos aliados. O tempo estivera péssimo em 16 de dezembro e impedira os voos, mas melhorara aos poucos nos dias que se seguiram. Então, em 23 de dezembro os defensores de Bastogne acordaram numa linda manhã. Nos campos de pouso da Nona Força Aérea dos Estados Unidos, as aeronaves foram preparadas e, ao meio-dia, uma armada de caças e bombardeiros, seguidos por aviões cargueiros C-47, encheu o céu.

Para os soldados em Bastogne, o primeiro sinal de que os aviões finalmente podiam decolar foi quando paraquedistas precursores pousaram na cidade pouco depois do café da manhã. Três horas depois, os C-47 surgiram sobre a cidade e lançaram suprimentos. Com exceção do dia de Natal, quase mil sortidas foram realizadas e 850 toneladas de carga lançadas para suprir Bastogne nos cinco dias seguintes. A missão de suprimento do dia 26 de dezembro incluía planadores, que levaram cirurgiões e suprimentos médicos. Os alemães derrubaram 19 aviões de transporte, mas não puderam impedir que os importantíssimos suprimentos fossem entregues.

Os cargueiros não foram os únicos aviões a apoiar a 101ª Divisão e seus colegas defensores, já que os caças-bombardeiros decolaram em busca de alvos. O terreno coberto de neve fez com que fosse simples descobrir os rastros de veículos inimigos; encontrar os veículos que os deixavam era igualmente

Aviões cargueiros americanos rumam para lançar suprimentos em Bastogne. A superioridade aérea aliada fez com que o maior perigo viesse do mau tempo, não dos alemães. A maioria dos suprimentos caiu dentro do perímetro americano, assegurando que a guarnição não fosse obrigada a se render pela fome.

fácil. Os caça-bombardeiros, acompanhados por bombardeiros médios B-26 Marauder, provocaram o caos entre os veículos alemães, aumentando sua já perceptível dificuldade.

O ASSALTO FINAL

Em resposta ao pedido de Von Manteuffel, a Luftwaffe atacou Bastogne na véspera de Natal e provocou danos graves. Isso só deixou os defensores ainda mais decididos, o que não foi nada bom para os soldados que atacaram em 25 de dezembro. Um assalto total foi iniciado às 3 horas da madrugada, e os alemães romperam a linha em dois pontos, perto da aldeia de Champs. Os Panzers passaram, mas deram com quatro caça-tanques do 705º Batalhão de Caça-Tanques. Dois veículos americanos ficaram fora de ação, mas os outros destruíram três tanques alemães, enquanto os soldados aerotransportados, estimulados por esse desempenho, incapacitaram mais um com uma bazuca. Um quinto tanque foi vítima de outra equipe com bazuca, e o sexto, que seguiu para a aldeia, foi destruído ao chegar lá. A guarnição do sétimo tanque o abandonou em Hemroulle e se rendeu. O ataque do Natal não teve sucesso.

O coronel Heinz Kokott, comandante da 26ª Divisão Volksgrenadier, concordou com outro ataque na manhã do dia 26, mas só depois de sofrer pressão de Von Manteuffel. Ele sabia que havia o grave risco da chegada de reforços americanos. E, naquela mesma

Véspera de ano novo, 1944; tanques do Terceiro Exército do general Patton aguardam a ordem para avançar a partir de Bastogne. Na lateral do tanque há placas de blindagem adicional que cobrem áreas vulneráveis do casco: artilheiros hábeis dos tanques alemães perceberam isso e usavam as placas para mirar.

tarde, os homens da 4ª Divisão Blindada realmente se aproximaram da cidade, depois de abrir caminho pelas linhas alemãs lutando nos últimos quatro dias. Os elementos de vanguarda da 4ª Divisão eram o 37º Batalhão Blindado e o 53º Batalhão de Infantaria Blindada. Às 15 horas de 26 de dezembro, eles chegaram a um cruzamento de estradas bem perto de Clochimont, de onde deveriam seguir para noroeste até a próxima aldeia, Sibret, ocupada por unidades alemãs.

Homens da 101ª Divisão Aerotransportada se encontram debaixo de uma placa que homenageia a resistência da divisão contra o inimigo. A 101ª foi resgatada em 26 de dezembro de 1944, mas, como observou o historiador Stephen Ambrose, nenhum "Screaming Eagle" (águia que grita, a insígnia da divisão e, portanto, qualquer um de seus integrantes) concordaria que a divisão precisava de resgate.

Os oficiais comandantes das duas unidades, tenente-coronel Creighton W. Abrams e tenente coronel George L. Jacques, pararam no cruzamento para analisar a situação. Ambos estavam preocupados com a possibilidade de lutar até Sibret. A visão de um C-47 voando baixo rumo a Bastogne fez Abrams perceber que libertar a cidade era mais importante do que lutar em Sibret; ele propôs que ignorassem a aldeia e seguissem para Bastogne por outra rota. Jacques concordou, e eles partiram — sem avisar ao coronel Wendell Blanchard, comandante do Comando de Combate R (ao qual pertenciam), que tinham alterado seu plano um pouquinho. Os homens de Abrams iam à frente, e ao anoitecer um grupo de seis tanques Sherman, encabeçado pelo tenente Charles P. Boggess, abriu caminho até Assenois, que ficava entre eles e Bastogne. Boggess e sua formação de tanques (acom-

> Cada passo adiante na ofensiva das Ardenas prolongava perigosa e profundamente nossos flancos e tornava-os mais suscetíveis a contragolpes. Quis deter a ofensiva em seus estágios iniciais, quando ficou claro que não cumpriria as metas, mas Hitler, furioso, insistiu que a operação tinha de continuar. Foi um segundo Stalingrado.
>
> *Marechal de campo Gerd von Rundstedt*

panhada de meias-lagartas que levavam a infantaria) passaram rapidamente pela cidade, mas os elementos seguintes encontraram oposição e começou uma luta acirrada. Enquanto isso, Boggess e seus tanques saíram de Assenois e avançaram pela estrada da floresta que fica além da cidade. Os três primeiros tanques passaram tão depressa que os alemães na floresta conseguiram pôr algumas minas na estrada bem a tempo de pegar o meia-lagarta que os seguia.

O capitão William A. Dwight, oficial de operações de Abrams que seguia com o segundo grupo de tanques de Boggess, ordenou aos homens que saíssem da estrada para pegar os alemães nas árvores com suas metralhadoras. Os soldados de infantaria nos meias-lagartas desceram, removeram as minas e voltaram aos veículos para seguir o grupo de vanguarda. Quando saiu da floresta, Boggess notou uma pequena casamata a algumas centenas de metros, aparentemente prestes a ser atacada por soldados americanos. Ele decidiu ajudar, e seu artilheiro atirou contra a casamata, destruindo-a. Os americanos se jogaram no chão para se proteger. Boggess abriu a escotilha da torreta e acenou

para os americanos, que eram do 326º Batalhão de Engenharia Aerotransportada. Eram 16h50 de 26 de dezembro de 1944, e o cerco de Bastogne fora rompido.

AS FASES FINAIS

Justificadamente, a libertação de Bastogne foi o ponto em que a esperança de vitória alemã se esvaiu. É claro que Hitler não via a situação assim: ele concordava que a ofensiva a leste do Mosa fosse contida, mas não admitiria nenhuma sugestão de abandonar Antuérpia como objetivo. A decisão de Hitler se baseava num otimismo enganoso. Suas forças tinham se dedicado ao máximo, mas foram incapazes de infligir aos aliados o golpe arrasador que Hitler esperava. Em toda a linha de frente, as forças americanas e britânicas provocavam graves baixas. Até o Natal, todas as formações blindadas sofreram muitíssimo. A superioridade aérea aliada tornou muito perigoso que os alemães se deslocassem durante o dia. No combate no bolsão de Celles, de 25 a 28 de dezembro, os alemães da 2ª e da 9ª Divisões Panzer e da Divisão Panzer Lehr foram muito atingidos por ataques aéreos, com os caça-bombardeiros Typhoon da RAF provocando danos consideráveis. No fim dos três dias de luta, os alemães tinham perdido 82 tanques e 441 veículos, além de várias bocas de artilharia. Também perderam mais de três mil homens, entre mortos, feridos e aprisionados.

Depois do Natal, os aliados ficaram ainda mais confiantes de que o

Integrante da 101ª Divisão Aerotransportada leva rações para sua posição. Ele veste o fardamento-padrão de inverno do exército americano, mas pôs uma toalha sob o capacete para se proteger do frio intenso encontrado pela 101ª em Bastogne.

pior já passara. Hitler, que ainda insistia na meta de Antuérpia, ordenou que seus comandantes iniciassem a Operação Nordwind (Vento do Norte), com a intenção de atacar as forças inimigas no Sarre. O plano pretendia que Patton levasse suas tropas para enfrentar essa ofensiva, reduzindo assim a ameaça às unidades alemãs no flanco sul das Ardenas. Depois de conseguido isso, instruiu Hitler, a ofensiva seria retomada, visando mais uma vez às metas determinadas no plano original. Se pudesse, Hitler talvez se empolgasse ao saber que parte de seu plano dera certo: a Batalha do Bulge provocara inimizade entre os comandantes aliados — mas não pelo sucesso do assalto alemão; a causa foi a discordância a respeito de como dar fim à ofensiva.

DISCORDÂNCIA

Os americanos estavam ansiosos para atacar o saliente inimigo, mas Montgomery se opunha: ele temia que os alemães dessem uma última arrancada, e não desejava ser pego por ela. Finalmente, no dia 26, ele insinuou a Eisenhower que começara a pensar num avanço contra os alemães. Os dois concordaram em discutir o assunto em 28 de dezembro. Eisenhower descobriu que Montgomery não estava muito disposto a ajudar e só reiterava sua opinião de que os alemães tinham efetivo suficiente para mais um ataque. Essa cautela não combinava com as informações das mensagens decifradas por Bletchley Park, que indicavam que os alemães sofriam escassez desesperadora de combustível e que suas unidades blindadas tinham sofrido pesadas baixas. Quando sugeriu que a avaliação de Montgomery talvez fosse indevida-

Um soldado de infantaria americano guarda três prisioneiros de guerra alemães. A Batalha do Bulge se destacou pelo grande número de prisioneiros feitos por ambos os lados. Os alemães perderam cerca de 50 mil homens aprisionados só em dezembro, uma perda de recursos da qual teriam dificuldade para se recuperar.

mente cautelosa, Eisenhower conseguiu a concordância do marechal de campo para iniciar um ataque em 3 de janeiro de 1945, caso o assalto alemão não acontecesse.

Isso pareceu resolver a questão, mas, antes de Eisenhower sair, Montgomery aproveitou a oportunidade para mencionar o problema de sua nomeação para o comando geral das operações terrestres quando os aliados retomassem o avanço. Montgomery achou que conseguira a concordância de Eisenhower e escreveu uma carta logo após para esclarecer os detalhes. A dificuldade surgiu porque Montgomery usou a carta para dizer a seu comandante supremo o que fazer: ele criticou a política de Eisenhower até então e chegou a escrever a mensagem para confirmar sua nomeação como comandante terrestre. É quase certo que achasse estar apenas ajudando Eisenhower; mas é fácil ver por que ninguém mais interpretou assim suas ações. A carta de Montgomery foi simplesmente demais.

Eisenhower redigiu uma carta aos chefes do estado-maior conjunto explicando que ele já "aguentara o suficiente" aquela situação e desejava pôr o problema em suas mãos. O significado era claro: Montgomery ou Eisenhower teriam de sair. É claro que não havia opção: dado o papel de Eisenhower, Montgomery é que seria destituído. O brigadeiro general "Freddie" de Guingand, chefe do estado-maior de Montgomery, soube do desastre iminente por amigos no estado-maior de Eisenhower. Ele raciocinou que, não pela primeira vez, teria condições de esfriar a situação provocada pela suprema autoconfiança de seu marechal de campo. Guingand foi ao quartel-general de Eisenhower discutir o assunto e enfatizou que Montgomery não tinha a mínima consciência da situação causada por sua carta. Pediu a Eisenhower que segurasse por 24 horas seu ultimato aos chefes do estado-

-maior enquanto ele conversava com Montgomery. Eisenhower concordou.

Guingand chegou de volta ao quartel-general de Montgomery bem na hora em que este tomava o chá da tarde. Montgomery terminou a xícara diante de seu chefe do estado-maior e subiu para sua sala. Guingand esvaziou a xícara e o seguiu. Foi direto ao assunto e explicou que a carta de Montgomery causara tanta confusão que talvez provocasse sua demissão. Como Guingand recordou mais tarde, Montgomery ficou muito espantado. Pela primeira e única vez, parecia completamente perdido, sem saber o que fazer. Guingand tinha a resposta numa carta que já redigira para Montgomery mandar a Eisenhower. Era um pedido de desculpas, completo e educado, capaz de satisfazer a ambos os lados: Montgomery explicaria que só dera sua opinião franca ao comandante supremo porque supusera ser o que Eisenhower queria. Estava ansioso para deixar claro que apoiava totalmente Eisenhower. Ficaria muito angustiado se sua carta provocasse preocupação (o que, é claro, já provocara) e esperava que Eisenhower a jogasse fora e a esquecesse.

Essa segunda carta deu certo. Eisenhower se acalmou, e sua carta aos chefes do estado-maior conjunto se uniu à primeira missiva de Montgomery no cesto de lixo. Foi o mais perto que Hitler chegou de dividir o alto-comando aliado com sua ofensiva.

NORDWIND

A Operação Nordwind começou em 31 de dezembro de 1944, pouco antes da chegada do Ano Novo. Quando soube do ataque, Eisenhower, sem querer, quase provocou outra crise no comando ao ordenar que o general Devers abandonasse Estrasburgo. Os franceses não gostaram nada disso e deixaram claro que manteriam suas forças ali para defender seu território, qualquer que fosse a opinião do comandante supremo sobre a questão. Isso provocou uma discussão entre o estado-maior do general De Gaulle e o general Walter Bedell Smith, chefe do estado-maior de Eisenhower. O problema foi resolvido numa reunião em 3 de janeiro. Embora o clima esquentasse e Eisenhower ameaçasse cortar o suprimento dos franceses caso não cooperassem, é improvável que essa ameaça fosse séria, porque a ofensiva alemã já fora contida pelo Sétimo Exército americano no final do dia 1º. Eisenhower disse a De Gaulle que faria ajustes nas fronteiras dos exércitos para que os franceses pudessem defender Estrasburgo, e o francês partiu aliviado.

Agora a natureza desesperada dos ataques alemães ficara óbvia: em 1º de janeiro, a Luftwaffe iniciou a Operação Bödenplatte, um ataque total, com mais de mil aeronaves, aos campos de pouso aliados. Embora o ataque destruísse numerosos aviões aliados, os alemães perderam mais de trezentos, além de muitos pilotos. Em poucos dias, os aliados substituíram todos os aviões perdidos. A Luftwaffe nunca se recuperou — outra baixa da ofensiva de Hitler nas Ardenas.

A Operação Nordwind continuou, com tempo péssimo, até 25 de janeiro de 1945. Embora os alemães chegassem a 16 km de Estrasburgo, foi o máximo que conseguiram. Outros 25 mil alemães se tornaram baixas da ofensiva, mas isso nada contribuiu para reduzir o empenho americano nas Ardenas.

REMOÇÃO DO SALIENTE

Em 8 de janeiro de 1945, Hitler mostrou os primeiros sinais de que aceitava que seu plano fracassara e deu permissão para a reti-

No início de 1945, a guarnição desse tanque Sherman faz uma pausa entre missões de apoio de fogo. O tanque foi posto sobre uma montagem improvisada de madeira para aumentar o ângulo de elevação do canhão. A "blindagem" adicional com sacos de areia está bem visível.

rada de algumas unidades do saliente das Ardenas. Em 12 de janeiro, ele ordenou que as unidades da SS recuassem, supostamente para atuar como guarda contra um ataque americano ao longo da base do bolsão; na realidade, era a preparação para a retirada do Sexto Exército Panzer. Enquanto Hitler chegava a essa decisão, os americanos, com a ajuda tão ignorada de unidades britânicas e da Commonwealth, forçavam os alemães a recuar. Em 22 de janeiro, com o céu novamente limpo depois de mais tempo inclemente, os pilotos aliados encontraram as estradas lotadas de veículos alemães em retirada e "fizeram uma execução apavorante" entre eles. Em 28 de janeiro de 1945, as últimas unidades alemãs foram destruídas.

A Batalha do Bulge terminara.

Depois de desfeito o saliente, os aliados voltaram novamente sua atenção para a derrota final da Alemanha. O primeiro passo era atravessar o Roer (processo rudemente interrompido pela ofensiva) e depois avançar até o Reno. Em 15 de janeiro, o XII Corpo britânico atacou em toda a frente da área conhecida como Triângulo de Roermond. Foi enfrentado por duas divisões alemãs, entrincheiradas em fortes defesas. Por necessidade, a batalha que se seguiu foi uma intensa luta de atrito, na qual as forças britânicas tentavam romper os cinturões de minas e casamatas de concreto. Levaram dez dias, mas finalmente os alemães foram desalojados.

VERITABLE E GRENADE

O plano de Eisenhower exigia que o 21º Grupo de Exércitos limpasse o caminho até o Reno do outro lado de Wesel. Na primeira parte do plano, chamada Operação Veritable, o XXX Corpo de Horrocks partiria de Nijmegen e avançaria pelas florestas do Reichswald; então, o Nono Exército americano seguiria por Mönchengladbach até se unir aos soldados britânicos na Operação Grenade. Em seguida, o grupo de exércitos levaria algum tempo para se consolidar e depois lançaria um ataque para atravessar o Reno, flanquear o Ruhr e avançar para a planície no norte da Alemanha. A planície era um terreno bom para tanques, o que permitiria a Montgomery seguir para Berlim na fase seguinte das operações.

Enquanto o 21º Grupo de Exércitos atacasse ao norte, o 12º realizaria a Operação Lumberjack e avançaria até o sul das forças de Montgomery para limpar a região próxima ao Reno, de Colônia a Koblenz. Patton então levaria seu Terceiro Exército para fazer a ligação com o 6º Grupo de Exércitos perto de Mainz. O passo seguinte seria ocupar cabeças de ponte no outro lado do Reno. Tanto Patton quanto Bradley fizeram objeção ao papel relativamente pequeno dado às forças americanas no plano geral, o que provocaria em Eisenhower uma mudança de ênfase depois do término da primeira fase.

As operações começaram em 8 de fevereiro de 1945, e o XXX Corpo enfrentou

O fracasso da ofensiva pode ser atribuído às seguintes razões:
a. O fato principal foi o grupamento impróprio dos soldados (pelo alto-comando) e o número insuficiente de divisões à disposição dos comandantes do exército;
b. Suprimento inadequado de combustível e transporte insatisfatório;
c. A supremacia aérea absoluta dos aliados na ofensiva e nos setores de retaguarda foi um fator decisivo e, mais tarde, o fracasso na captura de Bastogne teve papel determinante;
d. As numerosas reservas aliadas, sua boa rede de estradas, a motorização de alto nível e a reserva importante de combustível e munição foram fatores decisivos.

Marechal de campo Gerd von Rundstedt

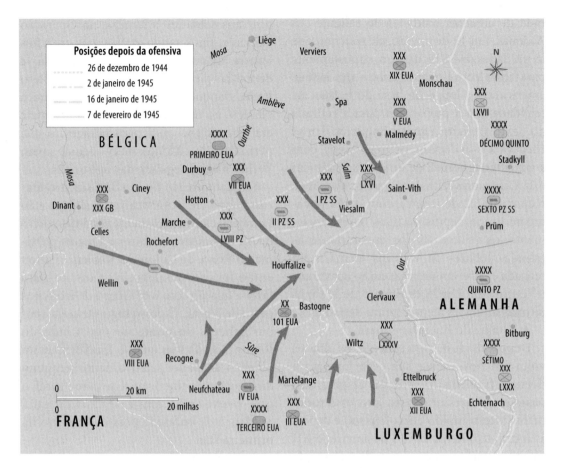

O impulso inicial que partiu do sul para resgatar Bastogne foi rapidamente seguido por um ataque aliado ao longo de toda a frente, impelindo para trás as forças alemãs e reduzindo substancialmente o tamanho do saliente.

feroz resistência. Os alemães abriram a represa do Ruhr para impedir os movimentos na área de operação do Nono Exército americano e permitir-lhes que transferissem soldados para enfrentar o ataque britânico. O XXX Corpo teve de se engajar num difícil trabalho de atrito, enquanto a Operação Grenade se atrasava até a inundação do Ruhr escoar. Quando finalmente começou em 23 de fevereiro, a resistência alemã foi relativamente fraca. A ligação com as forças britânicas e canadenses finalmente aconteceu em 3 de março, e os aliados encontraram caminho limpo até o Reno. Então Montgomery começou a formular seus planos para a travessia, marcada para a última semana de março. Como não havia pontes disponíveis, ficou óbvio que seria necessário um ataque para atravessar o rio ao norte.

O 12º Grupo de Exércitos começou sua operação em 28 de fevereiro e fez um bom progresso, pois muitas unidades alemãs tinham sido mandadas para enfrentar os ataques do 21º Grupo de Exércitos no norte. Colônia caiu em 6 de março, e o avanço terminou com a tomada da ponte de Remagen no dia seguinte. Ninguém esperava tomar a ponte intacta, e isso não fora incluído no plano geral. Ainda assim, era impossível ignorar a oportunidade, e os soldados americanos a atravessaram até que ela desmoronou em 17 de março. A captura da ponte inspirou certo grau de inveja em Patton, que ordenou a alguns de seus homens que cruzassem o rio. Em 22 de março, o 11º Regimento de Infantaria o fez em pequenos botes a remo. Enquanto isso, Montgomery ainda fazia seus preparativos para a travessia. Patton estava entre os que condenaram alegremente a relativa lentidão da abordagem de Montgomery, mas era uma crítica bastante injusta: os alemães, esperando que o ataque acontecesse no setor norte, tinham enviado muitas unidades para lá. Portanto, Montgomery achou que seria irresponsável iniciar seu ataque sem preparar o campo de batalha com uma mistura de fogo de artilharia e bombardeio aéreo. O peso da preparação foi tamanho que a travessia final em 23 de março não foi especialmente dramática. Ao amanhecer de 24 de março, cinco cabeças de ponte tinham sido estabelecidas no outro lado do Reno. Um ataque aerotransportado consolidou os ganhos e, no dia seguinte, o Reno ficava sem dúvida alguma para trás. Finalmente, o fim da guerra estava à vista. Os aliados avançaram rumo a Berlim, seguindo para um encontro com os russos, que aplicavam pressão letal a leste.

O AVANÇO RUSSO

Enquanto os aliados ocidentais atravessavam o Reno, o Exército Vermelho não estava longe de Berlim. No início de 1945, os russos tinham quase eliminado os alemães de seu território e avançavam pela Polônia, pela Tchecoslováquia e pela Hungria. Naquele momento, eles gozavam de imensa superioridade numérica; em termos realistas, havia pouco a fazer para impedir que atingissem seu objetivo. Isso não quer dizer que os alemães tivessem desistido: seu medo dos russos fazia com que cada metro de terreno fosse conquistado com custo ele-

vado para ambos os lados. O ataque russo começou em 13 de janeiro e, em seis dias, os russos isolaram a guarnição alemã de Königsberg. Foi uma realização impressionante, mas nada comparado aos avanços das forças do marechal Gueorgui Jukov com a 1ª Frente Bielorrussa. Eles avançaram após um bombardeio maciço ao longo da linha que ia de Varsóvia a Berlim (com uma concentração de 400 bocas de artilharia a cada 1,5 km, apoiadas por baterias de foguetes) e progrediram 16 km no primeiro dia. Os russos tiveram resultado ainda melhor na área sul do ataque, onde penetraram até 50 km. O Primeiro Exército Polonês entrou em Varsóvia em 17 de janeiro. Jukov agora abrira uma brecha de 290 km de largura nas linhas alemãs, e mandou suas forças blindadas avançarem à toda. Os russos abriram caminho entre as forças alemãs e chegaram ao Rio Oder no último dia do mês. Em uma semana, o som da artilharia russa podia ser ouvida em Berlim. Alguns dias depois, o exército de Jukov se encontrou com soldados do 1º Exército Ucraniano do marechal Koniev.

RUMO A BERLIM

A tarefa de tomar Berlim coube aos russos, já que Eisenhower achou que eles estavam em melhor posição para ocupar a capital alemã. Em consequência, em 16 de abril outro bombardeio maciço de artilharia caiu sobre as forças alemãs no outro lado dos rios Oder e Neisse, e um combate cruel se iniciou. Os alemães lutaram com grande tenacidade, tentando, desesperados, deter os russos.

As forças de Jukov fizeram pouco progresso e avançaram no máximo 12 km no primeiro dia. Os soldados de Koniev encontraram menos oposição e cobriram no mínimo essa distância, seguindo depois com impulsos vigorosos rumo aos subúr-

Uma combinação de meia-lagarta M16 e canhão antiaéreo vigia os arredores da ponte de Remagen, primeira ponte sobre o Reno tomada pelos aliados. O M16 tem quatro metralhadoras de 0,5 polegada numa torreta para um só homem montada na traseira do meia-lagarta.

bios de Berlim. Em 19 de abril, Jukov, ansioso para não deixar a captura de Berlim só para as forças de Koniev, fez seus soldados avançarem. Eles percorreram 32 km e, no processo, quase aniquilaram o Nono Exército alemão. Em 25 de abril, com Berlim cercada por soldados russos, as forças russas e americanas se encontraram em Torgau, no Elba. Cinco dias depois, Hitler se retirou para seu aposento com a esposa Eva Braun. Seus assessores ouviram um tiro, entraram no quarto e encontraram-na morta, envenenada, e o Führer caído no sofá com uma única bala na cabeça.

A guerra estava quase terminada. Berlim rendeu-se incondicionalmente em 2 de maio, e dois dias depois Montgomery aceitou a rendição de todas as forças alemãs no norte. Em 7 de maio, organizou-se a rendição incondicional da Alemanha, e 8 de maio de 1945 foi declarado Dia da Vitória na Europa. A guerra europeia terminara. O "Reich de mil anos" durou pouco mais de doze.

RESUMO DAS ARDENAS

A decisão de Hitler de atacar as forças americanas nas Ardenas foi uma aposta, e as metas estabelecidas eram ambiciosas demais, como seus generais tentaram ressaltar. Ele os ignorou, e o resultado foi a perda de homens e equipamentos de que a Alemanha não podia abrir mão. Antuérpia nunca foi ameaçada, embora em alguns momentos parecesse que o exército atacante poderia obter algum sucesso realmente importante. A batalha terminou com os alemães recuando, atacados pelo poder aéreo aliado. A campanha demonstrou que a compreensão da realidade de Hitler era tênue, na melhor das hipóteses. Os americanos recuaram sob o peso do assalto, mas não se dissolveram numa multidão desordenada, como Hitler previra. E a ofensiva não destruiu a aliança. No entanto, foi responsável por 81 mil baixas americanas e mais de 100 mil baixas alemãs, e conseguiu provocar danos irreparáveis ao exército alemão no Ocidente. Os fatos de 28 de janeiro podem ter sido os últimos da luta, mas não foram o último ato.

Quarenta e três homens da SS, inclusive Peiper e Dietrich, foram julgados por crimes de guerra relativos ao massacre de

> Eu diria que o alemão, como força militar na frente ocidental, [...] é um inimigo derrotado.
>
> *General Eisenhower, entrevista coletiva à imprensa, 28 de março de 1945*

Malmédy. Peiper foi condenado à morte, mas depois de considerável controvérsia a respeito do julgamento e do interrogatório dos réus, a pena foi comutada em 35 anos de prisão. Peiper foi libertado em 1956 e se mudou para a Alsácia. Sua casa foi incendiada em 1976, depois que uma reportagem revelou que ele morava ali. A polícia e os bombeiros, ao fazer o rescaldo do incêndio, encontraram o corpo do ex-comandante do Kampfgruppe Peiper. Sua morte não foi muito chorada.

O último ato da Batalha do Bulge aconteceu em 1981. Em *Florestas amargas* (1969), seu relato magistral da Batalha do Bulge, John S. D. Eisenhower contou pela primeira vez a história do pelotão de I&R

Um amontoado de galões vazios cobre a beira de uma estrada na Bélgica. Os americanos tinham vasto estoque à disposição, mas para os alemães o baixo nível de combustível era uma preocupação constante que não podia ser superada; o Kampfgruppe Peiper, por exemplo, parou por falta de combustível.

Um fator importante da derrota da ofensiva alemã foi a avassaladora superioridade aérea aliada, aqui demonstrada por esses caças americanos P-51 Mustang que sobrevoam a Alemanha no início de 1945.

de Lyle Bouck. Isso provocou uma campanha para homenagear os homens que lutaram de maneira tão feroz, com pedidos para que William Tsakanikas recebesse a Medalha de Honra, que continuaram mesmo depois que Tsakanikas morreu em 1977. As autoridades decidiram que a ação do pelotão de I&R merecia reconhecimento.

Embora não fosse aceita a proposta de conferir a Medalha de Honra a Tsakanikas, foi aprovada a Cruz de Distinção em Serviço. Bouck se recusou a aceitar qualquer homenagem para si, mas as autoridades tiveram o bom senso de ignorar seus protestos. Numa cerimônia em 1981, os sobreviventes do pelotão de I&R e as famílias dos mortos receberam quatro Cruzes de Distinção em Serviço, cinco Estrelas de Prata e nove Estrelas de Bronze, tornando o pelotão de I&R uma das unidades militares mais condecoradas da história militar americana.

A Batalha do Bulge foi cheia de ações corajosas de soldados de ambos os lados, entremeadas com a brutalidade peculiar da SS com seus prisioneiros. Apesar dos planos grandiosos de Hitler, não foi bem-sucedida. Talvez se deva dar a palavra final a Winston Churchill, que fez um discurso na Câmara dos Comuns sobre o assunto em 18 de janeiro de 1945. Em parte, ele o fez para responder a outros problemas causados por Montgomery (que, numa entrevista coletiva, efetivamente reivindicara para si o crédito pela vitória nas Ardenas) e pela imprensa britânica, que gostava de criticar Eisenhower para promover Montgomery. Suas observações aos Comuns, quaisquer que fossem as razões por trás, foram bastante verídicas:

"[A Batalha é], sem dúvida, a maior batalha americana da guerra, e, acredito, será considerada uma vitória americana, para sempre famosa."

É impossível discordar.

Ordem de batalha

16 de dezembro de 1944

WEHRMACHT

OB WEST
Marechal de campo Gerd von Rundstedt

GRUPO DE EXÉRCITOS B
Marechal de campo Walther Model

Quinto Exército Panzer
General Hasso von Manteuffel
XLVII CORPO (*von Luttwitz*)
    2ª Divisão Panzer (*von Lauchert*)
    26ª Divisão Volksgrenadier (*Kokott*)
    Brigada Führer Begleit (*Remer*)
    Divisão Panzer Lehr (*Bayerlein*)
LXVI CORPO (*Lucht*)
    18ª Divisão Volksgrenadier (*Hoffman-Schonborn*)
    62ª Divisão Volksgrenadier (*Kittel*)
LVIII CORPO PANZER (*Kruger*)
    116ª Divisão Volksgrenadier (*von Walenburg*)
    560ª Divisão Volksgrenadier (*Langhauser*)

Sexto Exército Panzer
General SS "Sepp" Dietrich
I CORPO PANZER SS (*Priess*)
    1ª Divisão Panzer SS Leibstandarte *Adolf Hitler* (*Mohnke*)
    3ª Divisão de Paraquedistas (*Wadehn*)
    12ª Divisão Panzer SS *Hitler Jugend* (*Kraas*)
    12ª Divisão Volksgrenadier (*Engel*)
    150ª Brigada Panzer (*Skorzeny*)
    277ª Divisão Volksgrenadier (*Viebig*)
II CORPO PANZER SS (*Bittrich*)
    2ª Divisão Panzer SS *Das Reich* (*Lammerding*)
    9ª Divisão Panzer SS *Hohenstaufen* (*Stadler*)
LXVII CORPO (*Hitzfeld*)
    272ª Divisão Volksgrenadier (*Kosmalla*)
    326ª Divisão Volksgrenadier (*Kaschner*)

Sétimo Exército
General Erich Brandenberger
LXXX CORPO (*Beyer*)

    212ª Divisão Volksgrenadier (*Von Sensfuss*)
    276ª Divisão Volksgrenadier (*Mohring*)
LXXXV CORPO (*Kniess*)
    5ª Divisão de Paraquedistas (*Heilmann*)
    352ª Divisão Volksgrenadier (*Schmidt*)

A seguinte ordem de batalha representa a designação de forças do corpo americano que enfrentou o ataque alemão inicial em 16 de dezembro de 1944. Conforme a batalha progrediu, algumas divisões foram designadas para o comando de outros corpos, enquanto divisões chegaram de outros locais para reforçar as tropas americanas envolvidas na luta.

Supremo Quartel-General da Força Expedicionária Aliada (SHAEF)
General do exército: *Dwight D. Eisenhower*

EXÉRCITO DOS EUA

12º GRUPO DE EXÉRCITOS
General de divisão Omar N. Bradley

Primeiro Exército
General de divisão Courtney H. Hodges
V CORPO (*Gerow*)
    1ª Divisão de Infantaria (*Andrus*)
    2ª Divisão de Infantaria (*Robertson*)
    78ª Divisão de Infantaria (*Parker*)
    99ª Divisão de Infantaria (*Lauer*)
VII CORPO (*Collins*)
    3ª Divisão Blindada (*Rose*)
    5ª Divisão Blindada (*Oliver*)
    9ª Divisão de Infantaria (*Craig*)
    83ª Divisão de Infantaria (*Macon*)
VIII CORPO (*Middleton*)
    4ª Divisão de Infantaria (*Barton*)
    7ª Divisão Blindada (*Hasbrouck*)
    9ª Divisão Blindada (*Leonard*)
    10ª Divisão Blindada (*Morris Jr*)
    28ª Divisão de Infantaria (*Cota*)
    106ª Divisão de Infantaria (*Jones*)

Bibliografia

ARNOLD, James R. *Ardennes 1944: Hitler's Last Gamble in the West.* Londres: Osprey, 1990.

COLE, Hugh M. *The Ardennes: Battle of the Bulge.* US Dept of the Army, 1965.

CROOKENDEN, Napier. *Battle of the Bulge 1944.* Shepperton: Ian Allan, 1980.

CROSS, Robin. *The Battle of the Bulge 1944: Hitler's Last Hope.* Havertown, Pennsylvania: Casemate, 2002.

EISENHOWER, John D. *The Bitter Woods: the Dramatic Story of Hitler's Surprise Ardennes Offensive.* Londres: Hale, 1969.

ELSTOB, Peter. *Hitler's Last Offensive.* Londres: Secker & Warburg, 1971.

FORTY, George. *The Reich's Last Gamble: the Ardennes Offensive, December 1944.* Londres: Cassell, 2000.

MACDONALD, Charles B. *Battle of the Bulge: the Definitive Account.* Londres: Weidenfeld and Nicolson, 1985.

MERRIAM, Robert E. *The Battle of the Ardennes.* Londres: Souvenir Press, 1958.

NOBECOURT, Jacques. *Hitler's Last Gamble: the Battle of the Ardennes.* Londres: Chatto & Windus, 1969.

PALLUD, Jean Paul. *Battle of the Bulge, Then and Now.* Londres: Battle of Britain Prints International Ltd, 1984.

PARKER, Danny S. *To Win the Winter Sky: the Air War Over the Ardennes, 1944-1945.* Londres: Greenhill Books, 1994.

PARKER, Danny S. (org). *The Battle of the Bulge, the German View: Perspectives from Hitler's High Command.* Londres: Greenhill Books, 1999.

PARKER, Danny S. *Battle of the Bulge: Hitler's Ardennes Offensive, 1944-1945.* Londres: Greenhill Books: 1999.

RUSIECKI, Stephen M. *The Key to the Bulge: The Battle for Losheimergraben.* Westport, Connecticut: Praeger Publishers, 1996.

SCHADEWITZ, Michael. *The Meuse First and then Antwerp: Some Aspects of Hitler's Offensive in the Ardennes.* Winnipeg: J J Fedorowicz Publishing, 1999.

STRAWSON, John. *The Battle for the Ardennes.* Londres: B T Batsford, 1972.

Índice remissivo

Números de página em *itálico* se referem a ilustrações e mapas; em negrito, a perfis especiais ou biografias.

Aachen, batalhas de 33, 49, 55
Abrams, Ten Cel Creighton W. 198
aeronaves [aliadas], P-51 Mustang *209*
aeronaves [alemãs]
    caça Me 262 38
    Ju 52 136, *136, 139*
Alemanha
    estratégia de ataque aliada
        Eisenhower 64-6
        Montgomery 66
    declara guerra aos EUA 10
    ferrovias, importância das 60
    meios de comunicação, bombardeio de 38
    produção industrial 37-8
aliados
    alvos de bombardeio, discordância sobre 58
    exército alemão, avaliações do 68, 70-1
    opiniões de Hitler sobre 40-1, 207
    tensões entre 40, 66
Andler 153, 157, 160
Antuérpia
    aliados recapturam 30-1
    objetivo de Hitler 43-4, 126, 200
    pontes do Mosa 126
Ardenas
    Andler 153, 160
    Bleialf 156-7, *157*
    clima 46-7, 61, 111
    cobertura florestal 43, 56
    estação de Buchholz 99-100, 103-4, 130-5
    exército americano, forças adversárias 95
    Höfen 96-8
    Kobscheid 150, 152
    Lanzerath 116-7, 119
    Losheim 125-6
    Losheimergraben 125
    mensagens interceptadas 71-2
    Monschau 77, 99
    ofensiva alemã
        Aachen 55
        atrasos 56-7
        avanço americano atrapalha 57-8

barragem de artilharia 96-7, 106
Dickson prevê 72
elemento surpresa 60-1, 63, 92
estoque de munição 55
ganhos iniciais 96
movimentos ferroviários 61, 73
necessidade de combustível 61
nomes em código 49, 52-3
planos 47-8, 50, 92-3, 122, 169-70, 172
relatos de acúmulo de soldados 72-3
retirada 203, 204
reunião na área do Eifel 72
    Roth 150-1, 152
    vale de Losheim 76-7, 142, 149-56
Arnhem, Operação Market Garden 27-8
Assenois 198
Auw 157
Avranches 25
baixas, Batalha do Bulge 208
Bastogne
    cercada 165
    sítio de
        começa 192
        oferta de rendição 195-6
        resgate de 190, 193, 198-9
        suprimento aéreo 196-7, *196*
Beaufort
    ataque alemão 174, 177
    retirada americana 177
Bedell Smith, Gen Walter 202
Bélgica
    ver também lugares pelo nome
    civis assassinados 186
    defesas da Muralha Ocidental 33, 40
    exército britânico entra na 28
    moradias destruídas 160-1
Berdorf 179
Berlim
    Exército Vermelho
        aproxima-se 205, 207
        captura 207
Bleialf 156-7, *157*
Bletchley Park, decodificação da máquina Enigma 64, 71, 71-2, 200
Bodnar, Sd Esp 5 George, estação de Buchholz 100
Boggess, tenente Charles P. 199
Bourke, tenente Lyle J. Jr.

biografia 105-6
captura 116, 119-20
escolhido para o Pelotão de I&R do 394th Regimento de Infantaria 105-6
homenagens 208-9
Lanzerath 107-9
Bradley, general Omar *30, 68,* 191
    Ardenas
        contra-ataque 188-90
        reunião de tropas 73
    Operação Cobra 24
Brandenberger, general Erich 46, 169
Brandenbourg 173
Brereton, general Lewis 28
Brooke, Mar Alan 66
Browning, general Div Sir Frederick "Boy" 28
Buchholz, defesa de 76
Buchholz, estação de
    exército alemão
        ataque de surpresa 100
        captura 132-3
        segundo ataque 103-4
        terceiro ataque 130-3
    exército americano
        batalhas na 100, 103-4, 116-7, 130-5
        ocupação da 100-2
    importância estratégica 100
Büllingen 184
caça-tanques [alemães] **134**
    Jagdpanther *72, 72*
    Jagdpanzer 38(t) Hetzer 82, 83
    Jagdpanzer IV 122, 124, 159
    Jagdtiger 82, 141, *140*
caça-tanques [aliados] **134**
    M10 83, 88, 97, 115, 132-3, 154
    M18 Hellcat 84
    M36 83, 88, 188
canhões antiaéreos [alemães]
    Flak (antiaéreo) 88mm 44
    Wirbelwind 131-2
canhões antiaéreos [aliados], meia-lagarta M16 *206-7*
canhões antitanque [aliados], MS **157**
canhões de assalto [alemães], Sturmgeschütz [StuG] III *29, 82, 85,* **103**
canhões autopropulsados [aliados]
    M7 105mm "Priest" 67, 148, 179, 182-3

ÍNDICE REMISSIVO 213

M7B1 180
carros blindados [aliados], M8 *110,*
172, *188, 189*
Churchill, Winston S., avaliação da
batalha 209
Claypool, Sd John, estação de
Buchholz 100, 102-3
Clervaux
ataque alemão 164-7
retirada americana 165-7
Collins, general "Lightning Joe" 24
Colônia
avanço americano sobre 66
recaptura 203-5
comunicações *ver* ferrovias
COSSAC 13, 14
Cota, brigadeiro general 162, 166
Craig, brigadeiro general Louis A. *68*
Creel, sargento George 183
Cregar, soldado John, Lanzerath 106-9,
109-10
Dempsey, general Div Sir Miles *30*
Devers, general 201
Devine, coronel Mark A. 149-50
Dickson, coronel Benjamin "Monk" 68, 72
Dickweiler 174, 179
Dieppe, ataque a 11
Dietrich, Josef "Sepp" *41,* 208
Dinant 188
Douglas, tenente-coronel Robert 133-4
Dwight, capitão William A. 199
Echternach, avanços do exército ale-
mão sobre 174
Eifel, área montanhosa, movimentos
de soldados alemães no 71
Eigelscheid, batalha de 155-6
Eisenhower, general Dwight D. **64,** *68,*
139
comandante supremo aliado de
operações 14-5
contra-ataque das Ardenas 188
estratégias de ataque à Alemanha
65-6, 199-201
e Montgomery 27-8, 31, 199-201
ameaça de destituição 201-2
preocupações sobre responsabilidade 66-7
Eisenhower, John S. D., *Florestas amargas* 209
Ernz Noire, garganta 172
Estrasburgo 201-2
EUA, Alemanha declara guerra aos 10
exército alemão
ver também Ardenas, ofensiva
alemã
I Corpo Panzer SS
ataque inicial 93
Rocherath/Krinkelt 187-8
2ª Divisão Panzer, Clervaux 165-6
Quinto Exército Panzer
ataque ao vale de Losheim
150-5

planos nas Ardenas 49, 146
Saint-Vith como objetivo 146,
147
5ª Divisão de Paraquedistas 170
Sexto Exército Panzer 41
avaliação aliada do 75
efetivo humano 12/44 91
planos nas Ardenas 48-9, 92-3,
120
resultados do ataque 142, 142
retirada 203-4
Saint-Vith 191
Sétimo Exército
efetivo humano 170
importância estratégica do 170,
170
planos nas Ardenas 49, 169,
170, 172-3
transportes 169
9ª Divisão Panzer SS, Arnhem 29
10ª Divisão Panzer SS
Aachen 55
Arnhem 28
12ª Divisão Panzer SS, Rocherath/
Krinkelt 187-8
Décimo Quinto Exército
ataque a Aachen 49
capacidade de combate 53-4
estuário do Scheldt 30-1
26ª Divisão Volksgrenadier
Bastogne 197-8
Skyline Drive 160, 162
27º Regimento de Fuzileiros,
Lanzerath 112-3
48º Regimento Grenadier, cruzamento de Losheimergraben
133-4
XLVIII Corpo Panzer, Aachen 55
62ª Divisão Volksgrenadier,
Eigelscheid 155
LXVI Corpo, Saint-Vith 191
LXVII Corpo, ataque inicial 93
LXXX Corpo 172
LXXXV Corpo 170, 172
ataque 172
116ª Divisão Panzer, Heckhuscheid
154
212º Regimento Volksgrenadier
172
travessia do Rio Sûre 177
276º Regimento Volksgrenadier
172, 178
293º Regimento Volksgrenadier,
Bleialf 156
294º Regimento, Schönberg 160
326ª Divisão Volksgrenadier, avanço em Höfen 97
352ª Divisão Volksgrenadier 172,
173
Kampfgruppe Peiper 62-3
armamento 123-5
atrasos no deslocamento 125-7

Büllingen 184
Honsfeld 183-4
massacre de Malmédy 184, 187,
208-9
Divisão Panzer Lehr
desembarques na Normandia
15-8
ofensiva das Ardenas 55
Panzerbrigade 165
atrasos no deslocamento 138
formação 120
Operação Greif 127-30, 138,
139-41
treinamento 127-8
Panzerbrigade Einheit Stielau 140
avaliações aliadas do 68, 69-70
convocação de falantes de inglês
71-2
efetivo das divisões 53-4
equipamento aliado, uso de 128-9
estoque de combustível 53, 179-80
estratégia de "combate a incêndios"
68
fardamento 152
fardamento aliado, uso de 127-8,
130, 140-2
guarnição de morteiros 106
mensagens interceptadas do 70-1
papel das unidades de engenharia
92
paraquedistas
propaganda, fotos de 175, 185
recursos
falta de, novembro de 1944 52-4
outubro de 1944 36-8
rendição 207
transporte com tração animal 168-9
recrutamento 57-8
treinamento 136, 136, 139
exército americano
Primeiro Exército
Aachen 33
Colônia 66
2ª Divisão de Infantaria, Rocherath/
Krinkelt 187
Terceiro Exército 197
Le Mans 25
Metz 33
Renânia 203-4
Sarre 66
4ª Divisão Blindada, Bastogne 197-8
4ª Divisão de Infantaria 172
V Corpo
Monschau, defesa da área 76, 95
Roer, ataque às represas 95
6º Grupo de Exércitos, Renânia
203-4
7ª Divisão Blindada, Saint-Vith 191
VII Corpo
contra-ataque nas Ardenas 188
Operação Cobra 24
VIII Corpo, represas do Roer 76-8

214 A BATALHA DO BULGE

Nono Exército
Colônia 66
Mönchengladbach 203-4
9ª Divisão Blindada
papel de reforço 158-9, 177
Saint-Vith 191
sítio de Bastogne 192
10ª Divisão Blindada
rio Sûre 176
sítio Bastogne 192
12º Grupo de Exércitos, Operação
Lumberjack 203
12ª Divisão de Infantaria 172, 174,
179
defesa do Rio Sûre 177
estrada Echternach-
Luxemburgo 176
14º Grupamento de Cavalaria
defesa do vale de Losheim 76-8,
149
retirada de Lanzerath 104
18º Esquadrão de Reconhecimento
de Cavalaria
defesa do vale de Losheim
150-1
Lanzerath 153-4
retirada 150-2
Schnee Eifel 156-7
28ª Divisão de Infantaria, Rio Our
76-8, 146
32º Esquadrão de Reconhecimento
de Cavalaria
Andler 152-3
Honsfeld 159-62
Manderfeld 151
38º Esquadrão de Reconhecimento
de Cavalaria, Monschau 98-9
60º Batalhão de Infantaria Blindada
172
ataques ao 174-5, 177
81º Batalhão de Engenharia de
Combate 157-8
82ª Divisão Aerotransportada,
Bastogne 187
99ª Divisão de Infantaria
barragem de artilharia alemã
95-6
defesa da área de Monschau 95,
142-3
isolamento 103-4
101ª Divisão Aerotransportada
182-3, 198, 199
sítio de Bastogne 192, 194
101º Batalhão de Engenharia 101
106ª Divisão de Infantaria
aprisionada 163
barragem de abertura 154
equipamento 148-9
reforços 145
Rio Our 76-7, 148-9, 151
109º Batalhão de Artilharia de
Campanha, Clervaux 163-7

109º Regimento de Infantaria 172
Fouhren 177
110º Regimento de Infantaria 194
Marnach 162-4
Rio Our 146
Skyline Drive 160, 162-3
112º Regimento de Infantaria
160-2
Rio Our 146
285º Batalhão de Observação de
Artilharia de Campanha, massacre de Malmédy 184, 187
326º Batalhão de Engenharia
Aerotransportado, Bastogne
199
364º Regimento de Infantaria
estação de Buchholz 99-100,
103-4, 116, 132-5
Pelotão de I&R 105-115, 208
365º Regimento de Infantaria
avanço nas Ardenas 95-6
defesa de Höfen 96-7
422º Regimento de Infantaria, Auw
157
423º Regimento de Infantaria
Heckhuscheid 153-4
Schnee Eifel 156-7, 157
424º Regimento de Infantaria, contra-ataque 162
707º Batalhão Blindado, Clervaux
165
820º Batalhão de Caça-Tanques,
Losheimergraben 106
Força-Tarefa Luckett
cobertura florestal 155
criação 177-9
encontra-se com o Exército
Vermelho em Torgau 207
Ernz Noire 179
necessidade de treinamento de
reforços 77
resistência nas Ardenas 180
segurança contra soldados alemães disfarçados 141-2
trincheiras defensivas 104, 171
exército britânico
1ª Divisão Aerotransportada,
Arnhem 28, 29
7ª Divisão Blindada, desembarques
na Normandia 16-8
XII Corpo, Triângulo de
Roermond 203
21º Grupo de Exércitos, Rio Mosa
66-7
29ª Brigada Blindada, pontes do
Dinant 188
XXX Corpo
Arnhem 28
defesa do Mosa 188
Reichswald 203
Ruhr 203-4
e a 82ª Divisão Aerotransportada,

Arnhem 28
e a 101ª Divisão Aerotransportada,
Arnhem 28
exército canadense
1º Exército, estuário do Scheldt 30
II Corpo, Falaise 25
2ª Divisão, estuário do Scheldt 31
3ª Divisão, estuário do Scheldt 31
Exército Vermelho
1º Exército Ucraniano 205-7
1ª Frente Bielorrussa 205, 207
aproximação de Berlim 205, 207
encontra-se com o exército americano em Torgau 205-7
Falaise-Argentan, bolsão 26
ferrovias
Alemanha
importância das 58
proteção das 58-61
alvo de bombardeio aliado 58
ataques aéreos a 59
movimentação de tanques alemães
51, 57, 70-1
Fleig, tenente Raymand E. 66
Fleps, soldado Georg 184
Florestas amargas (The Bitter Woods), J.
S. D. Eisenhower 208
foguetes antitanque [alemães]
Panzerfaust 56-7
Raketenpanzerbüsche
"Panzerschreck" 57
foguetes antitanque [aliados], bazucas
101
força aérea alemã
Bastogne, ataque a 197
estoque de combustível 53
estoque de munição, ofensiva das
Ardenas 55
Operação Bödenplatte 202
pilotos treinados, falta de 138, 139
recursos, 10/44 37
treinamento de paraquedistas 138
força aérea do exército americano
Bastogne
ataque aéreo 196-7
rompimento do sítio 196, 196
escolta de bombardeiros 54
superioridade da 196, 209
Fouhren 174, 177
França
ver também lugares pelo nome
linha costeira fortificada 10-2
França Livre, exército da, Paris 27
Frente Oriental, ofensiva de inverno
9-10
Fuller, Cel Hurley 146, 163, 166
fuzis [alemães]
Mauser Karabiner 7,92mm 98k
83-4, 94
de assalto
MKb42H 86
StG44 86, 94, 185

ÍNDICE REMISSIVO   215

automáticos
  Fallsschirmjägergewehr 42 86
  MP43/MP44 86
  Walther Gewehr 43 86
fuzis [aliados]
  automáticos
    M1 Carbine 88, 92, 109, 178
    M1A2 Carbine 88
    M2 Carbine 88
    M1918 Browning "BAR" 88
    M1 Garand 90, 102, 177

Gachi, sargento Peter, Lanzerath 107
Gavin, general Bda James 187
Gibney, coronel Jesse L. 166
Goebbels, Josef, reforços do exército 41, 55-7
Grosslangenfeld 156
Guingand, brigadeiro general "Freddie" de 201-2
Harper, Cel Joseph H. 195-6
Harris, tenente brigadeiro Sir Arthur "Bombardeiro" 58
Haufelige *1823*
Hausser, Gen Paul 24, 25
Heckhuscheid, ataque alemão 153-4
Heydte, tenente coronel August von der 57-8
  Operação Greif 138, 139-40
  treinamento de paraquedistas 138, 139
Hitler, Adolf *11, 45, 47*
  Antuérpia, objetivo 43-4, 126, 200
  atentado à vida de 18-20, *19*, 34-5
  capacidade militar 11-2
  desembarques na Normandia 15
  exército americano, opinião sobre 98
  opinião sobre os exércitos aliados 39-40, 207-8
  planos para as Ardenas, avaliação 179-80, 207-8
  pontes do Mosa 126
  Sarre, objetivo 199, 202
  suicídio 205
  Toca do Lobo 18-9, 51-2
  e Von Rundstedt 10, 34-5
Hodges, general Courtney *76*
Hodges, general Lewis 33
Höfen
  ataque alemão 97-8
  defesa americana 96-8
Hoffman, *Oberst* von 116-7, 119-20
Hogenberg 174-5
Honsfeld
  avanço alemão sobre 183-4
  retirada americana para 158-60
Horsa, planadores *27*
Hosingen 162-3
Ingersoll, Maj Ralph 73, 74
informações, serviço de
  Bletchley Park, decodificação da

  máquina Enigma 64, 70, 71-2, 199
  civis sem crédito 72-3, 77-8
  Eifel, área montanhosa 72
  Estimate 37 72
  falhas aliadas 74-6, 78-9
  ofensiva alemã, vazamento 70-1
  Operação Greif 154
  reconhecimento aéreo 71-2
  SHAEF 68, 69
  Summary Number 18 74
Jackson, Cel William H. 73
Jacques, Ten Cel George 197-8
Jodl, Gen Alfred *45*
  análise da ofensiva das Ardenas 46-9
Jones, Gen Bda Alan W 148, 157-8
Jukov, marechal Gueorgui 205
Keitel, Mar *45, 47*
  análise da ofensiva das Ardenas 46
Kluge, Mar Gunther von 18, 26-8
Kobscheid, defesa americana 150, 152-4
Koch, Cel Oscar W. 72
Koniev, Mar 207
Krebs, general Hans, planos para a ofensiva das Ardenas 49-8
Krinkelt 187-8
Kriz, major Robert L., Pelotão de I&R do 394° Regimento 105-6
Krug, Sgt Elmer, estação de Buchholz 100
Lanzerath
  exército alemão
    ataques 108-15, 115
    baixas 113-6
    ocupação 119-20
    tática 112, 116
  exército americano
    baixas 112, 116-7
    defesa 107-16, 153-4
    falta de proteção de artilharia 111
    retirada 104, 116
Linha Maginot 44
Linha Siegfried *ver* Muralha Ocidental
Losheim 125-6
Losheim, vale de
  ataque alemão 142, 150-6
  defesa americana 76-8, 149-50
Losheimergraben 106-7
Losheimergraben, cruzamento de estradas
  ataque alemão 133-8
  defesa americana 134-8
Luckett, Cel James S 177-8
Luftwaffe *ver* força aérea alemã
Maastricht, conferência de 66
McAuliffe, Brig Gen Anthony C. *195*
  sítio de Bastogne 192-5
McGhee, Cb Aubrey
  captura 112

  Lanzerath 109-10
Malmédy, massacre de 184, 187, 208-9
Manderfeld, defesa americana 151
Manteuffel, general Hasso von 46, 145-6, *146*
  Bastogne 192
Marnach, defesa americana 162-4
Marshall, general George C. 65, *65*
metralhadoras [alemãs]
  MG34 de uso geral 13, 89
  MG42 87, 88, 137
metralhadoras [aliadas]
  .3 Browning 88
  .5 Browning 88
  M1918 Browning "BAR" 88
  M1919 85
Metz, rendição 33
Middleton, brigadeiro general Troy *65*, 74, 159
Milosevich, cabo Risto, Lanzerath 110
minas, espoleta de tempo 134
Model, Mar Walther 48, **48**, 145-6
  comandante em chefe do Ocidente 27
  ofensiva das Ardenas, dúvidas sobre 50-3, 54-5
  Saint-Vith 191
Mönchengladbach 203
Monschau
  ataque alemão 99
  defesa americana 76, 99
Montgomery, general Sir Bernard *30*, 66-7
  ameaça de destituição 201-2
  Berlim como objetivo 203-5
  contra-ataque nas Ardenas 188-9
  criticado por Patton 203-4
  desembarques na Normandia 15-8
  e Eisenhower 27-8, 30-1, 66, 199-201
  guerra móvel 33
  reivindicações pessoais 208-9
  rendição alemã 207
Moore, major Norman, estação de Buchholz 102, 116-7, 133
Morgan, general Sir Frederick 13, *66*
Mosa, Rio
  defesa aliada 188-9
  pontes, importância estratégica das 126
Mullerthal 178
Muralha Ocidental 38-9
  armamento 40
  Bélgica 33, 40
  fronteira belgo-alemã 96
  portões 31-2
Mussolini, Benito 18, *19*
Normandia, desembarques na 12-6
  praia Gold 15
  rompimento após 15-8
  Villers-Bocage 15-8
Noruega, fortificações costeiras 10

216 A BATALHA DO BULGE

Operações [aliadas]
Cobra 24, 26
Goodwood 24
Grenade 203
Lumberjack 203-4
Market Garden 27-9
Overlord 12-8
Totalise 25
Tractable 26-7
Veritable 203
Operações [alemãs]
Bödenplatte 202
Greif 126-31, 138, 139-43, 154, 180
Holland 46-9
Liège-Aachen 48-9
Lüttich 25
Nordwind 200, 202
Osweiler 175, 179
Our, Rio 176
defesas do exército americano 76-8, 146-9
pontes do exército alemão 162-3
Ouren 162

Paris, recaptura de 27
Patton, general George S. 14, 65
contra-ataque nas Ardenas 188-9
critica Montgomery 204-5
Metz 33
Renânia 203-4
Peiper, SS-Oberst Joachim 122, , 121, 123-4
julgamento por crimes de guerra 207-8
Polônia, Exército Vermelho na 205, 205-7
pontes de emergência 174
Poteau 94-95
prisioneiros de guerra
alemães 138,200
aliados 30, 114, 125, 136-8, 163-4
fuzilados 186-7, 207-9
Ramsey, Alm Sir Bertram 30-1
Rausch, Sgt Alvin, estação de Buchholz 133
Reichswald 203
Remagen, travessia do Reno 203, 2065-7
Reno, pontes
exércitos aliados
estabelecem 205
objetivos 203-4
preparativos para demolição 35-7
Remagen 203, 206-7
Resistência Francesa, Operação
Overlord 15-16
Robinson, soldado "Pop"
ferimentos 112
Lanzerath 109-10
Rocherath 187-8
Roer, rio
exércitos aliados

ataques a 55
travessia 203-4
represas 76, 97-8
Roermond, batalha do Triângulo de 203
Rommel, Mar Erwin
comando do Grupo de Exércitos B 11-2
suicídio 22
e Von Rundstedt 12-3
Rose, tenente, estação de Buchholz 130-1
Roth 150-1,152
Rudder, tenente coronel James E. 174
Ruhr, ameaça ao 39-40
Ruhr, represas abertas pelos alemães 203
Rundstedt, Mar Gerd von 10, 11-2
comandante em chefe do ocidente 12, 35-6
demitido 18
desembarques na Normandia 15
e Hitler 10, 35-6
ofensiva das Ardenas, dúvidas sobre 50-3, 54-5
e Rommel 12
Saint-Vith
exército alemão
entra em 192
importância estratégica 151
objetivo 146
exércitos aliados, defesa 191
Sarre, objetivo de Hitler 199, 202-3
Scheldt, estuário do
limpeza 30-1, 31, 32
Walcheren, ilha 31-3, 31
Schnee Eifel 155-7, 157
Schönberg 160
Sibert, brigadeiro general 73
Silvola, soldado James
ferimentos 112
Lanzerath 109-10
Simmons, capitão Wesley 103, 116-7
Skorzeny, SS-Oberst Otto 126, 127
Operação Greif 126-30, 140-1
Skyline Drive 160, 162-3
Slape, sargento especial Bill
ferimentos 110
Lanzerath 107-9,109-10
Springer, tenente Warren, Lanzerath 106, 109, 111
Stauffenbburg, coronel Claus von, atentado à vida de Hitler 18-22
Stavelot, massacres civis em 186
Strong, brigadeiro general Kenneth 68, 74
submetralhadoras [aliadas]
M1 Thompson 84, 98,179
M3 "Grease Gun" 84
submetralhadoras [alemãs]
MP18 Bergmann 85-6
MP38 "Schmeisser" 85

MP40 57, 86, 87
Sûre, Rio
exército alemão
ataque 172-4
planos defensivos 170, 172
tentativas de travessia 174-6
exército americano
defesa 172
reforços 175
tanques [aliados]
M3 leve 162
M4 Sherman 13, 12, 78, 78, 129, 132-3, 166, 202
Firefly 17, 79
M5 leve 162
M24 Chaffee 79, 79, 81
defesas com sacos de areia 78
tanques [alemães]
Panzer Mark III 8-9
Panzer Mark IV 36-7, 43, 60, 73, 79-81
Panzer Mark V Panther 57, 77, 78, 99, 107, 144-5, 158, 164
disfarçados de M10 129
Panzer Mark VI Tiger 26-7, 69, 90-1
I 81-2, 113
II Königstiger 82, 113, 113, 137
movimentos ferroviários 51, 57, 70
Tilly 75
Toca do Lobo
atentado à vida de Hitler 18
ofensiva das Ardenas, planos revelados 50-2
transporte blindado de tropas [alemão], meia-lagarta SdKfz 251 62-3, 80
Travalini, sargento Savino, estação de Buchholz 103-4
Tsakanikas, Sd William J.
ferimentos 116-7
homenagens 208-9
Lanzerath 106-7, 115, 116-7
utilitários [alemães]
Kübelwagen 99,181
Schwimwagen 118-9
Vianden 172-4
Wacht am Rhein
codinome da ofensiva das Ardenas 49
alterado para Herbstnebel 52
Wahlerscheid, ataque a 97
Walcheren, ilha 30-3, 31
Walsdorf 173-4
Wehrmacht ver exército alemão
Westphal, general Siegfried 36
ofensiva das Ardenas, planos revelados 49-50
Winterspelt 156
Withee, cabo Edward S. 157